中小企業における
株式管理の実務

事業承継・株主整理・資本政策

〜中小企業の株式を戦略的にマネジメントする！〜

弁護士 **後藤孝典**　司法書士 **野入美和子**　税理士 **牧口晴一**
一般社団法人 **日本企業再建研究会**【著】

日本加除出版株式会社

はじめに

　本書の主題は，株式の管理です。
　中小企業の発行する株式について，経営者は，どのように株式を管理したらよいのかを検討することを目的とした実務書です。読者としては弁護士や税理士，司法書士それに行政書士，それに企業内で日常的に株式に関する法的事務を取り扱うことを業務としている会社経営者など実務家を予定しています。

　およそ会社経営者は会社株式の過半数を支配し続けなければならない立場に立っているのですから，会社株式の取り扱い方を熟知しているはずです。しかし，その経営者が事業を引き継いでくれる跡取りを見つけられないまま歳をとり，腰が曲がり，歩くのも不自由になり，記憶もはっきりしなくなったら，会社の経営をどうしたらよいでしょうか。事業の承継をどうしたらよいでしょうか。また，相続対策をどうしたらよいでしょうか。

　任意後見制度があるではないか，と言ってみても，やっかいなことに，体の衰えは突然やってくるかもしれないのです。これから任意後見契約をしようとしても，すでに本人に法律行為能力がなくなっているとすれば，後見契約を締結することさえ，もうできません。では，四親等内の親族が家庭裁判所に（法定）後見開始の申し立てをすればよいではないか，と一応言えても，いま問題になっているのは，本人所有の財産をどうすれば守れるかという問題ではないのです。会社の経営をどうするのか，なのです。取引先があり，顧客があり，従業員がいるのです。後見開始の審判による成年後見人は会社を経営できるのでしょうか。
　経営者が認知症になったとき，要介護になったとき，鬱病など精神病になったときなどにも同様の法律問題が発生してきます。

経営者の体の衰えに備えるだけではなく，本書は，経営者が予期せぬ事態に回避しようもなく巻き込まれたときの対応方法などについても，株式管理の観点から検討を加えるものです。たとえば，会社と投資家とが，会社法にも会社定款にも違反する方法で会社を運営することとなる投資契約を締結してしまった場合，会社設立当初は創業者が一族と番頭や従業員の名前を借りて発起人や応募株主になってもらい株式会社を設立したが，それ以降，何度も同族内の一名だけのための増資があったり，最低資本金額の法改正に合わせて増資があったり，名義株主に相続があったり，名義株式であることを知らずに株式の売買があったため，真実の株主がだれであるかがわからなくなってしまった状況下で，先代社長に相続が発生し，その息子に遺贈がなされているが，その遺言状には名義株についてなんの記載もない場合，その名義株の株主はだれになるのか，相続人廃除の場合であって全財産が第三者に遺贈されている場合，「相続させる」遺言により支配的株式が第三者に特定遺贈されてしまっている場合，経営者の死後，思いもかけず幼児が死後認知訴訟勝訴判決を得て全株式の相続を主張して登場してきた場合などの限界事例を含め，株式を保有することにともなって発生してくるさまざまな事態に備えて，中小企業の事業承継を円滑に維持推進する立場から，法律，税務の対策を検討するものです。

　株式は不思議な性質をもっています。経済価値を表わす財物という一面があります。もう一つは，議決権です。議決権にも発行会社に対する経営支配権の多数派株主権の側面と，会社内部の秩序を維持するための少数派議決権など共益権の側面があります。この三者が足並みそろえて進むうちは問題は少ないでしょう。しかし，戦後の憲法も民法も，民法学者たちも裁判官たちも家族的価値を弱体化させ破壊することに意義があると妄信し，個人的価値を過大に評価してきました。また，相続法に支配される世界の中に存在していた株式が，会社法に入り込んだ瞬間，相続することはできたとしても保有し続けることさえ許してはくれないところまできました。現行会社法は，定款の定めさえあれば，いったん相続した株式であっ

ても，株式発行会社は，相続人に向かって，有無を言わせず相続した株式の売渡を請求できるのです。

　平成26年改正会社法（平成27年5月1日施行）は発行済株式の90％以上を持つ特別支配株主は10％未満しか持たない株主からその株式を，何の公益的理由がなくとも，対価も支払わないで（つまり，後払いで），強制的に「買い取ってしまう」ことを容認する条文を新設しました。この仕組みは譲渡制限付き株式についても適用がありますから，我々が手を拱いて放置すれば改正法施行後は中小企業の買収，売却をめぐって，この強制買い取り制度が繁用されることになる恐れがあります。いち早く我々は，特別支配株主が10％未満株式を強制的に買い取る理由も必要も開示しないまま強行することは憲法第29条第1項，第2項に違反する疑いがあると主張して，この強制買取を機能不全に追い込むための定款変更準備など対応策を急がねばなりません。

　平成26年改正会社法は金銭の塊としての株式しか知らない様子です。株式の属性として財産権と支配権の外に共益権が包含されていることを忘れてしまっているかのようです。特別支配株主の跳梁跋扈をゆるせば，会社法に規定されてきた少数株主権は全面的に意義を失いかねません。
　今回の改正会社法のように，経済的価値と共益的価値との矛盾分裂が亢進するにつれ，株式の管理に関する法的税務的手法も，また新しい論理的武装を要請されることは必至だと思われます。つまり，われわれは，承継すべき事業をあらゆる手段を用いて防衛する高度の必要性がある時代に入り込んだのです。事業を改正会社法の攻撃から守るためには，事業会社の株式は，民法上の相続の対象にはしない方法を工夫しなければならないところまできました。例えば，一般社団法人を用いて，株式だけは，相続法と相続税法の世界から隔離する方法によって事業を安定的に承継する手法とか，家族的価値を否定し続ける「絶望の裁判所」によって紛争解決することなどは諦め，日本古来の価値観に基礎を置く「事業承継ADR」によって新しい事業承継紛争解決の道を模索すべきなのです。

本書は株式管理をめぐる風雲急を告げるこれらの攻撃に対して事業防衛の観点から具体的に対抗策を提案します。

　本書の執筆は，一般社団法人企業再建研究会の毎月の例会参加者によって分担されました。おおむね，「事業承継ADR」の調停人か調停補佐人の候補者である弁護士，税理士，司法書士の方々です。

　本書が常日頃，会社の経営にあたり，株式の管理方法，株式の使い方などどうしたらよいかとお考えの経営者にとって，参考になることがあれば，ありがたいことだと願っております。

　平成27年3月

　　　　　　　　　　　　　　　編集代表　後　藤　孝　典

凡　例

〔法令等〕

　（　）内の条文につきましては，主に以下のとおり略記しました。

　（会社法10条）→（会10条）

　（改正会社法又は新会社法10条）→（改正法10条）

　（会社法施行規則10条）→（会施則10条）

　（会社法の施行に伴う関係法律の整備等に関する法律10条）→（整備法10条）

　（民法10条）→（民10条）

　（法人税法10条）→（法法10条）

　（法人税法施行令10条）→（法法令10条）

　（家事事件手続法10条）→（家事法10条）

　（租税特別措置法10条）→（特措法10条）

　（一般社団法人及び一般財団法人に関する法律10条）→（一般法人法10条）

　（金融商品取引法10条）→（金商10条）

〔判例・出典〕

　（　）内の判例につきましては，主に以下のとおり略記しました。

　最高裁判所第一小法廷　平成17年7月14日　判決　最高裁判所民事判例集第59巻第6号1323頁　→　最判平17.7.14民集59-6-1323

最高裁判所裁判集民事 → 裁判集民	判例タイムズ → 判タ
最高裁判所民事判例集 → 民集	金融・商事判例 → 金商
最高裁判所刑事判例集 → 刑集	金融法務事情 → 金法
下級裁判所民事判例集 → 下民	

〔参考文献〕

　参考文献につきましては，各章の文中若しくは末尾にそれぞれ掲げることとしました。

〔その他〕

　本書で引用している裁判例については，登場する人名等を便宜アルファベット等で振り直す取扱いをしています。

目　次

第 1 編　中小企業の株式をめぐる諸問題

第 *1* 章　株式総論 ……………………………………………………… *1*

第 1　中小企業の株式をめぐる諸問題 ……………………………… *1*
  1　中小企業をめぐる社会背景 ……………………………………… *1*
  2　株式管理の必要性 ……………………………………………… *4*
   (1)　株式の二面性と株式管理　*4*
   (2)　企業の特徴と株式管理　*5*

第 2　株式会社の宿命 ………………………………………………… *7*
  1　株式会社の起源 ………………………………………………… *7*
  2　株式会社の宿命と他法人との比較 …………………………… *8*

第 3　株式の本質 ……………………………………………………… *10*
  1　株主の権利 ……………………………………………………… *10*
   (1)　株主の権利　*10*
   (2)　内容の異なる株式　*12*
   (3)　一株運動　*15*
  2　株主の責任 ……………………………………………………… *18*

第 4　株主名簿 ………………………………………………………… *18*
  1　株主名簿の概要と重要性 ……………………………………… *18*
   (1)　株主名簿の概要　*18*

(2)　株主名簿の役割　*19*

　　　(3)　株主名簿記載事項証明書　*20*

　　　(4)　株式の譲渡等の対抗要件と株主名簿　*21*

　　　(5)　基準日　*21*

第5　株券発行会社と株券不発行会社……24
　1　株券不発行の原則………24
　2　株式の譲渡………24
　　　(1)　株券発行会社の株式譲渡　*24*

　　　(2)　株券不発行会社の株式譲渡　*25*

　　　(3)　非公開会社の株式譲渡の譲渡承認　*25*

　3　株式の担保設定………28
　　　(1)　株式の担保設定　*28*

　　　(2)　株式の質権設定　*28*

　　　(3)　株式の譲渡担保　*28*

　4　信託の設定………29

第2章　名義株　*33*

第1　名義株の問題………33
　1　名義株の概要………33
　　　(1)　中小企業の名義株　*33*

　　　(2)　名義株はなぜ発生するのか　*33*

　　　(3)　名義株の問題点　*34*

　　　(4)　名義株をめぐる紛争類型　*35*

　　　(5)　税務通達における名義株の位置　*36*

　　　(6)　税務通達を利用した名義株紛争の惹起　*40*

　2　名義株の真の所有権者はだれか………40
　3　名義株の真の議決権者はだれか………41

4　名義株の書換えと法人税別表2の意義 …………………………43
　　　(1)　法人税別表2　43
　　　(2)　国税不服審判所における名義株に係る裁決事例　43

第2　名義株の解消 ……………………………………………………45
　1　合意による解消 ………………………………………………45
　　　(1)　合意による真実の株主への株主名簿の名義を書き換える方法　45
　　　(2)　合意による真実の株主への株式譲渡　48
　　　(3)　合意による自己株式取得　48
　2　強制的な解消 …………………………………………………51
　　　(1)　相続人等売渡請求（会174条）　51
　　　(2)　株式併合（会180条）　54
　　　(3)　全部取得条項付種類株式　56
　　　(4)　1株に満たない端数の処理（会234条，235条）　57
　　　(5)　特別支配株主の株式等売渡請求　59
　3　名義株主が所在不明株主となっている場合 …………………60
　4　やむを得ず，名義株を存続させたい場合 ……………………60
　5　名義株の解消と税務リスク ……………………………………62
　6　紛争性が高い名義株の解消（事業承継ADRの活用）………63

第3章　行方不明株主の株式　　65

　1　行方不明株主 …………………………………………………65
　　　(1)　所在不明株主の発生　65
　　　(2)　株主が行方不明になる理由（少数株主軽視の実体）　66
　　　(3)　大株主の行方不明　66
　2　行方不明株主の株式への事後対応 ……………………………67
　　　(1)　会社としての対応　67

(2) 行方不明株主を解消するための会社法上の手続　67
　(3) 不在者についての根本的な解決　74
 3　行方不明株主を発生させないための予防……………………76

第4章　株主の判断能力の欠如と諸問題　80

 1　高齢化社会の到来と株主権の問題………………………………80
 2　株主の判断能力の欠如と株主権行使……………………………85
　(1) 判断能力の欠如の定義　85
　(2) 制限行為能力者の議決権行使　88
 3　株主の判断能力の欠如と対応……………………………………93
　(1) 株主の判断能力の欠如が明らかになった場合の事後対応　93
　(2) 株主の判断能力の欠如に対する事前の対策　94
 4　株主平等の原則と制限行為能力者たる株主の議決権制限………100

第5章　株主と倒産法制　103

 1　はじめに……………………………………………………………103
 2　株主の法的整理と株主権の問題…………………………………103
　(1) 個人たる株主が法的整理手続を行う場合（当該株式にかかる法人が健在の場合）　103
　(2) 個人たる株主が法的整理手続を行う場合（連帯保証責任の整理として法的整理手続を行う場合），株主（経営者）の連帯保証責任の制限と連帯保証人に対する債務免除についての税務（「経営者保証に関するガイドライン」，「新しい特定調停スキーム」）　105
　(3) 法人たる株主が法的整理手続を行う場合，当該法人所有株式にかかる法人はどうなるか　107

    3 会社の倒産と株主権の問題……………………………………108
     (1) 破産の場合　*108*
     (2) 民事再生の場合　*108*
     (3) 会社更生の場合　*108*
     (4) 特別清算の場合　*109*
     (5) 株主権の維持と倒産手続の選択の判断　*109*

第6章　株式管理における婚外子問題　　*110*

 1 最高裁決定……………………………………………………*110*
 2 対抗方法………………………………………………………*110*
     (1) 遺産株式を遺さない方法　*111*
     (2) 遺産株式を相続財産として遺さないで事業を承継する方法──その1　*113*
     (3) 遺産株式を相続財産として遺さないで事業を承継する方法──その2　*113*
     (4) 遺産株式を相続財産として遺さないで事業を承継する方法であって，課税が禁止的ではない方法　*113*
     (5) 一般社団法人による方法　*114*
     (6) 株式取得合意　*117*
     (7) 株式管理一般社団法人　*119*

第7章　株式と特定承継　　*127*

 1 はじめに………………………………………………………*127*
 2 株式を「相続させる」旨の遺言があった場合………………*127*
     (1) 「相続させる」旨の遺言　*127*
     (2) 株式の譲渡〜時価概念　*129*
     (3) 親族間での譲渡　*130*

(4)　M&A（会社の買収・会社の売却）における時価算定　*131*

　(5)　会社の均等分割　*134*

　(6)　譲渡制限株式の無制限化　*139*

第8章　株式と包括承継　*142*

第1　株式と相続 ……………………………………………………… *142*
1　包括承継と株式 …………………………………………………… *142*
　(1)　包括承継とは何か　*142*

　(2)　株式の包括承継の意味　*144*

2　相続における株式管理の意味 ………………………………… *145*
3　包括承継の障害事由 …………………………………………… *147*
　(1)　相続放棄（民938条）　*147*

　(2)　限定承認（民922条）　*148*

　(3)　推定相続人廃除　*149*

　(4)　相続人欠格　*150*

　(5)　財産分離　*151*

4　相続による株主権の帰属阻害要因 …………………………… *152*
5　配偶者及びその親族には会社株式の株主権を承継させない方法 ………………………………………………………………… *156*
　(1)　問題の所在　*156*

　(2)　配偶者には先祖伝来の会社株式について株主権を承継させない方法　*156*

　(3)　被相続人が死亡しても配偶者には会社株式の株主権を相続させない方法　*158*

6　一般社団法人による事業承継の相続からの隔離 …………… *159*

第2　株式と遺言 ……………………………………………………… *160*
1　株式と遺言 ………………………………………………………… *160*

(1) 民法（法定相続制度）は事業承継に敵対的　*160*
　　(2) 遺言は事業承継に友好的　*161*
　　(3) 遺留分は事業承継の敵　*162*
　　(4) 遺言状の使い方　*163*
　2　遺言と最高裁判例……………………………………………………*164*
　　(1) 特定の遺産を特定の相続人に「相続させる」趣旨の遺言　*164*
　　(2) 最高裁第二小法廷判決平成7年(オ)第1631号平成11年6月11日　*167*
　　(3) 最高裁第二小法廷判決平成6年(オ)第2052号平成9年9月12日　*168*
　　(4) 最高裁第二小法廷判決昭和55年(オ)第973号昭和58年3月18日　*169*

第9章　株主権をめぐる闘争　　*173*

　1　問題の所在………………………………………………………*173*
　2　少数株主の追い出し（スクイーズアウト）と全部取得条項付種類株式………………………………………*173*
　　(1) スクイーズアウトの概略　*173*
　　(2) 全部取得条項付種類株式を活用したスクイーズアウト　*174*
　　(3) 全部取得条項付種類株式の手続　*174*
　　(4) スクイーズアウトに関する裁判事例　*178*
　3　特別支配株主の株式等売渡請求……………………………*181*
　4　事業承継ADRの利用………………………………………*181*

第10章　株主権行使をめぐる諸問題　　*183*

1　成年後見人による株主権行使 …………………………………… 183
　(1)　成年後見制度　183
　(2)　成年後見人による代理権の範囲　184
　(3)　成年後見人による株主権の行使　184
　(4)　成年後見人による共益権の行使　185
　(5)　成年後見人による代理権行使の判断基準　186
　(6)　成年後見人による議決権の行使方法　187
2　信託設定された株式についての株主権行使 …………………… 188
　(1)　株式の贈与に代えて自己信託を設定しての事業承継を図るスキーム　188
　(2)　「信託を活用した中小企業の事業承継の円滑化にむけて」中間整理（中小企業庁）より　190
　(3)　議決権行使の指図権と受託者の善管注意義務　193
　(4)　一般社団法人の基金に現物出資された株式についての株主権の行使　195
3　相続人による相続の放棄後の株主権行使 ……………………… 201
　(1)　相続人による相続の放棄　201
　(2)　相続人による相続の放棄後の株主権の行使　201
　(3)　全相続人の相続放棄後の株主権　201

第2編　中小企業の株式管理対策編

第11章　特別支配株主の株式等売渡請求　205

1　特別支配株主の株式等売渡請求の概要 ………………………… 205
　(1)　会社法改正：特別支配株主の株式等売渡請求制定の背景　205
　(2)　株式等売渡請求の手続　206

(3) 撤　回　*214*
　　(4) 売渡株主等の救済制度　*215*
　2　特別支配株主の株式等売渡請求への対抗策 ················· *219*
　　(1) 立法矛盾と株式管理における問題点　*219*
　　(2) 定款による規定　*220*
　　(3) 株主間契約（投資契約）　*221*
　　(4) 黄金株式，株主ごとに異なる取り扱い　*222*

第*12*章　全部取得条項付種類株式と同時会社分割　*227*

　1　同時会社分割と全部取得条項付種類株式の買取 ············· *227*
　　(1) 人的分割の廃止と代替手続　*227*
　　(2) 分割会社の株主の存在　*228*
　　(3) 債権者の保護と株主の地位の法的安定性　*229*
　2　全部取得条項付種類株式の取得の限界 ····················· *230*
　3　全部取得条項付種類株式の発動と株主の税務問題 ············ *232*
　　(1) 全部取得条項付種類株式とみなし配当　*232*
　　(2) 全部取得条項付種類株式の取得の価格の決定の申立て
　　　をした場合　*232*
　　(3) 反対株主として買取請求を行った場合　*233*
　4　株式の評価と裁判所の限界 ······························· *233*

第*13*章　株主間契約　*237*

　1　株主間契約とは何か ····································· *237*
　　(1) 株主間契約の意義　*237*
　　(2) 株主間契約締結の自由　*238*
　　(3) 株主間契約締結の自由の限界　*239*
　2　株主間契約における議決権拘束条項 ······················· *242*

    (1) 定款による議決権拘束条項 *242*
    (2) 株主間契約における議決権拘束条項 *242*
    (3) 議決権拘束条項の有効性 *244*
  3 ベンチャー企業における株主間契約 ················· *246*
    (1) ベンチャー企業出資契約の特殊性 *246*
    (2) ベンチャー企業出資契約の一般的構成 *247*
    (3) 経営支配権に関する株主間契約 *247*
    (4) 出資の解消に関する株主間契約 *248*
    (5) その他の条項 *249*
  4 会社と株主間の契約 ················· *249*
    (1) 会社と株主間契約の存在と株主平等原則 *249*
    (2) 株主の権利の行使に関する利益の供与 *250*
    (3) 会社と株主間契約締結の自由 *250*
  5 会社と株主間の自己株式取得契約 ················· *251*
    (1) 会社と株主間の合意による取得の弊害 *251*
    (2) 会社が株主との合意により自己株式を取得する方法 *252*
    (3) 取得財源規制，期末の財産状況の予測からの制約 *253*
  6 会社と従業員株主間契約 ················· *254*
    (1) 売渡強制規定の有効性 *254*
    (2) 契約の性質について *255*
    (3) 売渡強制規定の有効性の判決 *257*
    (4) 第三者に譲渡された場合 *258*
    (5) その他手続について *259*
  7 会社と出資予定株主間契約 ················· *259*
    (1) はじめに *259*
    (2) 一般的な条項の概説 *259*
    (3) 将来会社が増資する際に株式を引き受ける義務を負う
      契約条項について *264*

第14章　種類株式と定款　　268

1　種類株式の可能性 …………………………………………… 268
2　事業承継解決スキーム ……………………………………… 269
　(1)　事業承継における論点　269
　(2)　種類株式の利用による事業承継問題の解決例　270
3　株主の管理・整理（安定株主対策）スキーム …………… 284
　(1)　株主の管理・整理（安定株主対策）における論点　284
　(2)　種類株式の利用による安定株主対策　284

第15章　持株会　　291

1　従業員持株会（民法上の組合の場合）の概要と株式管理の問題点 …………………………………………………… 291
　(1)　「本音の目的（節税）」と「本来の目的（福利厚生）」　291
　(2)　相続税の節税　292
　(3)　従業員持株会の設立方法と株式管理　293
　(4)　幽霊持株会となる場合……名義だけの従業員持株会　299
　(5)　退会時の買戻し価額（竹中工務店事件から見る「株式管理」の問題点）　300
　(6)　従業員持株会のひな形　303
　(7)　一部引き出しの制限と価額　306
　(8)　株式取得奨励金　311
2　役員持株会と取引先持株会 ………………………………… 313
　(1)　役員持株会　313
　(2)　取引先持株会　314

第3編　非上場株式に係る税務・評価

第16章　株式に係る税務　　319

1　譲渡に係る税務　　319
2　相続・贈与に係る税務　　322
3　みなし譲渡課税特例　　331
4　株式配当に係る税務　　332
5　平成27年相続税法改正についての留意点　　334
6　株式の物納と譲渡制限　　338

第17章　株式評価をめぐる諸問題　　340

1　株式評価の概要　　340
2　株式価値とは　　341
3　事業承継の場合の株式の評価方法　　342
4　事業承継の注意事項「社長借入金の株式化」　　343
5　M&Aの場合の株式の評価方法　　345
6　株式評価方法の分類　　346
7　インカム・アプローチ　　347
8　マーケット・アプローチ　　353
9　ネットアセット・アプローチ（コスト・アプローチ）　　356
10　まとめ　　358

第1編
中小企業の株式をめぐる諸問題

第1章 株式総論

第1 中小企業の株式をめぐる諸問題

1 中小企業をめぐる社会背景

　2014年版中小企業白書によれば，中小企業[1]は，日本の総企業数約386万社のうち99.7％（約385万社）を占め，労働者人口全体の約7割の雇用を創出しており，まさに日本経済を支える屋台骨であるといえる。ゆえに，その景気動向が日本経済に多大な影響を与えるため，中小企業は日本経済再生の原動力として期待されているとともに，地域の活性化，地域における雇用の創出，産業競争力の強化などが重要な課題となっている。

　ところで，中小企業は，その成長サイクルの中で様々な経営リスクに直面する（図表1参照）。昨今の経営環境の変化，技術力の発展さらには消費

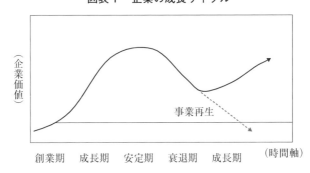

図表1　企業の成長サイクル

---

[1] 常用雇用者300人以下（卸売業，サービス業は100人以下，小売業，飲食店は50人以下），又は資本金3億円以下（卸売業は1億円以下，小売業，飲食店，サービス業は5,000万円以下の会社及び常用雇用者300人以下（卸売業，サービス業は100人以下，小売業，飲食店は50人以下）の個人事業主）

者の価値観の変化に伴い，中小企業が抱える経営リスクは，急激に多様化・複雑化し，事業継続の危機をもたらすものとなっている。

　それらの経営リスクには，大別すると組織を取り巻く環境に起因する「外的リスク」と組織内部の人的関係に起因する「内的リスク」とに分けられる（図表2）。

　市場のグローバル化，規制緩和，IT技術の発達による急激な情報化，そして雇用形態の多様化などの社会構造，産業構造の変化は，中小企業においても生き残りをかけた経営の変革を余儀なくしている。たとえば，経済のグローバル化は，中小企業においても国境を越えたビジネスを可能としたが，一方で，価格競争の激化を加速させ，新たな市場構造を生み出し，さらには，日本の産業の空洞化を招くという皮肉な結果をもたらした。世界規模の大競争社会により，めまぐるしい社会変革に適応できない中小企業は，容赦なく市場から淘汰されることになる。

　また，わが国の社会問題として，人口減少と超高齢化社会の到来がある。中小企業は，外的リスクとして，戦後から平成までの経済・社会構造の大きな変化による社会全体の高齢化に伴う消費者ニーズへの対応にせまられているし，さらに，内的リスクとして経営者，大株主，主要役員や社員の相続や病気などによる損失が，中小企業特有の課題となっている。

　しかしながら，大企業に比べると財務基盤が脆弱であるものの，中小企業の中には，優れた技術力やノウハウなどの経営基盤をもち，地域経済活性化の礎となっている企業も多数存在する。

　そこで，閉塞感が漂う厳しい経済環境においても，このような中小企業が，事業の継続・発展を図るために，経営リスクを洗い出し，分析し，回避又は損失の軽減を図る総合的なリスクマネジメントが必要となる（図表3）。

図表2　企業の経営リスク

経営リスク	要因分子	コントロールの可否	リスク回避・損失軽減の方法	
内的リスク	主要人物の損失, 株主の相続, 事業承継, 経営判断の失敗, 役員や従業員の不正, 大企業との賃金格差, 残業代未払い, 技術の陳腐化　など	可能	株式管理	クライシス
			財務・税務管理	
			労務管理	
			コンプライアンス	
			ブランドの確立	
外的リスク	規制緩和, 法改正, TPP, 増税, 反産業的な政策, 震災, 戦災, 風評被害, 市場リスク, デフレ経済, 原材料・燃料等の不足や高騰　など	リスクの遮断は不可能。しかし, 損失の軽減は可能	不測の事態に耐えうる経営基盤の強化が重要 ⇒ 内的リスクの「リスク回避・損失軽減の方法」	

図表3　リスクマネジメントのプロセス

　外的リスクは，社会環境や経済環境に起因するものであるから，これらを全て遮断することは不可能に近い。しかし，経営基盤を強化することで，それらの変革に素早く対応し，クライシスから発生する損失を最小限に抑え，またクライシスを機に顕在化する内的リスクを回避することが可能である。

　内的リスクは，閉鎖的な中小企業の構造的な特徴である人的関係の緊密性に起因する問題が多い。一度，組織内部において問題が生じると，会社を巻き込んだ親族間の主導権争い「可愛さあまって憎さ百倍」的な感情論に陥りやすい傾向がある。たとえば，内的リスクには，会社の主要人物の相続や病気による損失，株主の相続，事業承継問題，労務管理上のトラブルなどがあげられるが，これらの人的要素が強い経営リスクは，法的かつ

税務的見地による早急な対応とともに，当事者の調和を図る必要がある。なぜなら，内的リスクは，放置プレーが問題をより一層深刻かつ複雑にするし，少数株主の追い出しやある推定相続人を蔑ろにした後継者への極端な資産集中など，乱暴な強行手段をとると，親しい間柄にありがちな感情のもつれを助長し企業の存続を危うくしてしまう場合があるからである。

2 株式管理の必要性

(1) 株式の二面性と株式管理

　株式は，一般的に会社の持分という「財産権」と株主総会における議決権に代表される「経営権」を包含した社員としての地位を表章したものである。

　株式の流動性を放棄している中小企業においては，経営者自らが，過半数超の自社株式を保有し，会社の所有者として，形式的にも実質的にも会社を支配していることがほとんどであるため，平時においては，株式は，むしろ「経営権」として評価される。なぜなら，中小企業は，そこで働く人々や取引先などと共に一つの経済共同体を作り上げ，地域社会を支える役割があり，その経営の本質は，株式会社という公器において事業を行い，そこから得た富を多様な形で企業を取り巻く人々に還元することだからである。

　一方，株式は本質的に，株主の相続や株式の譲渡によって人から人へ散逸する運命にある。極端にいえば，たとえば，会社の経営権が，文化や習慣の異なるエイリアンへ渡った場合，今までの経営方針，理念，企業風土は維持されるのであろうか，という問題に直面することになる。そして，このような株式の移動の際は，「財産的価値」としての比重が高くなる。特に，会社の非常事態には，株式は往々にして，価値（金目のもの）として評価されやすいことにも注目しなければならない。

　このように，中小企業は，安定した経営を維持するために，「経営権」，つまり株式を，誰に，どのような方法で，どの程度の割合で集中させ，管

理していくか（いわゆる広義の「事業の承継」）という内的リスクを常に抱えているといえる。中小企業においては，株式を適正にマネジメントする者こそが会社を制するといっても過言ではない。それゆえ，平時において，問題が顕在化する前に，適切な株式管理をしておく必要があるのである。

しかし，現在の中小企業においては，株式の管理を疎かにしているのが実態であろう。それゆえに，不測の事態（クライシス）が生じたときに対応が後手に回ったり，広義の事業の承継[2]の際に株主構成によっては最善策を取れないケースやプロセスを迂回しなければならないケース，課税リスクが生じるケースなどの問題が発生しており，結果として中小企業の経営基盤を脅かすものとなっている。

なお，ここで定義する「株式の管理」とは，静的な事務的管理をするだけではなく，誰がどのくらいの割合で株式を所有すべきか，分散した株式をどのようにして回収するか，株式を「財産権」と「経営権」とに分離して管理する方法，株主の判断能力欠如に対する予防など，積極的に株式を動的に整理，調整，管理することを含む。むしろ，中小企業支援の現場においては動的な株式管理は，株式会社の核心ともいえる重要な経営方針の決定そのものであって，戦略的に株式を管理することについて，法務，会計，税務，評価を立体的に捉える必要がある。

(2) 企業の特徴と株式管理

ところで，一括りに，中小企業といっても，(i)家族経営などの零細企業，(ii)株主と経営者は家族（親族）であるが，複数の従業員を雇用している中小企業，(iii)大株主は親族であるが第三者の資本を受け入れたり，グループ企業を構成したり従業員は数十人に及び，従業員持株会制度などを積極的に取り入れている中堅企業など，いろいろなタイプがある。どのタイプであっても株式会社である以上，株式の問題は，経営リスクになるため株式管理

---

[2] 広義の事業承継　一般的な事業承継は，いわゆる親から子への狭義の事業承継であるが，もっと広い意味で，事業，持分などを次世代又は他人を含め承継させることをいう。

は重要であるが，会社の形態によってその解決方法は異なるものである。

株式管理に関連する中小企業の経営リスクには概ね次のものがあげられる。

① 名義株主の存在（第2章）
② 株主が行方不明又は株主が不明（第3章）
③ 判断能力が欠如した株主への対応とその予防（第4章）
④ 株式の評価に関する諸問題（第17章）
⑤ 株式が分散化してしまっている（第8章）
⑥ 倒産や破産した株主が存在する（第5章）
⑦ 株主権をめぐる争いがある（第9章）

上述したとおり，昨今の厳しい経営環境下において，中小企業が事業を継続していくためには，外的リスクを巧にかわし，かつ商機を見出し，そして特に経営基盤の強化を図らなければならないであろう。「経営支配権」である株式の散逸は避け，経営者や株主の高齢化から生じる株式の問題について，経営リスクとして株式をマネジメントしていくことが必要なのである（図表4参照）。

そこで，本書では，わが国の会社形態の中でもっとも数の多い株式会社である中小企業について，事業の恒久的な継続・繁栄のために，株式にかかる諸問題を解決するために各分野のエキスパートによる実務的な知恵を提供するものである。

図表4　企業タイプの特徴と株式管理

	企業規模	機関設計	企業の特徴	定款自治の自由度	株式管理の方法				
					株主ごとに異なる取り扱い	株主間契約	種類株式	持株会	持株会社化
非公開会社	零細企業（小）	取締役会非設置 ↕ 取締役会設置会社	契約，組合理論 ↕ 集団理論	自由 ↕ 制限	◎	◎	△	△	△
	中小企業				○	○	○	△	○
	中堅企業				△	○	○	○	○
公開会社	（大）				×	○	○	○	○

◎　特に適している
○　適している
△　可能。事例によって判断
×　不可

第2　株式会社の宿命

1 株式会社の起源

　株式会社の起源は，世界的にみても古くは1600年代初頭のオランダ東インド会社に求められる。株式会社は，そもそも事業のために，不特定多数の者から資金を調達する手段としてあみだされたものであり，出資をする者が会社に対して出資し（投資），その出資の見返りに会社の経営に対する支配権など様々な権利を付与する制度である。

　わが国において，株式会社のしくみが外国から持ち込まれたのは，およそ明治維新の頃である。明治32年には，経済活動を支える企業の基盤と利害関係人の調整を図る強行法規的規制として旧商法が制定され，近代的な会社組織として株式会社の設立が準則主義により可能となった。

　その後，経済成長とともに実体経済に適応するために度重なる旧商法改正が行われ，安定した商取引と社会経済の活性化を両天秤にかけながら，

会社の形態は，個人事業から組合（民667条〜），合名会社，合資会社，株式会社，有限会社，合同会社とその選択肢を広げた。

特に，株式会社というシステムは，時代の変遷とともにその制度目的の変化を受け入れ，現行法においては，株式会社の本来の特徴を維持している「公開会社」と，本来の特徴は最小限にとどめ，企業としての器の選択肢にすぎない「非公開会社」とに分かれることになった。特に，わが国においては，後者のタイプの企業の占める割合が多く，ファミリービジネス[3]といわれる中小企業は概ね閉鎖的な「非公開会社」[4]である。

なお，企業としての器という選択肢の1つとして，「一般社団法人」（平成20年12月1日施行）[5]は，非営利法人であるものの収益事業を営めるため，株式会社の代替法人としての利用が期待されている。

2 株式会社の宿命と他法人との比較

株式は，株式会社における均一の割合的単位に細分化された構成員（社員）の地位を意味するものであって，株式を所有する者は株主という。そして，株式は，会社を経営する権利と企業の経済価値とが表裏一体となっており，かつ，経済的価値を有するものとして自由に譲渡することが認められる（会127条）。これは，株式会社の本質は，不特定多数の者からの資

---

[3] ファミリービジネスとは，一般的に同族経営の老舗企業のことをいうが，昨今の経済危機の反省として，世界的にも目先の利益や時価総額の増大に注力しがちな株主至上主義ではなく，昔ながらの経営スタイルに回帰する傾向が見られる。最近では，わが国でもファミリービジネスの経営スタイルの素晴らしさが見直されて，大学や研究機関などで研究されている。経済産業省の報告書による定義によれば，ファミリービジネスとは，①創業家が経営の主体であり続けている（同族経営），②自立し，自律した経営状況にある，③代々継承される行動規範や経営における規律を固持する経営の持続性を持つ，④地域に貢献するという経営哲学のもと地域に根付いているなどがあげられている。

[4] 非公開会社とは，その発行する株式の全部について，譲渡制限が付されている株式会社のことをいう。

[5] 平成20年12月1日，公益制度改革として，「一般社団法人及び一般財団法人に関する法律」（平成18年6月2日法律第48号）が施行され，一般社団法人の設立，組織，運営及び管理について規定する。準則主義により設立される一般社団法人は非営利法人でありながら，収益事業が可能である。

金調達であるから，それらの投資家が投下資本を回収する道を確保するべきだからである。

一方，中小企業においては，不特定多数の者から資金調達をする必要性がないために，ほとんどの株式会社は，発行する全ての株式に譲渡制限を付している（非公開会社）。といっても，株主は，その有する株式を譲渡することができる（会127条）のが原則であり，非公開会社においては，株式の譲渡に関して会社の承認を要するだけであって，譲渡そのものが禁止されているわけではない。相続により株主からその相続人へ承継されてしまうこともある。

つまり，中小企業の場合は，株式にこの財産権としての側面があるゆえに，顔の知れている株主から顔の知らない者へ，株式が転々と承継されてしまうことが，安定した経営を阻む経営リスクになるということを意味する。

さらに，株式会社は，組合や持分会社とは異なり，構成員（株主）の破産や後見開始によっても，株主の地位を失うことはない。したがって，株主に破産や後見開始が生じた場合の適切な議決権行使の可否が経営リスクとなる場合がある（詳細については，第4章「株主の判断能力の欠如と諸問題」，第5章「株主と倒産法制」）。

このように，株式会社は資金調達の手段として生まれ，経済活動の器として時代と共に規制をうけながらも発展してきたが，中小企業にとっては，この株式会社の本来の特徴こそが経営リスクになるのである（図表5参照）。

なお，一般社団法人は，非営利法人であるため，社員の地位と経営権は分断されており，相続による社員の地位が相続承継されるという概念がない。したがって，相続による持分の分散を絶対的に防止したいニーズがある場合には，持分の概念がない一般社団法人を持株法人とし，事業会社として株式会社を子法人とするスキームを創設する方法が考えられる（詳細については第8章）。

図表5　各種企業形態との比較

営利	営利性	営利						非営利
		組合契約	持分会社			株式会社		一般社団法人
個人事業	組織形態		合名会社	合資会社	合同会社	特例有限	株式会社	
	根拠法	民法	会社法	会社法	会社法	整備法	会社法	一般法
×	法人格	×権利能力なき社団	○	○	○	○	○	○
相続の問題	死亡／構成員の死亡	脱退	原則退社⇒定款で承継する旨を定めることができる。			相続人に承継		退社
廃業	破産／構成員の破産	脱退	原則退社⇒定款で退社しない旨を定めることができる。			株主としての地位に変更はない。		社員としての地位に変更はない。
廃業	後見／構成員の後見	脱退	原則退社⇒定款で退社しない旨を定めることができる。			株主としての地位に変更はない。		社員としての地位に変更はない。

第3　株式の本質

1 株主の権利

(1) 株主の権利

　株式は，社員の法律上の地位の根拠であり，「共益権」[6]と「自益権」[7]が密接不可分に包含されている。会社法においては，「株主は，その有する株式につき，剰余金の配当を受ける権利，残余財産の分配を受ける権利，株主総会における議決権，その他会社法の規定により認められた権利を有する」と明文化されている（会105条1項，図表6参照）。

　所有と経営が一致している中小企業においては，共益権は特に「経営

---

[6] 共益権は，会社の運営や管理に関する権利であり，株主全体の利益につながるものとして，代表的なものは議決権がある。

[7] 自益権は，会社から経済的な権利を受ける権利であり，代表的なものは剰余金配当請求権がある。

図表6 非公開会社の株主の権利（自益権と共益権）

自益権	共益権	
	単独株主権	少数株主権
①剰余金配当請求権（会105条1項1号） ②残余財産分配請求権（会105条1項2号） ③株式買取請求権（会469条等） ④株券交付請求権（会215条） ⑤名義書換請求権（会133条）	①株主総会議決権（会105条1項3号，308条） ②株主総会決議取消請求権（会831条） ③累積投票請求権（会342条） ④新株発行差止め請求権（会210条） ⑤新株発行無効の訴え（会828条1項2号） ⑥会社設立無効の訴え（会828条1項1号） ⑦合併無効の訴え（会828条1項7号・8号） ⑧役員の責任追及に関する代表訴訟（会847条） ⑨役員の違法行為差止め請求権（会491条，360条） ⑩株主総会議事録閲覧謄写請求権（会318条4項） ⑪取締役会議事録閲覧謄写請求権（会371条2項） ⑫定款，株主名簿，社債原簿の書類閲覧謄写請求権（会125条） ⑬計算書類閲覧謄写請求権（会442条3項）等	総株主の議決権の1/100以上又は300個以上 ①総会の議題提案権（会303条2項） ②総会の議案通知提案権（会305条） 総株主の議決権の1/100以上 ・総会の招集手続等に関する検査役の選任請求権（会306条） 総株主の議決権又は発行済株式の3/100以上 ①会社の帳簿及び書類の閲覧謄写請求権（会433条） ②業務の執行に関する検査役の選任請求権（会358条） 総株主の議決権の3/100以上 ①株主総会招集請求権（会297条） ②取締役等解任請求権（会854条） 総株主の議決権又は発行済株式の10/100以上 ・会社解散請求権（会833条）

権」として，企業の維持・継続・発展を考える上で重要な視点の１つとなる。

なお，平成26年改正会社法で創設された特別支配株主の株式等売渡請求権（改正法179条〜179条の10)[8]は，特別支配株主が少数株主から株式を強制取得するものであり，一般的な株主権ともいい難く，資本多数決の原則により圧倒的多数の支配権を持つ株主が少数株主の株式を直接的に剥奪するという法で認めてしまった株主平等の原則の例外である（詳細については，第11章「特別支配株主の株式等売渡請求」)。

(2) 内容の異なる株式
ア　種類株式（会108条）

種類株式は，経済的利益又は会社の支配に関する権利など，多様化した株主のニーズを具現すべく，株主平等の原則の例外として会社法が認めた制度である。なお，内容の異なる２つ以上の種類の株式の内容が定款で規定されている株式会社を「種類株式発行会社」[9]という（会２条13号)。

株式について内容の異なる事項としては，会社法第108条第１項各号に規定された事項に限定され，それを逸脱した内容とすることは，会社法上は許されない。ただし，非公開会社においては，種類株式以上に柔軟な設計ができる「株主ごとに異なる取り扱い」が認められている（第14章「種類株式と定款」参照)。また，会社の規模や公開・非公開を問わず，債権的な契約に留まるものの，さらにニーズに合わせた条件が設定できる株主間契約が認められる（第13章「株主間契約」参照)。

種類株式制度は，中小企業の経営リスクの解決の選択肢になるが，種類株式の株式の内容が登記事項でもある。

---

8) 特別支配株主の株式等売渡請求権とは，総株主の議決権の90％以上を有する株主が少数株主に対して全部の株式を売り渡すように請求できる権利。
9) 種類株式発行会社の定義は，現に内容の異なる２つ以上の種類の株式を発行していることではなく，定款上，内容の異なる２つ以上の種類の株式の発行を容認している株式会社のことをいう。また，発行する全部の株式の内容として会社法第107条第１項に定める特別の定め（譲渡制限，取得請求，取得条項）を設けることができるが，これは単一株式発行会社であり種類株式発行会社ではない。

イ　種類株主総会

　種類株式発行会社においては，特定の種類株主に損害を及ぼすおそれがある場合には，種類株主総会の決議がなければ，その効力を生じない（改正法322条1項）。

（種類株主総会が必要となる事項）
① 　株式の種類の追加の定款変更
② 　株式の内容の変更の定款変更
③ 　発行可能株式総数又は発行可能種類株式数の増加
④ 　特別支配株主の株式等売渡請求についての承認
⑤ 　株式の併合又は株式の分割
⑥ 　株式無償割当
⑦ 　株主割当による募集株式の発行
⑧ 　株主割当による新株予約権の発行
⑨ 　新株予約権無償割当
⑩ 　合併
⑪ 　吸収分割
⑫ 　吸収分割による他の会社がその事業に関して有する権利義務の全部又は一部の承継
⑬ 　新設分割
⑭ 　株式交換
⑮ 　株式交換による他の株式会社の発行済株式全部の取得
⑯ 　株式移転

　種類株式発行会社は，種類株主総会の決議を要しない旨を定款で定めることができ（会322条2項）（定款記載例1を参照），この場合は，種類株主総会の決議は不要となるが，株式の種類の追加，株式の内容の変更，発行可能株式総数（発行可能種類株式総数）の増加の定款変更をする場合には，種類株主総会の決議がなければその効力が生じないので（会322条3項ただし書），あたかも当該株主に承諾権を与えるようなものになり，場合によってはこれがあるために手続が進まなくなるケースも考えられる。

また，種類株式発行会社が，ある種類株式の発行後に「種類株主総会の決議を要しない定め」を設ける場合には，種類株主全員の同意を要するとされる（会322条4項）。

　さらに，種類株式発行会社が，譲渡制限株式の募集株式の発行をする場合には，当該株式の募集について，当該種類の株式の種類株主を構成員とする種類株主総会の決議を要しない旨の定款の定めがある場合を除いて，種類株主総会の決議がなければその効力が生じない（会199条4項）。

　種類株式発行会社は，種類株主総会の決議を要しない旨を定款で定めることができ（会199条4項，定款記載例2を参照），この場合には種類株主総会の決議は不要となる。

定款記載例1

> 会社法第322条第1項の種類株主総会不要の定め
> 第○条　当会社が，会社法第322条第1項第1号の2から第13号に掲げる行為をする場合には，第1種優先株主を構成員とする種類株主総会の決議を要しない。

定款記載例2

> 会社法第199条第4項及び同法第238条第4項の種類株主総会不要の定め
> 第○条　当会社が，募集株式又は募集新株予約権の発行を行う場合には，会社法第199条第4項又は会社法第238条第4項に基づく第1種優先株主を構成員とする種類株主総会の決議を要しない。

　なお，種類株式の内容及び活用の詳細については第14章「種類株式と定款」を参照されたい。

ウ　株主ごとに異なる取り扱い

　非公開会社においては，剰余金の配当を受ける権利，残余財産の分配を受ける権利，株主総会における議決権について，株主ごとに異なる取り扱いを行う旨を定款で定めることができる（会109条2項）。この株主ごとに

異なる取り扱いは，旧有限会社法の制度を受け継いだものであるが，閉鎖型の会社形態においては，資本多数決の原則にかかわらず，株主の会社における役割に応じて属人的な扱いを行ったほうが，円滑な業務執行が可能となるニーズがあるからである。

　なお，株主ごとに異なる取り扱いは，種類株式とは異なり登記事項とはされていないが，この定めを定款に設けた場合，株主の権利に関する事項について内容の異なる種類株式とみなされるため，特定の種類株主に損害を及ぼすおそれがある場合に必要とされている種類株主総会の規定が適用される。そして，属人的な権利内容として同じ取り扱いが定められた株主が複数いる場合には，当該複数株主が種類株主総会を構成し，一人ずつ異なる取り扱いが定められた株主は，一人で種類株主総会を構成することになる（江頭憲治郎『株式会社法』169頁（有斐閣，第5版））。

　このように，株主ごとに異なる取り扱いは，種類株式に比べると柔軟性において優れているが，それぞれの株主ごとに異なる取り扱いをすると，それぞれの種類株主総会を構成することになること，異なる取り扱いをする株式の内容が登記事項でなく，チェック機能が不十分となることも考えられる。導入する場合には，慎重に，資本多数決による強行手段で，特定の株主の権利を脅かすことのないように，株主の権利関係の調整に注意を図るべきである。

(3)　**一株運動**

　一株運動とは，市民が企業の株式を一株購入し，株主総会に出席して抗議をすることで，その企業の不正等を是正させる社会運動のことをいう。

　そもそも，わが国において，企業の不正を正すために市民によって行われた一株運動の象徴ともいうべき事件は，1960年代の公害水俣病を告発するために行われたチッソ株主総会決議取消事件（最判昭58.6.7民集37-5-517）であろう。

　1970年11月，大阪厚生年金会館（現オリックス劇場）で開催されたチッソ株式会社の定時株主総会には，公害問題に対する会社の責任を問うため

に株式を取得して株主総会に出席しようとした水俣病患者，家族，支援者らの一株主が大勢押し寄せていた。この一株運動を提唱したのは，本著の著者・編集代表の後藤孝典弁護士である。

この総会では，会社側の恣意的な運営によって，多くの一株主の入場制限や修正動議の無視などが行われ，それらの一株主権行使が妨害された。このような手続的瑕疵が明らかに認められる状態において，株主総会決議は強行可決された。そこで，一株運動の株主らは，この株主総会決議の取消しを訴えた。第1審，第2審，最高裁ともに，この一株主側の取消し請求を認め，株主総会決議取消が確定したものである。

単元株式制度や議決権制限株式などの例外を除けば，株主は一株でもその会社の株式を所有していれば，株主総会に出席し，意見を述べる機会を有するのである。

そして，株主は，株主総会の開催において次のような瑕疵が認められるときは，株主総会等の決議の日から3か月以内に，訴えをもって当該決議の取消しを請求することができるとされている（会831条）。

① 株主総会等の招集の手続又は決議の方法が法令若しくは定款に違反し，又は著しく不公正なとき。
② 株主総会等の決議の内容が定款に違反するとき。
③ 株主総会等の決議について特別の利害関係を有する者が議決権を行使したことによって，著しく不当な決議がされたとき。

ただし，株主総会等の招集の手続又は決議の方法が法令又は定款に違反するときであっても，裁判所は，その違反する事実が重大でなく，かつ，決議に影響を及ぼさないものであると認めるときは，同項の規定による請求を棄却することができるとし，訴えの利益と法的安定性にかんがみ判断される（会831条2項）。

たとえば，下記の事例について考えてみよう。

A株式会社（A社）の株主は，99％をXが所有し，1％を社外の甲が所有

していた。今般，A社の役員の選任と定款を変更することになったが，株主総会の手続はどのようにするべきか。

　実は，甲は，1％の株式を有したまま，半年前にXにより会社役員を辞めさせられ，会社に対して強い恨みを抱いていた。しかも，A社は，株主名簿もなく，定款は旧商法のときのままであり，会社としての体をなしておらず，実体はXの個人経営であった。
　甲は，理由もなく役員を辞めさせられたことの損害賠償と辞めさせられたにもかかわらず，登記簿上甲が役員として残ったままになっていることに対して，法的手段に出る旨を通告してきた。
　甲の持株数はわずかであり，資本多数決の原則では，株主総会の結論はあきらかである。しかし，すでに顕在化している対立関係が存在する場合に，株主総会の手続を適正に行わなければ，株主総会決議取消等の訴えが提起されてもやむを得ないため，適正なプロセスを経ないことで生じるリスクは甚大である。株主名簿に記載のある少数株主の住所に招集通知さえ送付すれば，郵便切手代のコストをかけるだけで，無用な争いを起こさずに，決議を有効に成立することができるのである。
　このように，企業の不正等を社会問題化するうえでは，一株運動は大変意義のあることである。しかしながら，中小企業において株主を蔑ろにして適正手続を経ない場合，これを怠った会社に非があるのはもちろんであるが，悪意を持った少数株主に会社を攻撃する隙を与えるようなものである。
　もちろん，株主総会開催手続に関する違反があったとしても，実際の裁判における判断においては，違反する事実が重大でなく決議に影響を及ぼさないものと認められるときは，原告の請求について「裁量棄却」がなされる（会831条2項）ものの，中小企業にとっては，紛争に巻き込まれること自体が，経営に大きな悪影響をもたらすことから，勝つか負けるかの基準で考えるのではなく，紛争に巻き込まれた段階で経営判断の失敗ということを肝に銘じるべきである。

2 株主の責任

　株主の責任は，その有する株式の引受け価額を限度とする（有限責任）から，すでに引受価額の払い込みが完了している株主は，会社法上において，それ以上に責任を負う場面はありえない。

　ただし，株主間契約において，大株主と投資会社などの間で，大株主に義務を負わせることはあるし，中小企業の代表者となっている大株主は，たとえば金融機関からの借入れなどについては，個人保証の締結を余儀なくされているという重大な制約を課されている事実がある。

第4　株主名簿

1 株主名簿の概要と重要性

(1) 株主名簿の概要

　株主名簿は，株式会社の所有者である株主の持株数について把握し権利を確定するために，株式会社に作成及び備え置きが義務付けられた帳簿のことである（図表7，書式1参照）。

　なお，会社法は，株主名簿に記載してある株主は，会社に株主であることを対抗でき，名義株や名義書換えを怠っているような場合は，真の株式の所有者は株主であることを会社に対抗することはできないとしている。ただし，会社は，名義書換えの済んでいない株主であっても，会社の責任において，株主として取り扱うことについては妨げられるものではない（最判昭30.10.20民集9-11-1657）。

図表7　株主名簿記載事項

121条（株式の取得）	株主の氏名又は名称及び住所
	株主の有する株式の数（種類株式発行会社にあっては，株式の種類及び種類ごとの数）
	株主が株式を取得した日
	株式会社が株券発行会社である場合には，株式（株券が発行されているものに限る。）に係る株券の番号
148条（質権）	株式に質権を設定した場合，質権者の氏名又は名称及び住所
	株式に質権を設定した場合，質権の目的である株式
154条の2（信託）	株式が信託財産に属する場合はその表示（株券不発行会社に限る）

書式1　株主名簿

株　主　名　簿

山田商事株式会社

【株　主】
住　　　　所　　　横浜市西区○○町1丁目5番3号
氏名又は名称　　　山田一郎
現在所有株式数　　100株

所有株式数	取得株式数	喪失株式数	原因年月日	受付年月日	備　考
<u>25株</u>	25株		昭和61年3月4日売買	昭和63年3月4日	甲野一郎から譲受
100株	75株		平成3年2月5日増資	平成3年2月5日	募集株式発行

※下線のあるものは抹消事項であることを示す。

(2) **株主名簿の役割**

　株式会社が株主に対してする通知・催告は，株主名簿に記載・記録した

当該株主の住所にあてて発すれば、通常その到達すべきであったときに到達したものとみなされる（会126条）。

株主名簿は、株主権を行使できる株主を特定し、会社としても義務を免れるために重要な機能を有しているといえるが、中小企業においては、株主名簿が適正に整備されてないケースが少なくないのが実態である。そこで、戦略的な経営により株式管理をするにあたっては、まずは株主を特定するために、株主名簿の整備をすることから始まる。

(3) **株主名簿記載事項証明書（書式2）**

株券不発行会社の株主は、株式会社に対し、株主について株主名簿に記載・記録された株主名簿記載事項を記載した書面の交付等を請求することができる（会122条1項・4項）。この株主名簿記載事項証明書は、株式会社の代表取締役が署名又は記名押印等をしなければならない（会122条2項・3項）。

書式2　株主名簿記載事項証明書

株主名簿記載事項証明書

山田商事株式会社

【株　主】
住　　所　　　横浜市西区〇〇町1丁目5番3号
氏名又は名称　山田一郎
現在所有株式数　100株

所有株式数	取得株式数	喪失株式数	原因年月日	受付年月日	備考
<u>25株</u>	25株		昭和61年3月4日売買	昭和63年3月4日	甲野一郎から譲受
100株	75株		平成3年2月5日増資	平成3年2月5日	募集株式発行

※下線のあるものは抹消事項であることを示す。

上記は、当社株主名簿に記載された株主山田一郎に関する事項の全部で

あることを証明する。

東京都南北区山川町1丁目2番3号
山田商事株式会社
代表取締役　山田太郎　㊞

(4) **株式の譲渡等の対抗要件と株主名簿**

　株券発行会社においては，株式の譲渡や質入は，株券の交付により効力が発生する（会128条1項）ので，株主名簿の記載事項の変更（名義書換え）は，権利の取得者が会社に対して権利の移転を対抗するためのものである（会130条2項）。

　一方，株券不発行会社においては，株式の譲渡は，当事者の意思表示により効力が発生し，株主名簿の記載事項の変更（名義書換え）は，会社及び第三者に対する対抗要件となる（会130条1項）。

(5) **基準日**

　株式会社は，一定の日（「基準日」）を定めて，基準日において株主名簿に記載・記録されている株主（以下「基準日株主」という。）をその権利を行使することができる者と定めることができる（会124条1項）。

　基準日を定める場合には，株式会社は，基準日株主が行使することができる権利（基準日から3か月以内に行使するものに限る。）の内容を定めなければならない（会124条2項）。基準日を定める場合とは，臨時株主総会の開催や臨時の剰余金の配当を行う際に，株主として権利を行使することができる者を確定する必要があるときである。

　株式会社は，基準日を定めたときは，当該基準日の2週間前までに，当該基準日及び株主として権利を行使することができる事項を公告しなければならない（基準日設定公告例については書式3・4参照）。ただし，定款に当該基準日及び当該事項について定めがあるときは，この限りでない（会124条3項）。

基準日株主が行使することができる権利が，株主総会又は種類株主総会における議決権である場合には，株式会社は，当該基準日後に株式を取得した者の全部又は一部を当該権利を行使することができる者と定めることができる。ただし，当該株式の基準日株主の権利を害することができないとされている（会124条4項）。

中小企業の場合には，上場企業に比べて株主が頻繁に変更することもないから，基準日を設けて権利を行使することができる株主を確定しないと問題が生じてしまうケースというのは現実的にはそう多くはないと思われる。

次の定款記載例は，会社法第124条第3項ただし書に基づき，基準日及び株主としての権利を行使できる事項について，あらかじめ定款で定めているケースであるが，ほとんどの会社の定款には，定款記載例3のような定時株主総会についての権利行使者の定めがあると思われる。

定款記載例3

（基準日）
第○条　当会社は，毎事業年度末日の最終の株主名簿に記載又は記録された議決権を有する株主をもって，その事業年度に関する定時株主総会において権利を行使することができる株主とする。
②　前項のほか，株主又は登録株式質権者として権利を行使することができる者を確定するため必要があるときは，臨時に基準日を定めることができる。ただし，この場合には，その日を2週間前までに公告するものとする。

定款記載例4

（基準日）
第○条　当会社は，毎事業年度末日の最終の株主名簿に記載又は記録された議決権を有する株主をもって，その事業年度に関する定時株主総会において権利を行使することができる株主とする。
②　前項のほか，臨時株主総会の開催においては，開催期日の前々月末

日の最終の株主名簿に記載又は記録された議決権を有する株主をもって，当該臨時株主総会において議決権を行使することができる株主とする。
③　前2項のほか，株主又は登録株式質権者として権利を行使することができる者を確定するため必要があるときは，臨時に基準日を定めることができる。ただし，この場合には，その日を2週間前までに公告するものとする。

書式3　基準日設定公告（臨時株主総会）

基準日設定につき通知公告

　当社は，平成○○年○○月○○日を基準日と定め，同日午後5時現在の株主名簿上の株主をもって，平成○○年○○月○○日開催予定の株主総会における議決権を行使できる株主と定めましたので公告します。

　　平成○○年○○月○○日

　　　　　　　　　　　　東京都南北区山川町1丁目2番3号
　　　　　　　　　　　　　山　田　商　事　株　式　会　社
　　　　　　　　　　　　　代表取締役　山田太郎

書式4　基準日設定公告（剰余金配当）

基準日設定につき通知公告

　当社は，平成○○年○○月○○日を基準日と定め，同日午後5時現在の株主名簿上の株主又は登録株式質権者をもって，剰余金の配当を受ける権利者と定めましたので公告します。

　　平成○○年○○月○○日

　　　　　　　　　　　　東京都南北区山川町1丁目2番3号
　　　　　　　　　　　　　山　田　商　事　株　式　会　社
　　　　　　　　　　　　　代表取締役　山田太郎

第5 株券発行会社と株券不発行会社

1 株券不発行の原則

　現行会社法においては，株券を発行しないのが原則であり，定款で株券を発行する旨の定めをした場合に限り，株券を発行することができる（会214条）。

　上場企業については，株式振替制度が採用されたため，株券は発行されていない。

　一方，中小企業においては，株券は実際には発行されていないものの，旧商法下で，株券を発行するのが原則であったため，登記簿上「株券発行会社」のままになっている株式会社も少なくない[10]。

　株券発行会社は，株式を発行した日以降，遅滞なく，当該株式に係る株券を発行しなければならないが，株主が株券不所持の申し出をした場合には，株券を発行しないことができる（会217条）。

　なお，非公開会社においては，登記簿上「株券発行会社」となっていても，株主から請求があるまで株券を発行しないことができるとされている（会215条4項）。

2 株式の譲渡

(1) 株券発行会社の株式譲渡

　株券発行会社においては，株式の譲渡は，自己株式の処分において行われる株式譲渡を除いて，当該株式にかかる株券を交付しなければ，効力を生じない（会128条1項）。そして，株券の発行前にした株式譲渡の効力は，株券発行会社に対してはその効力を生じない（会128条2項）。

　なお，株券発行会社であっても，非公開会社においては，実際に株券を

---

10) 株券発行会社が株券不発行とするには，株券を発行する旨の定款の定めを廃止するほか，会社法上の所定の手続が必要である（会218条）。

発行しないことも許容されているため，株券が未発行のまま締結された株式譲渡の効力が問題となる場合がある。この場合，会社法上は，株式の譲渡人と譲受人の間においては，債権的な効力は発生するものの，会社との関係においては譲渡の効力は発生しない（会128条2項）。

しかし，会社が株券の発行を不当に遅延し，信義則に照らしても株式譲渡の効力を否定するのを相当としない場合には，株主は意思表示のみによって有効に株式を譲渡でき，会社は株券発行前であることを理由にその効力を否定することはできない（最判昭47.11.8民集26-9-1489）。株式の譲渡当事者と会社（株券発行会社）とが合意のうえで，株券を発行しないまま，意思表示のみにより株式が譲渡されたことにして，会社が株主名簿の名義書換えをした場合にも，信義則に照らし，会社はその株式譲渡の効力を否定できないと解するべきである（江頭憲治郎『株式会社法』177頁（有斐閣，第5版））。

(2) **株券不発行会社の株式譲渡**

株券不発行会社においては，株式の譲渡は，当事者の意思表示のみで移転し，株主名簿の名義書換が会社及び第三者に対する対抗要件となる。株主名簿の書換えについては，原則として株主と取得者とが共同して請求しなければならない（会133条2項）。

(3) **非公開会社の株式譲渡の譲渡承認（書式5～7）**

非公開会社においては，株券発行・不発行にかかわらず，株式の譲渡にともない譲渡の承認を要するが，株式の譲渡について，会社法は特段，譲渡の方法及び有償・無償を問わないため，売買に限らず，贈与，信託，譲渡担保などでも会社の承認決議が必要であるのはいうまでもない。

書式5　譲渡承認決議議事録

議　案　株式譲渡承認の件

　議長は、次の株主から下記のとおり株式譲渡承認請求があった旨を述べ、その賛否を諮ったところ、満場一致をもって承認可決した。

記

(1) 譲渡希望株主及び譲渡株式数
　　住所　横浜市西区○○町1丁目5番地3
　　氏名　山田一郎
　　譲渡株式数　当社普通株式　1,500株
　　譲渡承認請求日　平成○○年○○月○○日
　この譲受希望者及び譲受株式数
　　住所　東京都港区○○町5丁目18番地30-702号
　　氏名　山田秋子
　　譲受株式数　当社普通株式　1,500株

書式6　株主からの株式譲渡承認請求及び譲渡の相手方指定請求書

株式譲渡承認請求書

山田商事株式会社　御中

平成○○年○○月○○日

【株主】

住　　　所		
氏名又は名称		㊞

※届出印を押印して下さい。

　私が保有する貴社の株式を下記のとおり譲渡したいので会社法第136条に基づき請求致します。

　あわせて、万一、承認しない場合には、他の譲渡の相手方（指定買取人）を指定願いたく、会社法第138条第1号ハにより請求致します。

記

【譲渡の相手方】

住　　　　所	
氏 名 又 は 名 称	

【譲渡する株式の種類及び数】

貴社　普通株式	

書式7　株式譲渡承認証明書

株式譲渡承認証明書

平成○○年○○月○○日

【株主】

住　　　　所	
氏 名 又 は 名 称	

殿

東京都南北区山川町1丁目2番3号
山 田 商 事 株 式 会 社
代表取締役　山田太郎　㊞

貴殿から請求がありました貴殿所有の当社株式の譲渡について，平成○○年○○月○○日付取締役会（株主総会）の決議にて下記のとおり承認されたことを証明いたします。

記

【譲受希望者及び譲受株式数】

住　　　　所	
氏 名 又 は 名 称	

譲受株式の種類及び数	普通株式　　　　　株

3 株式の担保設定

(1) 株式の担保設定

　株式は，財産として換価できることから，債務の担保に供することができ，会社法においても，株主は，その有する株式に質権を設定することができる（会146条1項），としている。

　株式を担保に供するには，略式株式質，登録株式質，譲渡担保の3つの方法がある。

(2) 株式の質権設定

　略式株式質は，株券発行会社において認められ，当該株式に係る株券を質権者に交付することによって効力が生じ，質権者による継続的な株券の占有が当該株券発行会社及びその他の第三者に対する対抗要件となる（会147条2項）。

　登録株式質は，質権設定にともない株主名簿に質権者の氏名又は名称及び住所を株主名簿に記載・記録しなければ，株式会社その他第三者に対抗することができない（会147条1項）。株券不発行会社における質権設定は，登録株式質の方法によることになる。

(3) 株式の譲渡担保

　株式について譲渡担保を設定するには，株券発行会社においては，設定者から株券の交付を受けることが必要である（東京地判平16. 8. 30金法1745-56）。一方，株券不発行会社において，譲渡担保を設定する場合は，株式の譲渡と同様であるから，当事者の意思表示のみで株式は担保権者に移転し，株主名簿の名義書換えが会社及び第三者に対する対抗要件となる（会

130条1項)。なお，株式を譲渡担保に供した場合の共益権の帰属については，その株式の内容，譲渡担保契約に至る経緯，契約の内容等諸般の事情を考慮し，契約当事者の合理的な意思解釈によって決定される（最判平17.11.15刑集59-9-1476)。

4 信託の設定

　信託は，委託者と受託者による信託契約の締結により効力が生じる。この信託において，当然，中小企業の株式を信託財産の対象とすることもできる。信託契約の内容は，委託者が受託者に対して，株式の譲渡等の処分をする旨，受託者が一定の目的に従い株式の管理又は処分その他の目的の達成のために必要な行為を網羅すべきである。

　信託にかかる株式等の委託者から受託者への譲渡は，株券発行会社においては，株券の交付が必要となる（会128条，146条2項)。

　一方，株券不発行会社においては，当該株式が信託財産に属する旨を株主名簿に記載・記録しなければ，当該株式が信託財産に属することを株式会社その他の第三者に対抗することができない。株主名簿に名義人として記載のある株主は，その有する株式が信託財産に属するときは，株式会社に対し，その旨を株主名簿に記載し，又は記録することを請求することができる（会154条の2，書式8参照)。これらの信託に関する株主名簿の規定は，株券発行会社については，適用しない（会154条の2第4項)。

　信託法第14条の信託財産に属する財産の対抗要件をみても，「登記又は登録をしなければ権利の得喪及び変更を第三者に対抗することができない財産については，信託の登記又は登録をしなければ，当該財産が信託財産に属することを第三者に対抗することができない」としているものの，株式は，このような財産ではないから，株券発行会社においては受託者は株券の交付を受けて占有保持することをもって信託財産である旨を第三者に対抗できることになる。

　したがって，受託者は，株式の占有保持を，自己の財産と分別して管理

しなければならないが，信託会社等のプロならともかく家族信託のように親族間で行うような場合には，信託財産の適正な管理が保てるかが重要となる。本来，信託には倒産隔離機能があるものの，不動産登記のような公的な公示機能がない以上，少なくとも家族信託のような場合には，株券不発行にし，株主名簿への記載・記録等により一元管理をする必要があろう（書式9・10参照）。

書式8　信託財産である旨の記載請求書（株券不発行会社）

信託財産である旨の記載に関する請求書

平成○○年○○月○○日

山田商事株式会社　御中

| 受託者 住所） 氏名） | ㊞ |

※当会社に届出ている印鑑

| 委託者（株主） 住所） 氏名） | ㊞ |

※当会社に届出る印鑑

記

　委託者（株主）と受託者は平成○○年○○月○○日付信託契約により，貴社の株式について，受託者に信託いたしました。
　したがって，委託者と受託者は，共同して，当該株式が，信託財産に属する旨を，株主名簿に記載・記録することを請求いたします。

信託に属する株式	貴社　普通株式　○○○株
受託者の住所又は所在地	東京都港区○○町3丁目3番1号
受託者の氏名又は名称	山田健一
受託者の連絡先電話番号	03-○○○○-○○○○

信託の開始日	平成26年10月1日
信託契約の内容	受益者：委託者とする。 議決権行使者：指図行使者　山田一郎

書式9　株主名簿

株　主　名　簿

山田商事株式会社

【株　主】
住　　　　所　　横浜市西区〇〇町1丁目5番3号
氏名又は名称　　山田一郎
現在所有株式数　　0株

所有株式数	取得株式数	喪失株式数	原因年月日	受付年月日	備考
<u>25株</u>	25株		昭和61年3月4日売買	昭和63年3月4日	甲野一郎から譲受
100株	75株		平成3年2月5日増資	平成3年2月5日	募集株式発行
信託財産に属したことにより株主名抹消		100株	平成26年10月1日信託	平成26年10月1日	信託委託者：山田一郎受託者：山田健一受益者：山田一郎議決権行使指図者：山田一郎

※下線のあるものは抹消事項であることを示す。

書式10　株主名簿

株主名簿（信託財産）

山田商事株式会社

【株主】【受託者】
住　　　　所　　東京都港区〇〇町3丁目3番1号
氏名又は名称　　山田健一
現在所有株式数　100株

所有株式数	取得株式数	喪失株式数	原因年月日	受付年月日	備考
100株（ただし，信託財産に属する）	100株		平成26年10月1日信託	平成26年10月1日	信託委託者：山田一郎 受託者：山田健一 受益者：山田一郎 議決権行使指図者：山田一郎

※下線のあるものは抹消事項であることを示す。

〈参考文献〉
・江頭憲治郎『株式会社法』（有斐閣，第5版）
・前田庸『会社法入門』（有斐閣，第11版，補訂版）
・江頭憲治郎他『会社法大系2』（青林書院，初版第1刷）
・中小企業支援実務研究会編『中小企業の法務リスク対策』（中央経済社，初版第1刷）

第2章　名義株

第1　名義株の問題

1　名義株の概要

(1)　中小企業の名義株

　名義株とは，他人名義を借用して株式の引受け及びその払込みがなされた株式をいい，結果として，真実の所有者と名義上の所有者が異なる株式をいう。

　同族の中小企業においては株主を管理する習慣があまりなく，平常時には名義株主のリスクについて意識せずにいるが，潜在的に名義株の問題をかかえている企業が数多く存在する。

　この名義株の取り扱いについては，判例は，その形式上の名義にかかわらず，実質的に株式の引受け及び払込みを行った者が所有者となるとしている（最判昭42.11.17民集21-9-2448）。しかしながら，現実的には，名義株主が権利を主張し，真実の所有者の意に沿わない行動をとってみたり，株式の真の所有権の帰属を立証することが困難であったり，さらには，名義株主が行方不明になっていたり，名義株主に相続が発生し株式が分散してしまったり，名義株の放置は，多くの経営リスクをはらむものである。特に，事業承継，相続など対策を行うにあたって，この名義株の存在が税務・法務において大きなハードルとなることがある。

(2)　名義株はなぜ発生するのか

　我が国においては，昭和20年代の戦後経済復興期から昭和30年代の経済成長期にかけて，納税者にとって所得に対する課税比率が事業所得税よりも法人税の方が有利に転じたこともあって，同時期に個人商店が法人成り

する事例が相次いだ。ところが，平成2年改正前旧商法においては，会社設立にあたり7名以上の発起人を要求していたことから，親族あるいは従業員など他人名義の貸与を受けて7名以上の発起人を揃え株式会社を設立する事例が多発した。このため，これに並行して名義株問題が必然的に多発することとなった。しかし，名義借りの必要がなくなった後も，株式の真の所有者へ名義変更しないまま長年放置されたまま現在に至っている事例が少なくない。

　また，その他の名義株の発生理由として，古くは株式の分割払込みが認められていた昭和23年までには，将来の払込義務を免脱する目的，資金上の問題，相続税の課税を回避する目的，大量保有の状況に関する開示制度を回避する目的等により，あえて他人名義を借用している事例も少なくないと思われる。

　なお，過去に行われた株式の贈与や売買等の事実が，会社に伝わらなかったことによって株主名簿の書換えが適正に行われていない場合も（もっとも株主名簿自体が適正に管理されていないケースも少なからず見受けられるが）広い意味で名義株であり，主に税務リスクとして問題が生じている。

(3) 名義株の問題点

名義株の問題点を列挙すると次のとおりである。

① 相続の際，名義借人である被相続人の相続財産の把握が困難になり相続財産の承継が適正に行われない可能性が生じる。また，名義貸人である被相続人の相続人に相続税が課されたり，名義株式が相続により分散してしまう。

② 事業承継，M&A等による会社の売却，会社の清算における残余財産の分配及び組織再編等の際その行為がスムーズに進行しない。

③ 名義株が同族会社の判定にまで影響する場合は同族会社の留保金課税，グループ法人税制，組織再編における適格・非適格の判定など税務上重大な問題が生じる。

このような事態を招かないために名義株は創業者の存命中に整理しておく必要がある。時間が経過するほど問題は複雑になり解決コストも増すことになる。

(4) **名義株をめぐる紛争類型**
一般的には，名義株問題には性質の違ういくつかの類型がある。
① まず，はじめに，実質上の株主は誰かの問題である。所有権法上の権利が誰に帰属しているかの問題であり，相争う株主権主張者相互間の問題である。この問題は，通常，自己が真実出資拠出を負担したことによって実質上の権利（所有権）を取得したから株主名簿上の名義人となっているのだと主張する株主名簿上の名義人と，株主名簿上の名義人ではないが真実出資拠出を負担したか，相続売買等によって実質上の株主権（所有権）を取得したと主張する者との間で争われる。かかる紛争の解決基準としては前掲最高裁昭和42年11月17日判決（判タ215-101，金商91-7）が，他人名義を用いた株式引き受け行為をした場合における真実の株主は誰かにつき，名義貸与者ではなく実質上資金を拠出した引受人であると明快な基準を設定しており，これが確定した判例といえる。
② 第二番目の類型は，会社から見て株主は誰かの問題である。実質上の株主は誰であるかは一応別として，会社から見て誰を株主権行使者として扱えば会社は免責されるかの問題である。この問題についての判断基準は株主名簿の記載に免責的効力を認めるとする考え方がすでに確定しているといってよいであろう。
③ ところが，第一の類型の変形類型とでも呼ぶべき第三の類型がある。それは，株主名簿上の名義人ではない別人が，名義人の株式はその名義人の所有ではないと争う点では前者の類型に属するが，株主名簿上の名義人自身は自己の所有に属する株式であるとは争ってはおらず，自分のものではないことについても，自分以外の別人が真実の株主であるとする点においても自認しているのであって，ただ，ではだれが

真実の株主であるかについては積極的にはよくわからないとしている類型である。

　これが日本の戦後の名義株紛争の中で数としてはもっとも多い類型であり，創立以来の歴史が長い同族会社に発生しやすい形である。

(5) 税務通達における名義株の位置

　ところで，名義株問題はそもそもの発生理由にみるとおり，名義株が税務実務においてどのような意味をもっていたのかに，深く関係している。名義株の税務実務における意味合いは，名義株が税務通達においてどのように扱われているかを検討すれば，おおむね見えてくるはずである。この意味で，税務通達上名義株はどのような位置を与えられているかを概観しておく。

①　租税特別措置法（所得税関係）通達31の3‐24は，措置法令第20条の3第1項第5号（居住用財産を譲渡した場合の長期譲渡所得の課税の特例）に規定する，株主等とは「株主名簿又は社員名簿に記載されている株主等をいうのであるが，株主名簿又は社員名簿に記載されている株主等が単なる名義人であって，当該名義人以外の者が実際の権利者である場合には，その実際の権利者をいうことに留意する。」として実質主義が採られている。

②　租税特別措置法（所得税関係）通達35の2‐6は，措置法令第23条の2第1項第5号（特定の土地等の長期譲渡所得の特別控除）に規定する当該個人と政令で定める特別の関係がある者に関して，株主等とは「株主名簿又は社員名簿に記載されている株主等をいうのであるが，株主名簿又は社員名簿に記載されている株主等が単なる名義人であって，当該名義人以外の者が実際の権利者である場合には，その実際の権利者をいうことに留意する。」として実質主義が採られている。

③　法人税基本通達1‐3‐2は，「法第2条第10号《同族会社の意義》に規定する「株主等」は，株主名簿，社員名簿又は定款に記載又は記録されている株主等によるのであるが，その株主等が単なる名義人で

あって，当該株主等以外の者が実際の権利者である場合には，その実際の権利者を株主等とする。」として実質主義が採られている。こ規定は，名義株主は実際の株主権利者ではないとする税法諸規定の中心規定である。

④ 法人税基本通達1－3の2－1は，「法第2条第12号の7の5《支配関係》の規定の適用上，一の者と法人との間に当該一の者による支配関係があるかどうかは，当該法人の株主名簿，社員名簿又は定款に記載又は記録されている株主等により判定するのであるが，その株主等が単なる名義人であって，当該株主等以外の者が実際の権利者である場合には，その実際の権利者が保有するものとして判定する。同条12号の7の6《完全支配関係》の規定の適用上，一の者と法人との間に当該一の者による完全支配関係があるかどうかについても，同様とする。」として実質主義が採られている。

⑤ 法人税基本通達3－1－1は，法人の受取配当等に関して，「法人が役員，使用人等の名義をもって所有している株式又は出資について受ける法第23条第1項第1号《受取配当等の益金不算入》に規定する剰余金の配当若しくは利益の配当又は剰余金の分配についても，同条の規定の適用があることに留意する。」として実質主義が採られている。第三者名義の株主が法人から，その法人の株主として受け取った配当等についても真実の株主である法人について益金不参入扱いをするというのであるから，真実の株主を株主とするという原則においては上記の諸規定と同じであるが，第三者名義が幅広く認められている意味では名義株を奨励する機能があるともいえる。

⑥ 租税特別措置法（法人税関係）通達の66の6－2は，租税特別措置法65（法令に65とあるのは66のミスである）条の6第1項（内国法人に係る特定外国子会社等の課税対象金額等の益金算入）に規定する，内国法人が直接又は間接に保有する特定外国子会社等の株式について，その注で，「名義株は，その実際の権利者が所有するものとして同項の規定を適用することに留意する」として実質主義が採られている。

⑦　租税特別措置法（法人税関係）通達の68の2の3(1)-1は，租税特別措置法68条の2の3第5項第2号（適格合併等の範囲等に関する特例）に規定する「一方の内国法人と他方の内国法人との間にいずれか一方の内国法人が他方の内国法人の株式を保有する関係があるかどうかは，株主名簿，社員名簿又は定款に記載又は記録されている株主等により判定するのであるが，その株主等が単なる名義人であって，当該株主等以外の者が実際の権利者である場合には，その実際の権利者が保有するものとして判定する。」として実質主義が採られている。

⑧　連結納税基本通達1-2-1は，「法第2条第12号の7の5《支配関係》の規定の適用上，一の者と法人との間に当該一の者による支配関係があるかどうかは，当該法人の株主名簿，社員名簿又は定款に記載又は記録されている株主等により判定するのであるが，その株主等が単なる名義人であって，当該株主等以外の者が実際の権利者である場合には，その実際の権利者が保有するものとして判定する。」として実質主義が採られている。

⑨　連結納税基本通達3-1-1は，連結法人の受取配当等に関して，「連結法人が，役員，使用人等の名義をもって所有している株式又は出資について受ける法第23条第1項第1号《受取配当等の益金不算入》に規定する剰余金の配当若しくは利益の配当又は剰余金の分配についても，法81条の4《連結事業年度における受取配当の益金不算入》の規定の適用があることに留意する。」としている。上記⑤通達の趣旨と同じで実質主義が採られている。なお，同通達3-1-1の直後に位置する3-1-2（名義書換え失念株の配当）においても，連結法人が，その株主を譲渡した場合に，その名義書換えが行われなかった株式に係る剰余金等の配当を受けたときは，法81条の4《連結事業年度における受取配当等の益金不算入》の規定の適用はないとして，上記3-1-1と同一趣旨が規定されている。

⑩　租税特別措置法（連結納税関係）通達68の89の2-3は，連結法人の国外支配株主等に係る負債の利子等の課税の特例に関し，「措置法

第68条の89第5（この条文にある2は5のミス）項第1号に規定する特殊の関係の有無の判定において，名義株は，その実際の権利者が保有するものとしてその判定を行うことに留意する。」として実質主義が採られている。

⑪　地価税法取扱通達7-28は，法7条2項（居住用土地等の非課税）に規定する施行令10条で定める特殊の関係のある普通法人の「株主等」につき，「株主名簿，又は社員名簿に記載されている株主等によるのであるが，その株主等が単なる名義人であって，当該株主等以外の者が実際の権利者である場合には，その実際の権利者を株主等とする」として実質主義を採用している。

⑫　相続税法基本通達9-9（財産の名義変更があった場合）は，「不動産，株式等の名義の変更があった場合において対価の授受が行われていないとき又は他の者の名義で新たに不動産，株式等を取得した場合においては，これらの行為は，原則として贈与として取り扱うものとする」とされている。この規定は一見すると，名義の変更があったときは贈与税課税をするというのであるから，名義の変更だけで課税を決定するという意味で，実質主義ではなく形式主義が採用されているようにみえる。しかし，子細にみると，実質主義の原則に変更があるのではない。「株主等の名義の変更があった場合」としており，変更される名義の者が単なる名義だけの者に過ぎない場合に限って「株主等の名義の変更がなされた場合」とされているわけではない。まして，当該名義上の株主以外の者が実際の権利者である場合に，その実際の権利者にむかって「株主等の名義の変更がなされた場合」に贈与として扱う，としているわけではないからである。したがって，名簿上の株主が単なる名義だけの株主であることが判明している場合に，その名義を実際の権利者であることが判明している者に名義を変更する場合に贈与の扱いとするとしているわけではないのである。

(6) 税務通達を利用した名義株紛争の惹起

　名義株紛争類型の中には，上記相続税法基本通達9-9が「不動産，株式等の名義の変更があった場合において対価の授受が行われていないとき又は他の者の名義で新たに不動産，株式等を取得した場合においては，これらの行為は，原則として贈与として取り扱うものとする」とされていることを利用し，実際の権利者の権利行使を妨害させようとする専門家が見受けられる。たとえば，株主名簿上の株主名義を維持できるときは，そのまま自己の依頼人に有利に議決権の過半数を維持させるように仕向ける。また，株主名簿上の株主名義を実際の権利者に変更しようとするときは，議決権の過半数を失うことになり自己の依頼人に不利になる場合には，株主名簿上の名義を無償で変更すると，贈与税の課税のリスクがあると自己の依頼人の相手方を脅したり騙したりする。このようにして，実際の権利者の権利行使の機会を妨害するような場合である。このため，名義株はそのままに維持されて，結局は名義株紛争が拡大しかねない。このような事例の悪質さは，実際の権利者は株主名簿上の株主ではないことを知りながら名義株主によって株主総会を強行し，実際の権利者の権利行使を妨害することである。このような場合，ときとして，会社としては，株主の権利行使にあたっては，株主名簿上の株主に権利行使の機会を与えるべきであって，実際の株主が誰であるかに会社は介入すべきではない，これが判例であるなどという人がいるが，それは会社が真実の株主は誰であるかがわかっていない場合のことであって，会社がなんらかの事情で，真実の株主は誰であるかを知っているときは通用しない。会社が名簿上の株主は単なる名義人であって，真実の株主は別人であることを知っていたときは，会社は悪意として免責されるものではない（株主総会招集手続につき瑕疵ありとした事例，東京地判昭32.5.27下民8-5-1002，金法143-8判決解説参照）。

2　名義株の真の所有権者はだれか

　最高裁は，昭和42年11月17日判決（判タ215号101頁）において次のとお

り判示し，形式的な名義貸人ではなく実質的に払い込みをし，対価の提供をしたものが真の所有者であることを明らかにした。

「他人の承諾を得てその名義を用い株式を引受けた場合においては，名義人すなわち名義貸与者ではなく，実質上の引受人すなわち名義借用者がその株主となるものと解するのが相当である。けだし，商法第201条は第1項において，名義のいかんを問わず実質上の引受人が株式引受人の義務を負担するという当然の事理を規定し，第2項において，特に通謀者の連帯責任を規定したものと解され，単なる名義貸与者が株主たる権利を取得する趣旨を規定したものとは解されないから，株式の引受および払込については，一般私法上の法律行為の場合と同じく，真に契約の当事者として申込をした者が引受人としての権利を取得し，義務を負担するものと解すべきであるからである。」

また，東京地裁昭和57年3月30日判決（判タ471-220）で実質上の株主の認定の基準として以下の基準が示された。
① 株式取得資金の拠出者
② 名義貸与者と名義借用者との関係及びその間の合意の内容
③ 株式取得（名義変更）の目的
④ 取得後の利益配当金や新株等の帰属状況
⑤ 名義貸与者及び名義借用者と会社との関係
⑥ 名義借りの理由の合理性
⑦ 株主総会における議決権の取扱い及び行使の状況

法人税法における同族会社の判定においても「株主名簿，社員名簿又は定款に記載又は記録されている株主等によるのであるが，その株主等が単なる名義人であって，当該株主等以外の者が実際の権利者である場合には，その実際の権利者を株主等とする。」（基本通達1-3-2）と規定している。

3 名義株の真の議決権者はだれか

上記2の判例及び税務上の規定は，その株式の真の所有者としての株主

を，会社側としても株主として取り扱うべきこと，典型的には議決権を認めるべきことを必ずしも意味するものではない。

なぜなら，会社法では，株式会社を円滑に機能させるため，株主の権利行使は株主名簿の記載（又は記録）に基づいてなされるものとされており，株式名簿に記載（又は記録）されなければ，自らが株主であることを会社に対して対抗できないとされている（会130条）からである。

会社が株主に対してする通知等は，株主名簿に記載等がある株主の住所に宛てて発すれば足りる（会126条）こととされており，名義書換がなされるまでは，会社としては，株主名簿上の株主を株主として扱えば足りるのであって，これが名義貸人（名義株）であっても，また，譲渡等がなされた後の無権利者（失念株）であっても，同様と考えられるのである。

よって，真の株主が，会社に対する関係で株主としての権利（議決権等）を確保するためには，名義書換の手続を経る必要があることとなる。

上記はあくまで株主名簿上の株主でない者が，自らが株主であることを会社に対して主張できるかどうか，という対抗問題にすぎないと考えられるため，上記2の判例及び税務上の規定に照らして真の株主と考えられる者を，会社の方から，これを株主と認め，株主としての権利（議決権等）を認めること自体は認められるというべきであろう。なお，仮に会社側においてこのような取扱いをなす場合には，全ての株主に対して平等な取扱いをなすべきであり，一部の株主に対しては名義書換前に株主としての権

図表1　名義株の考え方

	名義株の権利者
会社法	株主名簿に記載の株主が権利を行使できる株主とする（会124条1項）
判　例	形式上の名義に関わらず，実質的に株式の引受及び払込を行った者を株主とする（最判昭42.11.17）
税　務	実質所得者課税の基本原則から，単なる名義人ではなく，真の所有者に帰属すると取り扱われる。帰属の判定に見解の相違が認められた場合，税務否認につながるリスクがある

利(議決権等)の行使を認め他の株主については，これを認めない，というような取扱いをすることは許されないと考えられる。譲渡等により真正に権利を取得したものの名義変更を受けていない場合(失念株の場合)も同様である。

4 名義株の書換えと法人税別表2の意義

(1) 法人税別表2

株主名簿の変更を行った後は，法人税の申告書における別表2も変更すべきであるが，税務上は「不動産，株式等の名義の変更があった場合において対価の授受が行われていないとき又は他の者の名義で新たに不動産，株式等を取得した場合においては，これらの行為は，原則として贈与として取り扱うものとする。」(相続税法基本通達9-9)とされているので注意を要する。この別表2は法人課税部門だけでなく資産課税部門でも情報を管理する重要な資料と位置付けられているので過去の申告の履歴を整理して把握しておくことが大切である。注意点については後述(第2章-第2-5「名義株の解消と税務リスク」)する。

(2) 国税不服審判所における名義株に係る裁決事例

国税不服審判所における名義株に係る裁決事例は次のとおりである。各事例の詳細については国税不服審判所のホームページを参照されたい。

- 相続人らの名義の株式等について相続財産と認定した事例(裁決事例集 No.41-290頁)
- 有価証券及び貸付金債権が請求人らの相続財産であるとした事例(裁決事例集 No.42-155頁)
- 本件株式は，すべて被相続人固有の資金によって取得され，かつ，すべて同人名義で保護預かり又は登録されていることから，被相続人に帰属するものと認められるとした事例(裁決事例集 No.44-271頁)

法人税確定申告書(別表２)

同族会社等の判定に関する明細書			事業年度又は連結事業年度	・・ ・・	法人名			別表二 平二十六・四・一以後終了事業年度又は連結事業年度分

同族会社の判定

期末現在の発行済株式の総数又は出資の総額	1	
(19)と(21)の上位3順位の株式数又は出資の金額	2	
株式数等による判定 (2)/(1)	3	%
期末現在の議決権の総数	4	
(20)と(22)の上位3順位の議決権の数	5	
議決権の数による判定 (5)/(4)	6	%
期末現在の社員の総数	7	
社員の3人以下及びこれらの同族関係者の合計人数のうち最も多い数	8	
社員の数による判定 (8)/(7)	9	%
同族会社の判定割合 (3)、(6)又は(9)のうち最も高い割合	10	

特定同族会社の判定

(21)の上位1順位の株式数又は出資の金額	11	
株式数等による判定 (11)/(1)	12	%
(22)の上位1順位の議決権の数	13	
議決権の数による判定 (13)/(4)	14	%
(21)の社員の1人及びその同族関係者の合計人数のうち最も多い数	15	
社員の数による判定 (15)/(7)	16	%
特定同族会社の判定割合 (12)、(14)又は(16)のうち最も高い割合	17	
判定結果	18	特定同族会社 同族会社 非同族会社

判定基準となる株主等の株式数等の明細

順位		判定基準となる株主(社員)及び同族関係者		判定基準となる株主等との続柄	株式数又は出資の金額等			
					被支配会社でない法人株主等		その他の株主等	
株式数等	議決権	住所又は所在地	氏名又は法人名		株式数又は出資の金額 19	議決権の数 20	株式数又は出資の金額 21	議決権の数 22
				本人				

出典)国税庁HPから引用(http://www.nta.go.jp/tetsuzuki/shinsei/annai/hojin/shinkoku/itiran2014/pdf/02.pdf)

・相続開始直前に行われた本件株式の売買は、仮装の売買と認められ、本件株式は相続財産であるとした事例（裁決事例集 No.47-389頁）
・株式は祖母から死因贈与により請求人が既に取得したものであり、被相続人の相続財産を構成しないとした事例（裁決事例集 No.55-425頁）
・請求人ら名義の関係会社の株式は相続財産と、請求人ら名義の定期預金は請求人らが生前に贈与により取得したものと認定した事例（裁決事例集 No.57-395頁）
・貸金庫内に保管されていた株券は、貸金庫の開閉状況、株券の管理・処分の決定方法等の状況からみて、本件被相続人名義分も含めて、その全部が、本件被相続人の被相続人である父親の未分割遺産であるから、そのうち本件被相続人の法定相続分相当のみが本件被相続人の相続財産であると認定した事例（裁決事例集 No.61-496頁）
・被相続人以外の者の名義である財産について、その財産の原資の出捐者及び取得の状況、その後の管理状況等を総合考慮して、相続開始時において被相続人に帰属するものと認定した事例（平成23年5月16日裁決）
・共同相続人間等で争われた株主権確認請求訴訟に係る控訴審判決の理由中の判断で示された事実等に基づき被相続人が相続開始日現在において有していた出資口数を認定した事例（平成24年6月26日裁決）

第2　名義株の解消

1 合意による解消

(1)　合意による真実の株主への株主名簿の名義を書き換える方法

　合意により、名義上の株主から真実の株主へ株主名簿を書き換える、しごく原則的な方法である。しかし、名義上の株主側で発生している問題や課税リスクにより、現実的にはそう簡単にこの方法で処理できないのが実情であろう。

仮に，合意でもって名義の書き換えを行うことができたとしても，特に，株式の評価が高く課税リスクがある場合には，株主名簿をただ単に書き換えるだけではなく，名義株である客観的な証拠書類を揃えるか，合意書等を作成しておくべきであろう。

なお，この場合に，真実の株主から名義株主に対して，いわゆるハンコ代や名義貸し手数料の支払いを行うことで，円滑に処理するケースがある。

株主名簿の書換えは，株主からの請求により行うことができる（会133条1項）。この場合には，取得者と名義株主（又はその相続人）とが共同で請求しなくてはならない（会133条2項）。実務的には次のような合意書等を作成し会社に対し名義書換の請求を行い，会社の譲渡承認を経て，株主名簿の変更を行うことになる。

書式1　株主名簿書換依頼書

株主名簿書換依頼書

平成○年○月○日

山田商事株式会社　御中

住　所	
氏　名	（印）
電話番号	
株　式	普通株式　○○○株

　私は，御社の株主名簿上は，普通株式○○○株を所有する株主となっておりますが，この株式については，名義を貸したものであり，実際の株主は山田一郎氏であります。

　よって，私の所有する株式全部について，真正な株主である山田一郎氏に戻すための株主名簿書換えを依頼致します。

以上

書式2　株主名簿書換えに関する合意書

株式名義変更に関する合意書

乙　殿

　私（甲）が名義人となっている株式会社××の普通株式○○○株については，名義株式であり，同株式の実質所有者は乙であることを認めます。
　また，上記に伴い同社に対して名義変更の請求を致します。

平成○年○月○日

住所：
氏名：　甲　　　　（自署）実印

書式3　名義書換同意書

同　意　書

平成○年○月○日

山田一郎　殿

本　店	東京都南北区山川町1丁目2番3号
商　号	山田商事株式会社
株　式	普通株式　○○○株

　私は，上記会社（以下「当会社」という。）の普通株式○○○株につきまして，株主名簿上は株主となっておりますが，私（又は私の被相続人）が，当会社に対して実際に出資をしたのではなく，名義を貸与したにすぎません。さらに，私（又は私の被相続人）は，当会社の株券を所持したことも，配当を受領したことも，株主権を行使したことも一切ありません。
　したがって，実際の株主は，貴殿であることに間違いはありませんので，ここに速やかに株主名義を真正なる名義人である貴殿に戻すための手続を行うことに同意致します。

住　所		印
氏　名		実印を押印
電話番号		して下さい

　　　　　　　　　　　　　　　　　　　　　　　　　　以上

(2) 合意による真実の株主への株式譲渡

　たとえば，当初は，明らかに名義株主であったが，名義株主による議決権行使や配当の受領などにより既得権化し，合意による名義の回復が困難な場合には，適正価格による買取りも視野に入れるべきである。実際は，真の株主にとっては，名義株を元に戻す処理にすぎないが，客観的にみれば売買であるから，この譲渡価格については，課税リスクについて考慮したうえで算出する必要がある（第16章「株式に係る税務」を参照）。

(3) 合意による自己株式取得

ア　名義株主から会社が買い取る（会160条）

　会社が，名義上の株主と合意により，名義株を買い取るものである。

　会社が，特定の株主から自社株式を有償で取得するには，あらかじめ株主総会の決議によって次の事項を定めなければならない（会160条，156条）。

㊀　取得する株式の数（種類株式発行会社にあっては，株式の種類及び種類ごとの数）
㊁　株式を取得するのと引換えに交付する金銭等の内容及びその総額
㊂　株式を取得できる期間
㊃　自己株式の取得を特定の株主に対して行う旨

　なお，特定の株主から自己株式を取得する場合，株主平等の観点から，株主総会開催日の２週間前までに，他の株主に対して，自己株式取得の対象に自己も加えるように請求することができる（会160条，会施則28条）ため，必ずしも名義株主のみピンポイントで買い取ることができるとは限らない。

そこで，特定の株主からの自己株式の取得に関して，定款でもって他の株主の売主追加請求権を排除することが考えられる（会164条，定款記載例1参照）。ただし，この定款の変更は，当該株式を有する株主全員の同意を得なければならない（会164条2項）。これは，株主平等の原則に関する株主保護のための規制であるから，不利益を受ける株主全員が同意するのであれば，他の株主の売主追加請求権を排除しても問題はないからである。なお，この定款の定めを廃止する場合には，他の株主の売主追加請求権が復活し株主保護になるものであるから，通常の定款変更の手続によることになる（会466条，309条2項）。

　さらに，自己株式の取得は，本来は許容すべきでない資本の払い戻しの例外であるから，㊀取得財源は分配可能額の範囲内に限られ（会461条1項2号，160条），㊁違法取得に関する役員の責任（会963条5項1号，462条1項）により制限されている。

定款記載例1

> （特定の株主からの取得に関する定款の定め）
> 第○条　当会社は，株式の取得について会社法第160条第1項の規定による決定をするときは（特定の株主からの株式取得），同法同条第2項及び第3項の規定を適用しないものとする。

　イ　名義株主の相続人との合意による自己株式取得（会162条）
　　　i　相続人等からの取得の特例
　会社法第160条の特定の株主からの自己株式取得の特則として，非公開会社である会社が，株主の相続人その他一般承継人からその相続その他一般承継した自社株式を取得する場合には，他の株主から自らも自己株式取得の対象にすることの請求に関して適用しないとされている（会162条）。ただし，当該相続人その他一般承継者が，株主総会（種類株主総会を含む）において，当該株式の議決権を行使した場合には，適応しない（会162条1項2号）。

なお，当該自己株式の取得であっても，本来は許容すべきでない資本の払い戻しの例外であるから，㈠取得財源は分配可能額の範囲内に限られ（会461条1項2号，160条），㈡違法取得に関する役員の責任（会963条5項1号，462条1項）により制限されている。

　ⅱ　相続により取得した非上場株式を発行会社に譲渡した場合の課税の特例

　また，一般的に，個人が株式をその発行会社に譲渡（金融商品取引所の開設する市場における取引を除く。）して，発行会社から対価として金銭その他の資産の交付を受けた場合には，その交付を受けた金銭の額及び金銭以外の資産の価額の合計額がその発行会社の資本金等の額のうち，その交付の基因となった株式に対応する部分の金額を超えるときは，その超える部分の金額は配当所得とみなされて所得税が課税される。しかし，相続又は遺贈により財産を取得して相続税を課税された人が，相続の開始があった日の翌日から相続税の申告書の提出期限の翌日以後3年を経過する日までの間に，相続税の課税の対象となった非上場株式をその発行会社に譲渡した場合においては，その人が株式の譲渡の対価として発行会社から交付を受けた金銭の額が，その発行会社の資本金等の額のうちその譲渡株式に対応する部分の金額を超えるときであっても，その超える部分の金額は配当所得とはみなされず，発行会社から交付を受ける金銭の全額が株式の譲渡所得に係る収入金額とされる（所得税法25条，特措法9条の7，同37条の10）。

　したがって，この場合には，発行会社から交付を受ける金銭の全額が非上場株式の譲渡所得に係る収入金額となり，その収入金額から譲渡した非上場株式の取得費及び譲渡に要した費用を控除して計算した譲渡所得金額の15％に相当する金額の所得税が課税されることになる[1]。また，このとき，その非上場株式を相続又は遺贈により取得したときに課された相続税額のうち，その株式の相続税評価額に対応する部分の金額を取得費に加算して

---

[1] 平成25年から平成49年までは，復興特別所得税として各年分の基準所得税額の2.1％を所得税と併せて申告・納付することになる。

収入金額から控除することができる（特措法39条）。

2 強制的な解消

　名義株の解消は，原則として合意によって行うべきであることはいうまでもないが，名義株主が権利を主張するとき，名義株主の意思表示が不可能なとき（行方不明，判断能力の欠如等を含む）など，現実的に合意形成が不可能なケースもある。この場合の名義株式解消方法としては次のものがあげられる。しかし，場合によっては，名義株主の意思に反して強制的に行う手段であるため，紛争リスクの可能性が生じることも考えられ，慎重に検討したうえで進められたい。

(1) 相続人等売渡請求（会174条）

　譲渡制限株式でも相続や合併のような包括承継には対抗できないが，「株式会社は，相続その他の一般承継により当該株式会社の株式（譲渡制限株式に限る。）を取得した者に対し，当該株式を当該株式会社に売り渡すことを請求することができる旨を定款で定めることができる。」（会174条）ので，相続人から株式を取得するチャンスである（定款記載例2）。

　その株式の取得についてその相続人と合意が得られない場合は，上記の売渡請求の事項を定款で定め，株主総会の特別決議でその株式の売渡請求を決議し，その相続人に請求すればその相続人はその請求を拒むことはできない（書式4，5）。

　ただし，相続等があったことを知った日から1年以内に請求することが要件とされている（会176条）。なお，この規定にも財源規制がある（会461条1項5号）。

　売買価格は協議によることを原則とするが，双方とも20日以内に裁判所に対し価格決定の申立てをすることができる（書式6，7）。裁判所への申立てもなく協議が調わなかった場合には，売渡請求は効力を失うので，強制取得をしたい会社は裁判所への申立てを行うことが肝要である。

また，遺産分割未了の準共有状態にある株式について，準共有者の一部の者のみに対して，会社法第174条の相続人等売渡請求ができるかであるが，会社法上禁止されているとは解されず，その場合の株式は，遺産分割協議等によって，最終的に確定した持分割合の限度で有効なものとして定めることができる（東高判平24.11.28資料版商事法務）。なお，「相続により取得した非上場株式を発行会社に譲渡した場合の課税の特例」の適用がある。

定款記載例2

> （相続人等に対する売渡しの請求）
> 第○条　当会社は，相続その他の一般承継により当会社の株式を取得した者に対し，当該株式を当会社に売り渡すことを請求することができる。

書式4　相続人等売渡請求に関する議案（株主総会）

> 第○号議案　会社法第175条第1項の事項（相続人への売渡請求）に関する決定の件
> 　議長は，当会社の株主故山田花子氏（この株式数350株）に相続が発生したことから，当会社定款○条（相続人等売渡請求）に基づいて，相続人に対して売渡し請求を行いたい旨を説明した。なお，故人は，当会社の創業家一族と懇意であったが，一般的に相続により当会社株式が分散することは，安定経営を阻む要因になるため，今般，当該措置を講ずるものである。
> 　その賛否を議場に諮ったところ，満場一致をもって原案通り可決承認された。
> 　なお，本議案においては，故山田花子氏相続人である山田健一氏は，会社法第175条第2項に基づき，議決権を行使しなかった。

書式5　相続人等売渡請求請求書

> 　　　　　　　　　株式売渡請求書
> 　　　　　　　　　　　　　　　平成○○年○○月○○日

株主　山田花子様
　相続人　山田健一様

東京都南北区山川町1丁目2番3号
山　田　商　事　株　式　会　社
代表取締役　山田太郎　㊞

　拝啓　○○の候，時下ますますご清祥の段，お慶び申し上げます。平素は格別のご高配を賜り，厚く御礼申し上げます。
　さて，当社は，定款第○条に定めるとおり，貴殿が相続承継されました当社株式につきまして，貴殿に対し，下記のとおり売渡しを請求させていただきます。なお，本件売渡請求につきましては，平成○○年○○月○○日開催された株主総会決議において決定されました。
　また，本件売渡請求の売買価格（別紙株式鑑定評価書をご参照ください）につきまして，貴殿の希望がある場合には，本書到達後7日以内に同封の書面をもって当社へ申し出てください。

記

【売渡し請求の株式の種類及び数並びに価格】

売渡し請求株式の種類及び数	普通株式○○○株
価格	金　○○○円（1株当たり金○○○円）

　ご参考　当会社定款抜粋
　（相続人等に対する売渡しの請求）
　第○条　当会社は，相続その他の一般承継により当会社の株式を取得した者に対し，当該株式を当会社に売り渡すことを請求することができる。

書式6　相続人等売渡請求

価格についての申出書（相続人等売渡請求）

平成○○年○○月○○日

山田商事株式会社　御中

```
┌─────────────────────────────────────────────────────┐
│           株主山田花子様相続人                       │
│         ┌─────┬──────────────┐                      │
│         │ 住所 │              │                      │
│         ├─────┼──────────────┤  ㊞                  │
│         │ 氏名 │              │                      │
│         └─────┴──────────────┘                      │
│                                                     │
│   私は，貴社の平成○○年○○月○○日付株式売渡請求につきまして，そ │
│   の売買価格を1株につき，│ 金 ○○○ 円 │とすることを希望します。 │
│   貴社におかれましては，本書到達後○○日までにご回答ください。     │
└─────────────────────────────────────────────────────┘
```

書式7　相続人等売渡請求の売買価格に関する協議書

```
┌─────────────────────────────────────────────────────┐
│                                                     │
│      株式売渡請求(相続人・その他)の売買価格に関する協議書      │
│                                                     │
│                              平成○○年○○月○○日      │
│              株主山田花子相続人                      │
│         売主     住所                                │
│                                                     │
│                  氏名                        ㊞      │
│                 ─────────────────────────            │
│         買主     東京都南北区山川町1丁目2番3号        │
│                  山 田 商 事 株 式 会 社             │
│                  代表取締役　山田太郎        ㊞      │
│                                                     │
│    売主と買主は，売主からの平成○○年○○月○○日付価格についての申 │
│   出書に基づき協議の上，下記のとおり合意したことを本書をもって証明す │
│   る。                                              │
│                       記                            │
│      売渡請求の売買価格は，1株につき│ 金 ○○○ 円 │とする。     │
│                                                     │
└─────────────────────────────────────────────────────┘
```

(2) 株式併合（会180条）

　株式併合は，複数の株式をあわせることにより少数の株式にまとめて，株式の単位を大きくする会社の行為である。たとえば，2株を1株に併合するとか，10株を1株に併合するなど，各株主の有する株式数を一律，割合的に減少させることで，その結果株式の単位が大きくなる。

株式併合は，会社の財産的価値には変動を生じさせないが，株式の単位が大きくなることで，1株あたりの経済価値が高まる。本来は，株式の評価が低いときに，株式併合により株式価値を高めたり，合併比率等の調整などに利用されるのであるが，少数株主の株式を1株に満たない端数にし，その端数を，会社法第234条に基づく端数処理（競売又は買取り）をすることによって，少数株主の締め出しなどにも利用されている例がある。

ただし，名義株の強制的な解消としてこの方法をとる場合，株式併合の本来の制度趣旨とは異なる利用方法であるため，紛争性のリスクは高いだろう。

なお，平成26年会社法改正において，株式併合による1株未満の端数が生じる株主の救済として，反対株主の買取請求権（改正法182条の4第1項），株式併合の差止め（改正法182条の3）が認められることになった。

具体的な手続は下記のとおりである。
① 株主総会特別決議により，対象となる名義株主の所有株式が1株未満となるような株式の併合をする旨を決定する（改正法180条2項，会309条2項）。なお，株式の併合をしようとするときには，下記の事項を定める必要がある。
　㈠ 併合の割合
　㈡ 株式の併合がその効力を生ずる日（効力発生日）
　㈢ 株式が種類株式発行会社である場合には，併合する株式の種類
　㈣ 効力発生日における発行可能株式の総数
　　なお，上記㈣の発行可能株式の総数は，効力発生日における発行済株式の総数の4倍を超えることができないが，非公開会社の場合にはこの制限はない（改正法180条2項4号・3項）。
② 株主への通知（公告）
　　効力発生日の2週間前までに株主，登録株式質権者に対し株式の併合に関する事項につき，通知又は公告をしなければならない（会181条）。

③　株式の併合により生じた1株未満の株式の合計について，ⅰ競売，ⅱ任意売却，ⅲ会社が自己株式として買い取る[2]のいずれかの方法により金銭処理を行う。

　　この端数の合計数に1に満たない端数がある場合にあっては，これを切り捨てることができる（会234条，235条）。

(3) 全部取得条項付種類株式

　株式会社が，その発行する株式の全部を全部取得条項種類株式に変更し，名義株を含め全部の全部取得条項付種類株式を会社が取得し，その後，名義株を除く株主に対して新株の発行を行う方法又は取得対価に1株に満たない端数を生じさせて，会社法第234条に基づく端数処理を行う方法により，結果的に，名義株の問題を解決することができる。

　ただし，名義株解消のための全部取得条項付種類株式の利用は，相手が存在する場合の強制的な手段であるため，紛争性が高いことと，また，種類株式の利用であるから，その株式の内容は登記事項でもあり，全部取得条項付種類株式の本来の目的は，事業再生の際の株主の総入れ替えや少数株主の追い出しなど会社の非常事態に行うものであるから，会社の経営方針として取引先や金融機関に勘ぐられるのをよしとしない場合には，他の選択肢を考えるべきである。

　なお，平成26年改正会社法において，全部取得条項付種類株式の取得対価等に関する書面等の備置き及び閲覧等（改正法171条の2），全部取得する旨の通知又は公告（改正法172条2項・3項），取得価格の決定の申立て（改正法172条1項），取得価格の仮払制度（改正法172条5項），全部取得条項付種類株式の取得の差止め（改正法171条の3）が明文化された。

---

2) 株式会社は，競売ではなく，市場価格のある株式については市場価格（会施則38条）により算定される額をもって，市場価格のない株式については裁判所の許可を得て競売以外の方法により，これを売却することができる。この場合は，当該裁判所の許可の申立ては，取締役が2人以上あるときは，その全員の同意によってしなければならない。非公開会社である中小企業の場合には，株式に流動性がなく市場価格がないため，取締役全員の同意により，裁判所に売却許可の申立てをすることになる。

具体的な手続は下記のとおりである。
① 株主総会の特別決議により，既存の株式の他に当て馬となるＡ種株式を発行できる旨，定款変更を行う（会108条2項，466条，309条2項11号）。
② 株主総会（種類株主総会）の特別決議により，既存株式を全部取得条項付種類株式とする定款変更を行う（会466条，309条2項11号，111条2項，324条2項4号）。
③ 全部取得条項付種類株式を特別決議によって全部取得し，対価としてＡ種株式を交付する。このとき，名義株については端数とする。
④ 全部取得条項付種類株式の取得により生じた１株未満の株式の合計について，ⅰ競売，ⅱ任意売却，ⅲ会社が自己株式として買い取る，のいずれかの方法により金銭処理を行う（会234条）。

(4) １株に満たない端数の処理（会234条，235条）

ア　１株に満たない端数の処理

　名義株となっている株式を，全部取得条項付種類株式，株式併合，合併などの行為により１株に満たない端数とし，端数の合計数を競売等し，金銭処理することで，合法的に処理するものである。いわゆるキャッシュアウトである。

　株式の名義貸人にすぎなかったはずの者が，自らが株主名簿どおり真の株主であるとしてその株式の権利を主張するなどして紛争となった場合，仮にその者の株式数（議決権割合）が著しく少ないような場合には，上述した株式併合や全部取得条項付種類株式と端数処理を組み合わせて活用することで，事実上の強制買取を実現することが可能である。

　ただし，適正対価をもって取得するとはいえ，その強制性には憲法上の問題が必ずしもないといえないことから，合理的でやむを得ない事情があるかどうか，慎重に判断すべきであろう。

イ　端数処理の方法

　株式会社は，次に掲げる行為の際に，株主等に当該株式会社の株式を交

付するときにおいて，その株主に交付しなければならない株式に1株に満たない端数があった場合は，その端数の合計数に相当する数の株式を競売し，かつ，その端数に応じて競売により得られた代金を株主に交付しなければならないとする。そして，この端数の合計数に1に満たない端数がある場合にあっては，これを切り捨てることができる（会234条）。
　㈠　取得条項付株式の取得
　㈡　全部取得条項付種類株式の取得
　㈢　株式無償割当て
　㈣　新株予約権の取得
　㈤　合併
　㈥　合併契約に基づく設立時発行株式の発行
　㈦　株式交換による他の株式会社の発行済株式全部の取得
　㈧　株式移転計画に基づく設立時発行株式の発行

　もっとも，非公開会社が，組織再編行為によりキャッシュアウトをするには，手続の煩雑さを鑑みると，実務的ではないため，端数処理が使われる例としては，上記の株式併合又は全部取得条項付種類株式であろう。

　また，株式会社は，競売ではなく，市場価格のある株式については市場価格（会施則38条）により算定される額をもって，市場価格のない株式については裁判所の許可を得て競売以外の方法により，これを売却することもできる。この場合は，当該裁判所の許可の申立ては，取締役が2人以上あるときは，その全員の同意によってしなければならない。

　非公開会社である中小企業の場合には，株式に流動性がなく市場価格がないため，取締役全員の同意により，裁判所に売却許可の申立てをすることになる。

　さらに，株式会社は，売却する株式の全部又は一部を自己株式として買い取ることもできる。この場合においては，次に掲げる事項を定めなければならない。
　㈠　買い取る株式の数（種類株式発行会社にあっては，株式の種類及び種類ごとの数）

㈢　株式の買取りをするのと引換えに交付する金銭の総額
　取締役会設置会社においては，上記㈠，㈢に掲げる事項の決定は，取締役会の決議によらなければならないとされている（会234条4項・5項）。
　ウ　旧商法上の端株の取り扱い
　なお，会社法制定前においては，端株の制度が存在した。端株とは株式の1株に満たない端数で，端株原簿に記載されたものを指すものである。これは，主に，上場会社において株式の分割等の際に大量に発生する端数の処理のために認められた制度であったが，権利内容等の点において，端株と単元未満株式[3]とがほぼ同じ効果であったことから，端株制度を廃止し，単元株制度に統一された。

　ただし，旧商法下で端株制度を採用していた場合，会社法施行の際に現に存在する端株については，従前の例によるとされている（整備法86条1項）。このため，このような端株を処理するには，旧商法の規定に基づいて，「端株原簿不記載の旨」を定款に規定し，端数株式の合計から端数分を除いた株式を売却（上場株式等の場合）し，その代金を案分して端株主に分配する方法が考えられる。ただし，中小企業のような非上場会社の当該株式の売却の方法は，競売によるか又は裁判所の売却許可決定を得て任意売却することになる。

(5)　特別支配株主の株式等売渡請求

　平成26年改正会社法で創設された特別支配株主の株式等売渡請求権（改正法179条～179条の10）は，特別支配株主が少数株主に対して株式を強制取得するものである。
　資本多数決の論理により総株主の議決権の90％以上を有する株主が少数株主全員に対して全部の株式を売り渡すように請求できる権利は，容易に

---

3) 単元株制度とは，定款によって一定の数の株式を「1単元」と定め，その1単元の株式につき1個の議決権を認めるものである。1単元未満の株式とは単元株制度を採用する会社（＝端株制度を採用しない会社：主に上場会社等）の最低売買単位である単元に満たない一株の整数倍の株式のことである（議決権無し）。

少数株主の追い出しができてしまうため，平時においては横暴的な手続である側面が否めないが，名義株主の存在が会社経営において支障が生じるリスクがあり，相手の行方が分からず，合意でもって株式の管理ができない場合においては，この制度を活用し問題の早期解決を図るという選択肢もあり得る。

なお，詳細については，第11章「特別支配株主の株式等売渡請求」を参照されたい。

3 名義株主が所在不明株主となっている場合

名義株においては，名義貸人が単に名義を貸しただけで株主権に一切関心がないこと等から，歳月を経ることで所在が不明となってしまう事例も少なくない。名義貸人に相続が発生した場合には尚更である。

このような場合には，強制的に自己株式として取得してしまうことで抜本的に解決する手法がある。詳細については，第3章「行方不明株主の株式」を参照されたい。

4 やむを得ず，名義株を存続させたい場合

上述したとおり，名義株は，経営リスクの1つであるから，なるべく名義株を生じさせない，そして名義株の早期解消をはかる必要があるのはいうまでもない。しかしながら，経営判断として，やむを得ず，名義株を存続させる必要がある場合には，名義株の存在によるリスクを最小限にし，真の株主の権利を保護するための対策が必要になる。

そこで，せめて真の株主と名義株主との間で，株主間契約等を締結し，名義上の株主に対して，株式の権利の帰属の確認，株主権の行使や株主として得る利益の帰属先について明確にするものである。

また，名義株主が死亡又は行方不明になったときに備えて，名義株主から真の株主へ，条件付贈与契約（売買契約）などを公正証書等により作成

しておくことが考えられる。

書式8　株主間契約（名義株主との合意書）

合　意　書

　山田一郎（以下「甲」という）及び山川富士子（以下「乙」という）は，山田商事株式会社（本店：東京都南北区山川町1丁目2番3号，以下「会社」という）が発行する株主名簿に乙が株主として記載された株式○○株（以下「本件株式」という）について，次の通り合意した。
1．本件株式の所有者は，甲であることを確認する。
2．乙は，甲の請求があったときは，速やかに本件株式について，会社の株主名簿の記載事項を甲に変更し，また株式取得の承認請求等の手続に協力するものとする。
3．乙は，甲の書面による同意がない限り，本件株式の譲渡を行ってはならない。
4．乙が，会社において株主総会が開催されることを知ったときは，速やかに甲に連絡をし，議決権の行使については，乙は甲の指示に従うものとする。
5．乙が，会社から，剰余金の配当，残余財産の分配その他，本件株式の権利に基づく財産上の利益を得た場合には，速やかに甲にその利益を移転しなければならない。
6．乙が，会社から株主割当によって株式又は新株予約権の割当てを受ける権利を付与された場合には，速やかに甲に連絡をし，乙はその指示に従うものとする。
7．前条の場合において，甲が出捐し乙の名義において株式又は新株予約権を得たときは，当該株式又は新株予約権は甲所有とし，本合意書を適用する。

図表2　名義株式の対応方法

		解決方法	メリット	デメリット
名義株の解消	合意による	真の株主への名義書換え	紛争リスクが低い	課税リスク
		真の株主による買取	紛争リスクが低い	課税リスク 買い取り資金が必要
		会社による買取（自己株式の取得，会160～162条）	紛争リスクが低い	課税リスク 買い取り資金が必要 財源規制がある 株主総会特別決議を要する 他の株主からの買取請求のリスク
	強制的に取得	株式併合（会180条，235条，234条）	合意による名義株の解消ができない場合にも利用できる	紛争リスクが高い 株主総会特別決議を要する 反対株主買取請求がある（H26改正） 情報開示手続（H26改正） 差し止め請求（H26改正）
		全部取得条項付種類株式（会108条2項，234条）	合意による名義株の解消ができない場合にも利用できる	紛争リスクが高い 反対株主買取請求がある 株主総会特別決議を要する 取得対価を要する（自社株を除き財源規制） 情報開示手続（H26改正） 差し止め請求（H26改正）
		相続人等売渡請求（会174条）	合意による名義株の解消ができない場合にも利用できる	株主総会特別決議を要する 名義株主の相続発生まで待たなければならない 財源規制がある
止むを得ず名義株主を存続させたい場合		株主間契約	名義株のまま，名義株主に株主権行使の制限を図ることができる	真の解決ではない。 契約条項の履行という債権的な抑制のみ

5 名義株の解消と税務リスク

　法人税の別表2における株主に変更があった場合，贈与税と認定されないためには，その名義書換が真正な名義回復のための行為であったということ，すなわち，その株式の真実の所有者は名義人ではなく新たに書き換えられた者であったことを証明することが求められる。具体的には次のような状況を基礎に，事実を立証できるよう整備しておくべきであろう。過去に行った株式の贈与や譲渡の場合も同様である。

　① 株主名簿及び法人税申告書の別表2の名義は誰か。

② 出資の状況が銀行口座の動き等により客観的に判定可能か。
③ 株券が発行されている場合その株券の名義は誰か。その株券の保有者は誰か。
④ 配当が行われている場合，その配当は誰が受け取っているか。その受領印は誰のものか。
⑤ 配当が行われている場合，支払調書は誰の名前になっているか。
⑥ 配当について誰が税申告を行っているか。
⑦ 株式を譲渡した者が譲渡所得の申告を行っているか。
⑧ 出資をせずに株主になっている者が贈与税の申告を行っているか。
⑨ 出資をせずに株主になっている者は株主であることの認識があるか。
⑩ 出資時から現在までどの程度の期間が経過しているか。
⑪ 名義人から株式買取請求などがなされているか。
⑫ 株主総会の通知は誰に出されているか。
⑬ 株主総会の出席状況はどうか。

創業者が別表2の名義を子や孫の名義に替えた後，7年以上経過し，その間に実施された法人税の税務調査でも指摘されなかった場合でも創業者の相続においては上記の事実を基に相続財産（名義株）か否かが判定されることになる。

仮に，真の株主と名義貸人との間では全く争いがない場合でも，上記の事情に照らして，税務署との関係で証明することが困難と考えられるような事例もあるかもしれない。このような場合には，贈与税や譲渡所得税がどのようになるかを具体的に検討した上で，あえて，贈与ないし譲渡の形式をとり，実際に納税も行って名義変更をするということもリスクヘッジの一手法として検討に値する場合があり得るだろう。

6 紛争性が高い名義株の解消（事業承継ADRの活用）

一方，株式の名義貸人にすぎなかったはずの者が，自らが株主名簿どおり真の株主であるとしてその株式の権利を主張してくるような事例も少な

くないだろう。殊に相続を重ね，設立当初の事情を記憶している者がなくなってくれば尚更である。戦後に名義株で形式を整えて設立され成長を遂げてきた多くの株式会社においても，相続を重ねることで名義株であることを認識していない株主が増えている。今後，この名義株の問題はますます増加していくことが予想される。

　上記事情に照らして相互に納得できるか否か，最終的には訴訟によらなければならない場合もあるだろうが，まずは事業承継問題の解決を専門としている事業承継ADRを活用することで，裁判によらずに最適な解決が得られるのではないかと思われる。

　いずれにしても，名義株問題の解決を希望する経営者は，慎重に判断を行うためにも，出来る限り早く検討を始めるべきであろう（本書「執筆者一覧」の末尾を参照）。

〈参考文献〉
・前田庸『会社法入門』（有斐閣，第11版補訂版）
・OGA税理士法人マネジメント・ソリューション部「『名義』をめぐる法務・税務トラブルと対応策」税理2012年4月号
・税理士　牧口晴一／税理士　齋藤孝一『非公開株式譲渡の法務・税務』（中央経済社，初版第1刷）
・弁護士法人中央総合法律事務所「名義株の問題点と対応策」（中央総合法律事務所季刊ニュース2011年夏号）
・日税マネジメントリポート「株主名簿の整理〜他人名義の株式，所在不明株主の取り扱い〜」2010年12月
・金融庁ホームページ　http://www.fsa.go.jp/ordinary/kabuken/qa.html#01

第3章 行方不明株主の株式

1 行方不明株主

(1) 所在不明株主の発生

　株式管理に基づき株主の整理をするときに，非常に厄介なケースは，もはや居所がわからず連絡がつかない行方不明株主の存在である。

　この行方不明株主には，当初の株主から相続等が発生し誰が株主（相続人）になっているのかが分からないというものから，株主の当初の住所と氏名については会社として把握しているものの，株主の住所変更等により，その後，会社と疎遠になり，今となっては連絡がつかないというもの，最初から名義株主であった者がもはや連絡がつかなくなっているケースなどがある。

　株主が行方不明の状態は，株主の判断能力の欠如と同様に，原則として，株主の権利を別の者へ引き継がせることはできない。行方不明の株主が少数株主である場合，通常の株主総会決議等については，決議要件を満たせば資本多数決の論理において合法的に処理することは可能であるが，たとえば行方不明株主Xの株式を無議決権株式[1]に変更するとか，行方不明株主に対して会社が自己株式の取得を政策的に行うなどは，容易には，相手に意思表示が到達せず，相手の意思表示も得ることができないため，迂遠な手続が必要となる。

　株主の整理を行ううえで，無用な紛争を回避するには原則的には合意によることが望ましいが，株主が行方不明であれば，もはや交渉の余地もないことから，粛々と法の手続にのっとって，行方不明株式について処理を行うことになる。

---

[1] 既存株式を種類株式に変更する場合は，変更する株主の合意と変更しない株主の同意が必要。

なお，行方不明の株主の存在があっても，会社としては株主名簿が管理されていれば，株主名簿に記載されている住所宛に通知等の送付をしていれば，会社としての義務は免れるため，ここでも株主名簿の整備が重要であることはいうまでもない。

(2) 株主が行方不明になる理由（少数株主軽視の実体）

　本来は，中小企業であっても株式会社であれば，少なくとも年に1回は定時株主総会が開催されているはずである。しかし，実際には，中小企業における株主総会という機関はおよそ形骸化しており，必要最小限において書面の上でのみ開催したことになっていることも多く，ゆえに株主への招集通知の送付も，剰余金の配当も一切したことがない中小企業が少なからず存在する。中小企業は，ほとんどが同族経営であるし，過半数の支配権を経営者が所有しているから，たとえ手続において瑕疵が認められたとしても，株主総会の決議の結果は同じであろう。

　しかし，会社法の手続においては，株主は1株でもその会社の株式を所有していれば，株主総会に出席し，意見を述べる機会を有し，かつ，株主総会の開催において一定の瑕疵が認められるときは，株主総会決議取消しの訴えを起こされるリスクがある。

　また，比較的，株主の顔が見える中小企業であればこそ，株主総会の開催時期に株主を把握することで，株主が行方不明になるリスクは防げるのである。

　したがって，行方不明株主を生じさせない一番の予防策としては，平時において，株主総会の手続を適正に行うことなのである。

　株主が行方不明になっているケースの多くは，少数株主であろうが，このような，主要株主ではない少数株主であっても，行方不明のため議決権行使等が不可能になる場合，会社法上の手続が進まないことがある。

(3) 大株主の行方不明

　大株主自体が行方不明になることはあまり想像できないことかもしれな

いが，たとえば大株主Ａの相続開始後，相続人全員が相続放棄をし相続人が不存在となるとか，相続人の所在が不明であるとか，そうめずらしい話ではない。

この章では，株主が行方不明となっている場合に，どう対応すべきなのかを法務の視点から解説する。

2 行方不明株主の株式への事後対応

(1) 会社としての対応

会社としては，行方不明株主が存在する状態は経営リスクとして認識し，なるべく早く行方不明株主の存在を解消するべきである。相手の行方が分からないゆえに，合意によりその株式を買い取ることがままならないため，強制的な取得等によることになるが，行方不明株主が後日現れて紛争にならないように会社法の手続にのっとって慎重に行うべきである。

(2) 行方不明株主を解消するための会社法上の手続

ア 株主に対する通知の省略（会196条）

株式会社が株主に対してする通知又は催告が5年以上継続して到達しない場合には，株式会社は，当該株主に対する通知又は催告をすることを要しないとされる。そして，これに該当する場合には，当該株主に対する株式会社の義務の履行を行う場所は，株式会社の住所地となる。なお，これらの規定は，登録株式質権者について準用する。

イ 所在不明株主の売却手続（会197条）

株式会社は，次のいずれにも該当する株式を競売し，かつ，その代金をその株式の株主に交付することができる。

㊀ その株式の株主に対して第196条第1項[2] 又は第294条第2項[3] の規

---

2) 株主に対する通知の省略
3) 無記名式の新株予約権証券等が提出されない場合

定により通知及び催告をすることを要しないもの
㈡　その株式の株主が継続して5年間剰余金の配当を受領しなかったもの

　なお，株式の競売の申立てをする際に，上記㈠に該当していることについて，客観的な証明が必要になるので，株主総会招集通知書及び返戻封筒等の書類を備えておく必要がある。

　また，㈡については，「5年間剰余金の配当を受領しなかった」とは，実際に剰余金の配当をしているにもかかわらず受領していないもののほか，会社がそもそも剰余金の配当を行っていなかったために受領していないというケースでも認められると解されている。

　また，株式会社は，競売ではなく，市場価格のある株式については市場価格（会施則38条）により算定される額をもって，市場価格のない株式については裁判所の許可を得て競売以外の方法により，これを売却することもできる。市場価格のない株式についての売却に関する裁判所の許可の申立ては，取締役が2人以上あるときは，その全員の同意によってしなければならない。

　非公開会社である中小企業の場合には，株式に流動性がなく市場価格の形成が不可能なため，取締役全員の同意により，裁判所に売却許可の申立てをし，換価することになる。

　さらに，株式会社は，売却する株式の全部又は一部を自己株式として買い取ることもできる。なお，この場合は，自己株式の取得であるから財源規制の適用があり分配可能額の範囲内でのみ取得することができる。

　この場合においては，次に掲げる事項を定めなければならない。
㈠　買い取る株式の数（種類株式発行会社にあっては，株式の種類及び種類ごとの数）
㈡　株式の買取りをするのと引換えに交付する金銭の総額

　取締役会設置会社においては，上記㈠，㈡に掲げる事項の決定は，取締役会の決議によらなければならないとされている（会197条4項，書式1）。

　なお，裁判所に提出する株式売却許可申立てに要する疎明書類は次のと

おりである。
- ・登記簿謄本（履歴事項全部証明書）
- ・定款
- ・株主名簿
- ・官報公告（公告期間：3か月）
- ・催告書及び発送が確認できる資料等
- ・株価鑑定評価書
- ・通知が5年以上継続して到達しないことの疎明資料として，過去5年間分の送付書類及び配達が不達となった返戻封筒
- ・取締役会議事録（取締役会設置会社で発行会社が買い取る場合）
- ・全取締役の同意書（取締役が5名以上いる場合）
- ・買受書（発行会社以外の者が買い取る場合）

書式1　取締役会決議

> 議案　所在不明株式を会社法第197条第2項により競売以外の方法によって，売却すること及び当該売却対象株式を自己株式として取得することについての会社法第197条第3項に掲げる事項を決定する件
> 　議長は，当会社は，長期にわたり所在不明の株主が1名存在することから，株主管理コストの削減と機動的な経営判断ができない場面に遭遇するリスクを回避するために，下記のとおり会社法第197条第2項に基づき，所在不明株主の株式を裁判所の許可を得て競売以外の方法により売却したい旨を述べ，その理由を詳細に説明した。さらに，今般，会社法第197条第3項に基づいて，当該所在不明株主の株式10株を売却するに当たり，当会社が，10株全部を総額金100,000円で買い取りたい旨を説明した。なお，この買取価格については，当会社の顧問税理士に算出してもらった平成○○年○○月○○日付け株価鑑定評価書に基づくもので，法的かつ税務的に適正なものである。
> 　議長は，その賛否を議場に諮ったところ，満場一致をもって原案どおり可決承認された。
> 　　　　　　　　　　　　　　記
> 1．所在不明株主の住所，氏名
> 　　　愛知県犬山市犬山○○町55番5号　　○○○○
> 2．買い取る株式の数　10株

> 3．株式の買取りをするのと引き換えに交付する金銭の額　金100,000円

　株式の売却代金は，所在不明株主に帰属するため，売却代金を弁済供託するか，売却代金を交付すべき日から消滅時効により当該代金が発行会社に帰属する日まで負債計上する必要がある。
　弁済供託した場合は，供託したときに会社は売買代金債務を免れる。会社が供託をせずに売却代金債務として分別管理する場合には，10年経過した後に消滅時効によって債務は消滅する。ただし，行方不明の相手に消滅時効を援用する意思表示をしなければならないなど手続の煩雑さを考えると[4]，少数株主の売却代金（おおむね少額である）については，会社は弁済供託によって早期に債務を免れる処理をすべきと考える。
　また，登録株式質権者がある場合には，当該登録株式質権者が次のいずれにも該当する者であるときに限り，株式会社は，第197条第1項の規定による競売又は同条第2項の規定による売却をすることができる。
　㈠　第196条第3項において準用する同条第1項の規定により通知又は催告をすることを要しない者
　㈡　継続して5年間第154条第1項の規定により受領することができる剰余金の配当を受領しなかった者
　なお，所在不明株主の株式の競売又は売却をする場合には，株式会社は，
　ⅰ　所在不明株式の株主その他の利害関係人が3か月以上をもって定められた期間内に異議を述べることができる旨
　ⅱ　所在不明株式の競売又は売却をする旨
　ⅲ　競売・売却対象の株主の氏名又は名称及び住所（株主名簿に記載さ

---

[4] 消滅時効については，最判昭61．3．17金法1135-37によれば，民法第145条及び第146条は，時効による権利消滅の効果は当事者の意思をも顧慮して生じさせることとしていることが明らかであるから，時効による債権消滅の効果は，時効期間の経過とともに確定的に生じるものではなく，時効が援用されたときにはじめて確定的に生じるものと解するのが相当であるとしている。ただし，実務的には，株式売却金額が少額であれば，10年経過後消却し，所在不明株主が現れた場合にすぐさま支払う用意ができていれば問題になることは少ないと思われる。

れているもの）
　ⅳ　競売・売却対象株式の数
　ⅴ　競売・売却対象株式につき，株券が発行されているときは当該株券の番号

を公告し（会施則39条），かつ，株主及び登録株式質権者には個別に催告しなければならないとされている（書式2・3）。

　競売等の対象となっている所在不明株主の株式について，株券が発行されている場合には，公告・催告期間内に利害関係人からの異議がないときに，当該株式に係る株券は，当該期間の末日に無効となる（会198条5項）。

書式2　所在不明株主の株式の競売又は売却に伴う異議申述の公告

```
　　　　　所在不明株主の株式の競売又は売却に伴う異議申述の公告

　　当社は，左記の所在不明株主の株式を，競売又は売却することとしたの
　で，これに対し異議のある利害関係人は，本公告掲載の翌日から三箇月以
　内にお申し出下さい。
　　　平成〇〇年〇〇月〇〇日
　　　　　　　　　　　　　　　　　　横浜市西区さくら町1丁目39番1号
　　　　　　　　　　　　　　　　　　　株式会社海山商事
　　　　　　　　　　　　　　　　　　　　代表取締役　山田　太郎

　　　　　　　　　　　　　　　　　記
　株主名簿上の株主の氏名及び住所　　　　　　株式の種類及び数
　愛知県犬山市犬山〇〇町55番5号　木曽川信子　普通株式10株
```

書式3　催告書

```
　　　　　　　　　　　　　　　　　　　　　　　　平成〇〇年〇〇月〇〇日
　　各位
　　　　　　　　　　　　　　　　　　横浜市西区さくら町1丁目39番1号
　　　　　　　　　　　　　　　　　　　株式会社海山商事
```

代表取締役　山田　太郎

所在不明株主の株式売却に関するお知らせ

　当社は，本日開催の取締役会において，株式事務の合理化を図るために，会社法第196条第1項に規定する株式（所在不明株主の株式）の売却を決議しましたので，下記のとおりお知らせいたします。

記

1．ご所有株式を売却させていただく株主様

　ご所有株式を売却させていただく株主様の氏名又は名称，株主名簿上の住所及び所有株式数につきましては，会社法第198条の規定に基づき，平成○○年○○月○○日付で官報に掲載する方法により公告いたします。

※　所在不明株主とは，株主名簿に記載又は記録された住所にあてて発した通知又は催告が5年以上継続して到着せず，かつ，当該期間に剰余金の配当を受領していない株主をいいます。

2．今後のスケジュール

　平成○○年○○月○○日　所在不明株主の株式売却に関する異議申述の
　　　　　　　　　　　　　公告及び催告
　平成○○年○○月○○日　所在不明株主からの異議申述期限
　平成○○年○○月○○日　所在不明株主の株式売却

※　所在不明株主の株式売却につきましては，株式売却に関する法定の公告及び催告手続を経た後，当社が自己株式として買い取ることを予定しております。

3．連絡先

　公告掲載株主様からの本件に関するお問い合わせは，以下の連絡先までご連絡ください。

　　株式会社海山商事　総務部　担当：○○　○○-○○○○-○○○○

以上

　所在不明株主は，この手続を経ることによって，株主としての地位を失い，代わりに会社法第197条の競売等による代金請求権を得ることになる。会社は，株主の所在が不明であるから，この代金相当額を供託することによって債務を免れる。

　ウ　株式併合（会180条）

　株式併合とは，複数の株式をあわせてそれより少数の株式にまとめて，

株式の単位を大きくする会社の行為である。たとえば，2株を1株に併合するとか，10株を1株に併合するなどをして，各株主の有する株式数を一律，割合的に減少させることで，その結果株式の単位を大きくするのである。

　株式併合は，会社の財産的価値には変動を生じさせることはないが，株式の単位が大きくなることで，1株あたりの経済価値が高まる。本来は，株式の評価が低いときに，株式併合により1株あたりの株式価値を高めたり，合併比率等の調整などに利用されるのであるが，少数株主の株式を1株に満たない端数にすることで，少数株主の締め出しなどにも利用されている例がある。

　行方不明株主の対応として株式併合の利用は，株式併合を用いて行方不明株主の株式について1株に満たない端数を生じさせて，会社法第234条に基づく端数処理を行うものである。

　株式併合の利用は，会社法第197条による所在不明株式の売却が5年の期間を要するのとは異なり，適正に株主総会手続ができれば比較的すぐにできるメリットがある。

　株式併合の手続については，第2章「名義株」を参照されたい。

エ　全部取得条項付種類株式

　株式会社が，その発行する株式の全部を全部取得条項付種類株式に変更し，行方不明株主の有する株式を含め全部の全部取得条項付種類株式を会社が取得し，取得対価について，行方不明株主をピンポイントで1株に満たない端数とする（下記オ）ことで，結果的に，行方不明株主の問題を解決することができる。

　全部取得条項付種類株式の利用は，所在不明株式の売却が5年の期間を要するのとは異なり，適正に株主総会手続ができれば比較的すぐにできるメリットがある。ただし，全部取得条項付種類株式は種類株式であるから，その株式の内容は登記事項でもあり，この手続は一般的には，事業再生の際の株主の総入れ替えや少数株主の追い出しなど会社の非常事態に行うことが多いため，会社の経営方針として取引先や金融機関に会社の内部事情

を積極的に公示したくない場合には，他の選択肢を考えるべきである。

　また，会社が全株主の株式を一旦取得する手続の煩雑さを考えると，必ずしも最善の方法とは言い難い。

　全部取得条項付株式の手続については第2章「名義株」，第9章「株主権をめぐる闘争」を参照されたい。

オ　1株に満たない端数の処理（会234条，235条）

　行方不明株主の所有する株式を，全部取得条項付種類株式，株式併合，合併などの行為によりあえて1株に満たない端数とし，その端数の合計数を競売し処理することで，合法的に行方不明株主を処理するものである。いわゆるキャッシュアウトである。

　1株に満たない端数の処理の手続については第2章「名義株」を参照されたい。

カ　特別支配株主の株式等売渡請求

　平成26年改正会社法で創設された特別支配株主の株式等売渡請求（改正法179条～179条の10）は，特別支配株主が少数株主に対して株式を強制取得するものである。

　資本多数決の論理により総株主の議決権の90％以上を有する株主が少数株主に対して全部の株式を売り渡すように請求できる権利は，容易に少数株主の追い出しができてしまうため，平時においては横暴的な手続である側面が否めないが，所在不明株主の存在が会社経営において支障が生じるリスクがあり，相手の行方が分からず，合意でもって株式の管理ができない場合においては，この制度を活用し問題の早期解決を図るという選択肢も考えられる。

　なお，特別支配株主の株式等売渡請求の詳細については，第11章「特別支配株主の株式等売渡請求」を参照されたい。

(3)　不在者についての根本的な解決

　行方不明となっている株主個人についての根本的な解決としては，詳細は本書では省略するが次のものがある。

ア　家出人捜索願い

　行方不明者（家出人）の捜索願いは，最寄りの警察署・交番に，保護者，配偶者，親族などにより届出がなされる必要がある。

イ　不在者財産管理人（民25条）

　従来の住所又は居所を去り，容易に帰る見込みがない者（不在者）に，その財産を管理する者がいない場合は，利害関係人は，不在者の従来の住所又は居所地の家庭裁判所に，不在者財産管理人の選任を申し立てることができる。不在者財産管理人は，不在者の財産を管理，保存するほか，家庭裁判所の権限外行為許可の審判を得たうえで，不在者に代わり，その財産の処分をすることができる。

　不在者財産管理人の選任により，不在者が所有する自社株式を，会社等が適正な評価額をもって買い取ることも可能となるであろうが，仮に当該不在者に他に財産もなく行方不明株主の株式の解決のみが目的である場合，家庭裁判所の審判手続であり，その財産の額を基準として予納金を裁判所に納める必要があるなど，手続の煩雑さと費用の側面を考えると妥当な選択肢とは言い難い。

ウ　失踪宣告（民30条）

　失踪宣告により，不在者の生死が7年明らかでないときは，その期間が満了した時，災害や事故など危難に遭遇した後その生死が不明な不在者は，その危難が去った時に，それぞれ死亡したとみなされ，相続が発生する。

　失踪宣告により，その不在者は死亡犠牲により相続が開始するから，不在者の財産は推定相続人が相続することになる。しかし，仮に当該不在者に他に財産もなく行方不明株式の解決のみが目的である場合，時間，手続の煩雑さ及び費用の側面を考えると妥当な選択肢とは言い難い。

エ　株主に相続が発生し相続人がないとき（相続財産管理人の選任（民952条））

　株主に相続が発生し，相続人がないとき（相続人全員が相続放棄した場合も含む。）には，相続財産は相続財産法人を形成し，利害関係人は，相続財産管理人の選任を申し立てることができる。この場合，相続債権者や受

遺者に対する公告，さらに特別縁故者への分与を経てもなお，処分されなかった残余財産は国庫に帰属することになる。

このようなケースでは裁判所の許可の審判を得て，相続財産法人の一部となっている自社株式を，会社等が，適切な金額にて買い取ることも可能となろう。仮に行方不明株式の解決のみが目的である場合，時間，手続の煩雑さ及び費用の側面を妥当な選択肢とは言い難いが，大株主に相続が発生し，相続人全員が何らかの事情で相続放棄をするようなケースにおいては，相続財産管理人を選任しなければならない事案もあるだろう。

3 行方不明株主を発生させないための予防

上場企業とは異なり中小企業は，そもそも株主は顔の見える間がらであることが多い。したがって，会社法の手続にのっとり，毎年の定時株主総会の手続を適正に行ってさえいれば，株主の所在が分からない事由は生じにくい。

株主が行方不明になり，株主総会決議ができない，同意が得られないなどの事由により，経営に支障がでることがないように，会社としてはまず行方不明株主を生じさせないという予防を図ることが必要である。

具体的には，次の方法が考えられる。

① 株主を把握したうえで，株主名簿をきちんと管理し，毎年株主総会の開催を行う（会319条による書面決議を含む。）。
② 分散してしまった株式については，経営者が買い取るか，会社が買い取るかによって，株式の回収を図る。
③ 株主ごとに異なる取扱いの利用（会109条2項，定款記載例1）。

定款記載例1

（株主甲の権利について株主ごとに異なる取扱い）
第○条　株主甲に下記のいずれかの事由が生じているときは，株主甲の有す

る株式は，当会社の株主総会において，議決権を有しない。
　(1)　認知症，病気，事故，精神上の障害などによる判断能力の喪失
　　(2)　行方不明
　　(3)　その他，株主総会に出席して議決権を行使できないとき
②　第109条第3項によるみなし種類株式に関する規定について，当会社が，会社法第322条第1項第1号の2から第13号に掲げる行為をする場合には，株主甲を構成員とする株主ごとに取り扱いをする株主の種類株主総会の決議を要しない。
③　当会社が，募集株式又は募集新株予約権の発行を行う場合には，会社法第199条第4項又は会社法第238条第4項に基づく株主甲を構成員とする株主ごとに取り扱いをする株主の種類株主総会の決議を要しない。

定款記載例2

（株主乙の権利について株主ごとに異なる取り扱い）
第○条　株主甲に下記のいずれかの事由が生じているときは，株主乙は，当会社の株主総会において，1株につき100個の議決権を有する。
　(1)　認知症，病気，事故，精神上の障害などによる判断能力の喪失
　(2)　行方不明
　(3)　その他，株主総会に出席して議決権を行使できないとき
②　前項の行方不明とは，株主甲が下記のいずれかの事由に該当する場合をいい，当該自由を証する書面として，株主甲の同居の親族又は3親等内の親族が，次にかかげる書面を当会社に提出することを条件とする。
　(1)　警察に家出人捜索願いの届出がなされていていまだ発見されていない場合
　　　家出人捜索願いの届出がなされたことを証する書面
　　　株主甲の親族の署名押印のある申述書
　(2)　不在者財産管理人が選任された場合
　　　不在者財産管理人の選任審判書

（中小企業支援実務研究会編「中小企業の法務リスク対策」302頁　中央経済社，初版）

④ 株主間契約の利用

　株主の相続等により，少数株主と会社との関係性が希薄になることによって，株主と会社との事務手続の上でも疎遠になることが多い。そこで，あらかじめ，株主同士及び会社の三者で，株主が一定の行方不明と認められる事由に陥った場合に，株式譲渡の効力が生じるものであるとか，議決権行使の代理をすることができるなどの契約を締結しておくことが考えられる。この場合，行方不明となる株主の権利に多大な影響を与えることから，後日の紛争防止のためにも公正証書などで締結しておくことが好ましい（書式4）。

書式4　株式譲渡契約書

株式譲渡に関する約定書

　山川富士子（以下「甲」という）と山田一郎（以下「乙」という）並びに山川太郎（以下「丙」という）とは，甲が有する山田商事株式会社（本社：○○区）（以下「丁」という）の普通株式250株（以下「本件株式」という）について，以下のとおり契約を締結する。

　　　（株式の譲渡）
第1条　甲は，第2条に定める事由が生じたことを条件に，本件株式の全部を乙に譲渡し，乙は買い受けるものとする。
（売買の効力発生）
第2条　第1条の譲渡の効力発生の条件は，次に定める事由は次のとおりとする。
① 甲の死亡
② 甲の行方不明
　　甲の行方不明の定義は，次のとおりとする。
　　　（省略）
③ 甲の判断能力の欠如
　　甲の判断能力の欠如の定義は，次のとおりとする。
　　　（省略）
（売却代金）
第3条　第1条の売却価格は，第2条により売買の効力が発生した日における相続税評価額によって評価された1株あたりの純資産価額の80％の

金額とする。
② 前項の売却代金の受領者は，譲渡の効力発生の原因により次のとおりとする。
  (1) 甲の死亡の場合
    売買代金の受取人は，甲の相続人とし，甲の相続人が複数いる場合，又は特定の相続人に売却代金請求権を相続させたい場合には，甲はあらかじめ公正証書遺言を作成するものとする。
  (2) 甲の行方不明の場合
    売買代金の受取人は，丙とする。この場合，指定する売買代金受領者にすでに相続が発生していた場合には，甲の相続人とする。
  (3) 甲の判断能力の欠如の場合
    売買代金の受取人は，丙とする。この場合，指定する売買代金受領者にすでに相続が発生していた場合には，甲の相続人とする。
③ 乙は，本条において定める売却代金を，第2条の売買の効力発生日から2週間以内に前項に定める売却代金の受領者に支払うものとする。
（甲の代理人）
第4条 甲は第2条の売買の効力が発生したときに，丙が甲を代理して，株式譲渡にかかる手続を行うものと指定し，丙は，これを引き受けるものとする。
② 前項にかかわらず，甲の死亡により，株式の売買の効力が発生したときは，甲の相続人が，株式譲渡にかかる手続を行うものとする。
（株式の所有権）
第5条 株式の所有権は，第1条の株式譲渡代金全額の支払いをもって甲から乙へと移転する。
（株式の名義書換）
第6条 第4条に定める甲の代理人及び乙は，第1条の株式譲渡につき，共同で丁の株式名簿書換えを行うものとする。
（株主総会（取締役会）の承認）
第7条 第4条に定める甲の代理人は，第1条の株式譲渡につき，本件株式譲渡日までに丁の株主総会の承認を得るものとする。
（その他の事項）
第8条 本件契約に定めのない事項及び本件契約の内容解釈に相違のある事項については，本件契約の趣旨にしたがい，甲及び乙並びに丙が協議のうえ，これを定める。

第4章 株主の判断能力の欠如と諸問題

1 高齢化社会の到来と株主権の問題

　わが国が現在直面している社会問題の1つに，人口減少と超高齢化社会の到来がある。戦後の昭和から現在に至るまでの経済・社会構造の大きな変化により，社会全体が高齢化しており，中小企業を取り巻く経営環境を考えてみても，経営者の高齢化，株主の高齢化，それにともない事業体制や事業内容の変革を迫られるのは当然のことである。平成26年4月の帝国データバンクの統計資料によると，経営者の平均年齢の推移は，一貫して上昇を続けており，2013年には58.9歳と過去最高齢を更新している。

　ところで，人には健康寿命があり，その老いとともに身体及び精神の衰えを受け入れなければならないものである。しかし，社会的実在である会社には恒久的な成長と発展が可能であり，従業員や取引先など会社に依存する多くの存在が現実にある以上，ますます複雑化する経営環境の中で，経営者や株主の高齢化に伴う経営力の弱体化は絶対に避けなければならない。

　この経営の継続性と人の健康寿命との狭間にある究極のジレンマを解決するために，経営者は自らの決断で「事業の承継」を行うのである。

　たとえば，下記事例のような中小企業の事業承継のケースについて考えてみよう。

（事例）

　小売業を営むA株式会社（取締役会設置会社，以下「A社」という）は，年商20億の優良企業であり，従業員は70名ほどである。創業者甲（72歳）は，後継者として長男乙（45歳）を代表取締役社長とし，甲自らは代表取締役会長となることで，自社は事業承継が進んでいること

を対外的にアピールしていた。甲には，A社の取締役になっている妻X（69歳），長男乙，社外の次男丙（40歳），長女丁（48歳）がいる。次男丙は，上場企業に勤務し，長女丁は専業主婦である。

　親から子への親族承継の典型例であるが，社長の交代が済み，後継者が代表取締役社長，創業者が代表権のある会長となっており，傍から見れば一見事業承継が進んでいるようにみえる。しかし，A社は，株式の90％を未だに甲が所有し，また幹部や従業員らも事業遂行にあたって常に甲にお伺いをたてる状況で，甲が影の実力者として経営を牛耳っており，実体は事業承継が完了しているとは到底言えない状態であった。
　このような会社において，経営権を握っている会長と社長との間で経営方針の不一致により社長の解任劇が生じたり，急に次男丙が後継者に名乗りをあげたために，会社を巻き込んだ「争続」が勃発したりと失敗事例はよくある話である。また，相続対策が後手にまわった挙句に，甲の相続が開始したときに，相続人間で遺産分割が調わないため，誰が株式や事業用資産を相続するかが決まらずに，相続税申告期限をむかえてしまう悲劇も決して少なくない。
　本事例において，事業承継対策の怠慢が招くリスクは色々と想定できるのだが，本章において問題にしたいのは，中小企業の大株主が高齢化等により判断能力が欠如した場合の経営を脅かすリスクである。所有と経営が一致した同族企業だからこそ，大株主の判断能力の低下は経営をゆるがす危機の１つになるといえる。
　さて，このA社において，甲が認知症を患い気がついたときには判断能力がない状態に陥っていたり，高次機能障害により一気に判断能力を喪失することになったりしたら，A社の経営そのもの及び甲の相続対策等は一体どうなるのだろうか。
　仮に，甲の判断能力が常に欠如している状態であっても，法律上の株主としての地位は絶対であり，たとえば甲の後見人が適正に株式を処分する

か，甲に相続が発生するまでは，甲は株主であり続けることになる。

そして，少なくとも，原則論としていえば，高齢化に伴う認知症や精神疾患などにより株主の判断能力が常にない状態にある場合は，当該株主の議決権行使が不可能となるため，その株式の議決権は宙に浮いてしまう。A社は，90％を所有する株主甲が議決権を行使できない状態である以上，定款で普通決議の定足数の排除をしていなければ（会309条1項），定時株主総会で行われる決算承認や役員の選任決議すらままならない状態になる。ましてや，甲の認知症が明らかになった後に，あわてて相続対策や事業の整理を目的として，たとえば甲の株式を無議決権種類株式にしたり，不採算事業のリストラ，持株会社制度の導入などの対策を講じたりしようにも，株主の権利に大きな影響を与えるものはどれも株主総会の特別決議が必要であり，もはやこれらを積極的に行うことができなくなる。

とはいうものの，実際には，同族経営の中小企業においては，そもそも会社の機関（取締役会や株主総会）が機能しておらず，株主総会議事録などは登記手続用の書面のみの作成に留まることが常態化していることが多いことから，議決権行使が実質不可能な株主が現れたとしても悪びれることもなく書面上手続をしたことにして済ましているかもしれない。これは法的にいえば無権代理や私文書偽造にあたるものであり，本人や利害関係人総意の利益のためであれば問題が顕在化しないのかもしれないが，潜在的に親族間で対立構造がある場合，特定の者への利益のために行われた場合，そして当事者間の足並みが揃わなくなってしまった場合（潜在的なリスクといえる）など，後日，その行為自体が問題視されることになる。

さらに，甲に契約をすることができる程度の意思能力がなければ，議決権行使云々の話だけではなく，甲自身が制限行為能力者となり一定の契約行為ができないため，税務のことはさておき，甲は，後継者の経営支配権の法的安定性を確保するために事業用資産や自社株式をあらかじめ後継者へ譲渡することができなくなる。

つまり，大株主の判断能力の欠如は，会社の経営の問題と個人の相続財産の整理という局面からもデッドロック状態になるということである。

すなわち，所有と経営が一致した非公開会社においては，大株主は当該会社の事業の方向性を決定する重要な役割を担っているため，大株主が適切な意思表示ができなくなることは，重要な経営課題の１つとなるといえる。そして，後継者等に円滑に経営支配権を表章した株式を承継させるタイミングが重要となる。

　ここでは，中小企業の株式特有の問題として，経営支配権と財産権にかんがみて本人の利益をどう保護していくか，会社の経営をどう守るかを考え，株主の議決権行使が不可能になることを避けるには，どのように株式管理をするべきか法務・税務の視点から解説したい（図表１）。高齢化

図表１　甲の判断能力に問題ある場合の選択肢の可否

選択肢	手続・必要な能力	判断能力の低下（不十分）	常に判断能力が欠如
甲の株式を無議決権種類株式にする	甲の合意，甲以外の株主の同意[1]　定款変更として株主総会決議（特別決議，会309条２項）	△	×
甲の株式に属人設定する	定款変更として株主総会決議（特殊決議，会309条４項）	△	×
持株会社制度の導入	組織再編などの承認の株主総会決議（特別決議，会309条２項）	△	×
会社合併	組織再編などの承認の株主総会決議（特別決議，会309条２項）	△	×
甲の株式の譲渡（有償・無償）	契約	△	×
遺言の作成	遺言能力	×（事理弁識能力を一時回復している場合は可能）	
任意後見契約，家族信託	契約	△	×
法定後見	後見等申立	○	○

1）既存の株式を特定の種類株式（例えば甲の株式のみ無議決権にするなど）に変更する場合，実務上，変更する株主（甲）と会社の合意，及び変更しない株主（甲以外）の同意が必要である。

社会の到来に伴い，安定経営を維持するために，今すぐに対策をとらなければならない問題でもある。

さて，上記事例で，甲の判断能力が低下した場合の最悪のシナリオの一例をそれぞれ想像してみて欲しい。いつの時点で，どのような対策をしていれば最悪のシナリオは免れたのであろうか。

> ㋑ A社の資産価値に目をつけたコンサルタントのXが，甲の判断能力が低下していることをいいことに，設備投資のための資金として甲の所有するA社の株式を担保に多額の金銭を融資し，結局，A社株式90％は，担保のかたにXに取られてしまった。

> ㋺ 甲の判断能力が低下しているものの，事理弁識能力が欠ける常況までには至っていないときに，長男乙とA社の経営方針について衝突していた甲は，次男丙にそそのかされて，「A社の後継者は丙にする。私の財産のうちA社株式と事業用資産は丙に相続させる。」旨の公正証書遺言を作成していた。甲の死後，丙は，甲の意思は，遺言のとおりだと主張し，会社を巻き込んだ「争続」となってしまった。

> ㋩ 甲は脳梗塞を数回繰り返し，わずか1年で事理弁識能力が欠ける常況かつ寝たきりになってしまった。A社の決算書には甲の「経営者借入金」が1億円計上されたままであり，A社株式の価値（相続税評価）だけでも数億円にのぼる。相続対策も含めて，この「経営者借入金」を消すためにDES(注)をしたいが，株主総会決議も甲の法律行為も必要だし，さらに相続対策をしたいのに甲の株式数を増

加させることになってしまう。甲所有の不動産なども整理をしたいが，後見人をつけないと管理や処分ができないと言われ，最近は，A社事業の経営もうまくいかず乙は途方にくれている。

(注) DES（デット・エクイティ・スワップ）
債務の株式化。借入金などの金銭債務を返済してもらう代わりに，これを元手とした現物出資による増資により，株式化すること。

㈡ 甲がその判断能力が低下しているものの，事理弁識能力が欠ける常況までには至っていないときに，甲に内緒で，後継者乙と顧問税理士，司法書士は，甲の株式のうち1株を乙に譲渡したことにし，甲の残りの株式を無議決権株式とし，登記を経た。あとでこれに気が付いた甲と次男丙は，そもそも株主総会が開催されておらず，甲の知らないところで手続をしていることを理由に，乙らに異議を主張した。その2か月後，甲に後見開始の審判が決定し，半年後に甲は死亡した。乙と丙は，後見人を巻き込んでの争いになった。

2 株主の判断能力の欠如と株主権行使

(1) 判断能力の欠如の定義

ア 民法の理念と制限行為能力者

私法の一般法である民法は，自己決定と自己責任のもと，市民の自由な意思に基づく社会生活の自治に関するルールを定めている。私法上の法律関係は，権利義務の主体となる人が，その自由な意思により発生・変更・消滅させることができるのであり，この法律関係が有効に成立する要件としては，権利義務の主体となる人が，その法律行為のときに意思能力があることが必要とされる。一般的に，10歳未満の幼児や泥酔者，重い精神病や認知症にある者には，意思能力がないとされ，その者らが行った法律行

為は無効となる。

　一方，このような私的自治を原則とする社会において，未成年者や精神障害があるために意思表示が十分にできない者に対する保護の要請から，民法は，あらかじめ年齢や審判の有無という形式的な基準により制限行為能力者制度を設けている。制限行為能力者は，未成年者，成年被後見人，被保佐人，被補助人とに分類される。

　イ　有効な議決権行使ができない判断能力の欠如の定義
　　①　意思能力の事実認定
　　　　制限行為能力者の制度は，意思能力が不十分な者を保護するためのものであるが，私的自治の社会の中で，原則として本人の自己決定を尊重する理念のもと，できるだけその法律行為を認めるべきという考え方がある。

　　　　では，一般的に，株主総会において有効な議決権行使がなし得ない判断能力の欠如とは，どんな状態をいうのであろうか。

　　　　まず，株主総会での議決権行使は，意思表示という法律行為であるという側面から考えれば，少なくともそこに意思能力が要求される。法律行為における意思能力の事実認定について，判例は，「意思能力とは，自分の行為の結果を正しく認識し，これに基づいて正しく意思決定をする精神能力をいうと解すべきであり，意思能力があるかどうかは，問題となる個々の法律行為ごとにその難易，重大性なども考慮して，行為の結果を正しく認識できていたかどうかということを中心に判断されるべきものである」（東京地判平17.9.29判タ1203-173）としている。

　　②　精神上の障害により事理を弁識する能力を欠く常況にある者
　　　　認知症などの高齢化に伴うもの，知的障害，精神障害によるもの，事故などによる植物状態などにより，常に事理を弁識する能力が欠けている状態の者は，意思能力の欠如が認められ，家庭裁判所は，本人，配偶者，4親等内の親族等の請求により，後見開始の審判をすることができ，この後見開始の審判を受けた者は，成年被後見人

とされる。

　したがって，常に判断能力が欠如している状態では，有効な議決権行使がなされるとはいえず，成年後見制度を利用し，法定代理人による議決権行使をすることになる。

　そうはいっても，いったん後見制度を導入すれば，家庭の中に法律が入ることになり，いわゆる一般的な家庭において日常的に行われている「世帯でひとつの財布」の取り扱いは基本的にできなくなる。これが，会社の経営が関係している場合には，なおさら事は複雑になるであろう。

　なぜなら，成年後見人はあくまでも成年被後見人本人の財産を管理・維持することが目的であるから，会社の経営にかかる重要な決定，推定相続人のための相続対策はすることができないことに注意しなければならない。

③　事理を弁識する能力が低下している者

　たとえば，「震災や親族の死などの精神的なショックにより，一時的に判断能力が低下しているような場合」や「記憶力の低下は目立つのに，理解力や判断力はしっかりしている，いわゆるまだら認知症の状態」は，常に事理弁識能力を欠いている状態といえないために，基本的には本人の自己決定権を尊重し判断能力を認めて法律行為を有効とする判断がなされる。

　したがって，一般的に，判断能力が低下しているものの，軽度〜中度の認知症や精神障害において判断能力が不十分にある者は，制限能力者制度の理念においては有効に議決権行使ができるものと思われる。

　しかし，同族経営の中小企業においては，大株主が経営判断をするといっても過言ではないため，「判断能力の低下」という段階で，もはや戦略的な経営を考慮した議決権行使は困難であると言わざるを得ないであろう。経営者は，このような状態に陥る前に，自らの経営判断として，事業の円滑な承継のために，株式管理に関する対

④　合同会社の社員の場合

　株式会社の株主ではなく合同会社[2]の社員の場合には，後見開始の審判が法定退社事由（会607条1項7号）となる。合同会社は，業務執行や定款変更なども原則として総社員の同意が必要であり，社員一人について判断能力に欠如が生じた場合には経営の業務執行においても不都合が生じる。

　ただし，合同会社の場合には，株式会社以上に定款自治の柔軟性が認められているので，たとえば，あらかじめ業務執行社員を定め，経営の業務執行については業務執行社員が行うものとする（会591条）とか，定款で退社の要件を定める（会607条1項1号，たとえば，後見開始にかかわらず事実上の判断能力の欠如を退社要件にするなど）とか，社員の属人性にあわせた議決権の個数を設定し社員総会制度を設ける（会590条1項・2項，637条）などの工夫をすることによって，これらの問題を解決することができる。

(2) **制限行為能力者の議決権行使**

　ア　株主が未成年である場合

　　① 未成年者

　　　未成年者は制限行為能力者であり（民20条），未成年者が法律行為をするには，その法定代理人の同意を要することになる（民5条1項本文）。未成年者の法定代理人は，通常は親権者である。

　　　たとえば，優良な中小企業が節税のための自社株式を未成年の子に暦年贈与するケースがあるが，この場合，株主権の行使は一般的には法定代理人がすることになる。しかし，このようなケースでは，贈与契約書や未成年者名義の株式の議決権行使などを適正に行った書類等を残しておかなければ，税務署から名義株の認定を受けるお

---

[2] 合同会社は，持分会社（合名，合資，合同）の一種であるが，社員は有限責任である。第1章第2-2「株式会社の宿命と他法人との比較」を参照されたい。

それがあるため注意する必要がある。

② 親権者と未成年者の利益相反取引

また，親権者と未成年者の利益が相反する行為については家庭裁判所に特別代理人の選任を請求しなければならない（民826条）が，中小企業の株式管理との関係で法定代理人と利益相反になるケースは，相続財産が自社株式であった場合の遺産分割の場合であろう。大株主に相続が発生すると，株式は，遺産分割協議が調うまでは，共同相続人間で共有となる。

たとえば，会社の代表取締役であった大株主が死亡し，妻と未成年者が共同相続人になる場合では，原則として，家庭裁判所に特別代理人を選任し遺産分割を経る必要がある。なお，相続開始後，いったん株主総会において議決権を行使すると，相続の単純承認とみなされて相続放棄ができなくなるおそれがあるので，個人の負債が多く相続放棄の余地がある中小企業経営者が突然死した場合などには注意が必要である。

③ 未成年後見

未成年者に対し親権を行う者がいないときは，未成年後見人が選任される（民839条，840条）。たとえば，孫が祖父母と養子縁組をした後，その養父母である祖父母が死亡したようなケースでは，実父母に親権が戻るのではなく，親権を行う者がいない状態となり，家庭裁判所に後見人の請求をしなければならなくなる。ただし，未成年者に対して最後に親権を行う者は，遺言で，未成年後見人を指定することができる（民839条1項）ので，このようなケースでは養父母は遺言によって未成年後見人を実父母とする旨定めるべきである。

未成年後見が開始した未成年者の親権者は，未成年後見人であるから，後見人が法定代理人として，株主権を行使することになる。

イ 株主が成年被後見人である場合

① 成年後見制度

民法においては，人生は自己決定の連続であり，判断能力が欠如

したからといって，自己決定権や生活の質が奪われるべきではないという考え方が前提にある。そこで，民法は，判断能力が不十分になった者の財産を守り，福祉サービスの充実という観点から，自己決定の尊重，残存能力の活用，ノーマライゼーションの3つの基本理念と本人保護の理念を調和させることを目的とした成年後見制度が設けている。

成年後見制度は，法定後見制度と任意後見制度に分けられ，さらに法定後見制度には，後見，保佐，補助の類型（図表2）があり，判断能力が劣るものの自己決定権の尊重と本人の保護の要請という観点から，それぞれの判断能力の欠如の段階や保護の必要度に応じて柔軟な対応がなされることが期待されている。なお，法定後見制度における保護の必要度の基準（審判）は下記図表3を参照されたい。

② 成年被後見人

基本的には，成年被後見人の財産に関する法律行為は，日常生活に関する法律行為を除いて，法定代理人が代理する。したがって，議決権行使については，成年後見人が行うことになる。ただし，成年後見人は，成年被後見人の生活，療養看護及び財産の管理に関する事務を行うにあたっては，成年被後見人の意思を尊重し，かつその心身の状態及び生活の状況に配慮して行わなければならないとされている（民858条）ため，この基準にのっとって議決権行使を行うべきである。

③ 後見人と成年被後見人の利益相反取引

また，後見人と成年被後見人の利益が相反する行為については家庭裁判所に特別代理人の選任を請求しなければならないが，後見監督人がある場合には，後見監督人が成年被後見人を代理する（民860条，826条）。なお，後見監督人は，家庭裁判所が必要があると認めるときに，成年被後見人，その親族もしくは成年後見人の請求又は職権で選任されるが（民849条），後見監督人には，後見人の配偶

者，直系血族及び兄弟姉妹はなることができない（民850条）。

経営者に後見が開始した場合には，後継者や顧問税理士など会社の関係者が後見人になるべきではない。この場合には，利害関係人を後見人とすると利益相反取引になりやすく手続が硬直化するおそれもあるので，後見人に会社と関係のない中立な立場の法律専門家に任せるべきであろう。

ウ　株主が被保佐人，被補助人である場合

被保佐人，被補助人については，原則として，本人の議決権行使が認められるから本人の意思に従うことになる。

しかしながら，そこに会社の経営が関与する場合，成年後見制度の崇高な理念だけではなく，従業員，その家族，そして取引先など多くの者が生活の基盤としている会社を維持するために経営をどう捉えるかの視点も重要ではないかと考える。

現に，会社法においては，被保佐人（精神上の障害により事理を弁識する能力が著しく不十分な者）は，役員の欠格事由に相当する。つまり，経営判断は，日常生活の中での法律行為を行うよりも高度な判断力が要求されるものといえる。そして，同族経営の中小企業においては，事例のように株主こそが経営判断をするケースが比較的多いことを鑑みると，「判断能力は不十分であるがかろうじて株主総会の議決権行使が可能」という状態では，戦略的な経営判断は不可能であろう。

また，大株主の「判断能力の低下」の状態は，株主が議決権行使の内容について正しい判断ができるかの問題だけではなく，本人の意思とは別のところで，悪意をもった人間に利用されやすいというおそれもはらんでいる。

本人の尊厳を守り，自己実現を尊重することと，会社の経営を維持することとは，両立できない場面も多く，非常に難しい選択をせまられることもあるが，実務家としてそれぞれの利益考量に鑑み判断していかなければなるまい。だからこそ，経営者である大株主は，自己の判断能力の欠如を経営課題として認識し，予防策を講じなければならないのである。

図表2　成年後見制度

```
                    ┌ 法定後見制度 ┌ 後見
成年後見制度 ┤              │ 保佐
                    │              └ 補助
                    └ 任意後見制度
```

図表3　法定後見制度

	類型	補助	保佐	後見
民法	判断能力	軽度の認知症，軽度の知的障害，軽度の精神障害 法律行為に援助が必要	中度の認知症，中度の知的障害，中度の精神障害 法律行為に常に援助が必要	重度の認知症，重度の知的障害，重度の精神障害，植物状態 法律行為には代理が必要
民法	要件	精神上の障害により事理を弁識する能力が不十分な者	精神上の障害により事理を弁識する能力が著しく不十分な者	精神上の障害により事理を弁識する能力を欠く常況にある者
民法	開始の手続	補助開始の審判	保佐開始の審判	後見開始の審判
民法	代理権	原則ない 代理権の付与の審判（本人の同意）	原則ない 代理権の付与の審判（本人の同意）	包括的な代理権あり（ただし，居住用の不動産の処分は家庭裁判所の許可を要する）
民法	取消権	当然にはない 特定の行為について家庭裁判所の取消権付与の審判が必要 補助人の同意を得なければならない行為であって，同意又はこれに代わる許可を得ないでした被補助人の行為は取消し可能	民法第13条に規定する重要行為については，取消権あり（ただし，日常生活に関する行為は除く） それ以外の行為は，家庭裁判所の付与の審判が必要	取消権あり（ただし，日常生活に関する行為は除く）

　　個人の尊厳，自己決定権を尊重
　　〈個人〉
　　～～～～～～～～～～～～～～～～～～～～～～～～
　　　　　　　　　　　　　　　　　　会社の公的側面を重視
　　　　　　　　　　　　　　　　　　　　〈経営者〉

	類型	補助	保佐	後見
会社法	経営能力	—	取締役等の欠格事由（会331条1項2号，335条）	取締役等の欠格事由（会331条1項2号，335条） 持分会社の社員法定退社事由（会607条1項7号）

3 株主の判断能力の欠如と対応

(1) 株主の判断能力の欠如が明らかになった場合の事後対応

　大株主が常に事理弁識能力の欠けた状態に陥った場合は，先に述べたように原則として本人が株主総会で議決権を行使することができない。したがって，この場合に，適正に株主総会手続を行うためには，後見開始の審判により成年後見人を選任し，後見人による議決権の代理行使にすべきである。

　しかし，成年後見人は，その職責として成年被後見人財産を管理し守るために会社とは中立公正な立場にあるものであるから，その議決権代理行使が，決算承認や役員選任であれば比較的問題にはならないだろうが，原則として，重要な「経営」判断が必要な場合，会社や後継者の都合にそった行動ができるかどうかが問題となる。そもそも，成年後見人が議決権の代理行使を行うときの基準は，成年後見人の意思を尊重し，かつその心身及び生活の状況に配慮して行わなければならないからである。

　後見制度を利用しても，成年後見人による議決権代理行使の限界があるため，このような場合は，適正な価格により，自社株式を後継者等が買い取ることも視野にいれるべきであろう。

　なお，本人の法律行為ができない状態にもかかわらず，後見人等を選任することもせずに，中小企業でよく行われている「株主総会決議があったことにする」やり方は，無権代理や私文書偽造の問題をはらみ非常に危うい行為である。もっとも，このような薄氷を踏むやり方を続けていて，戦略的な経営がうまくいくはずもないし，法令を遵守し，後見開始の手続をした場合でも，上述したとおり戦略的な相続対策や経営が積極的に行えないことが想像できる。

　したがって，中小企業を支援する専門家としては，この点をよく踏まえたうえで，大株主の判断能力の欠如による経営の停滞に陥らないようにするために本書を活用し，事前の万全な対策をとっていただきたいものである。

(2) 株主の判断能力の欠如に対する事前の対策

ア 任意代理契約（財産管理契約）

任意代理契約は，委任者と受任者との間で締結される委任者財産を受任者が管理する内容の委任契約であり，受任者は私的自治の拡充のための任意代理人である。

任意代理契約は，民法第643条の委任契約であるため，委任の解除は，各当事者による解除の意思表示となるし，委任の法定終了事由は，①委任者又は受任者の死亡，②委任者又は受任者が破産開始の決定を受けたこと，③受任者が後見開始の審判を受けたことである。

委任者の能力が低下した後も，原則として委任契約の効力は持続し，逆に，委任者の能力が低下したあとに契約の効力を発動することもできるが，あくまでも私的自治の拡充のための任意代理に過ぎず，対外的な信用力は低いため，金融機関との取引や不動産処分などはすることができない。さらに，任意代理契約の場合は，本人の財産を悪用されるおそれも大きいことから，委任者の判断能力が低下した場合には，委任者からの解除の意思表示もできず，委任者の意思の尊重と委任者の保護の観点から疑問が残るため，任意後見制度を併用するなどの必要があろう。

また，任意代理契約の財産管理の内容は自由であるため，契約の中で定めることになるし，契約の様式は，法定されているものではない。しかし，上述したとおり任意代理という脆弱さにより後日のトラブルを回避するためには，できるかぎり公正証書で締結することが好ましい。

たとえば，事例のケースでは，大株主甲の判断能力があるうちに，甲が現在又は将来の財産を管理する目的で，甲を委任者，信頼のおける特定の人物を受任者として，任意代理契約を締結することが想定される。財産管理の内容として，自社株式の管理，処分及び自社株式の議決権代理行使を定めておく必要がある。

なお，株主総会における議決権行使の代理権の授与は，総会ごとにしなければならないとされているが（会310条2項），これは「現経営陣等が議決権代理行使の制度を会社支配の手段として濫用することを防止する趣旨

である」（江頭憲治郎『株式会社法』338頁（有斐閣，第5版））から，適正に締結された任意代理契約が存在し，その弊害が生じるおそれがないのであれば，会社法第310条第2項に反するものではないと考えることができる。しかし，任意代理人においては，法定代理人や任意後見人とは異なり監督する者がいないし，同族経営において，判断能力が低下した委任者が利用されて，他の利害関係人の権利を侵害するケースも考えられるから，慎重に判断するべきである。

　また，定款で議決権行使の代理人資格を株主に限定しているケースが多いが，「代理人が非株主であるという理由で議決権代理行使が拒まれるとその株主の総会参与権が事実上奪われることになる場合には，当該定款規定の効力は及ばず，会社は，当該代理人の議決権行使を拒めないと解すべきである」（江頭憲治郎『株式会社法』338頁（有斐閣，第5版））。しかしながら，無用な紛争を避けるために，任意後見受任者が非株主の場合には，議決権の代理行使についての定款変更等をしておくべきであろう（定款記載例1参照）。

定款記載例1

（議決権の代理行使）
第〇条　株主又はその法定代理人は，当会社の議決権を有する株主を代理人として，議決権を行使することができる。ただし，この場合には，株主総会ごとに代理権を証する書面を提出しなければならない。
　②　前項にかかわらず，株主の後見人又は任意後見人は，株主を代理して自ら議決権を行使することができる。ただし，この場合には，株主総会ごとに次に記載する代理権を証する書面を提出しなければならない。
　　(1)　法定後見人の場合には，登記事項証明書
　　(2)　任意後見人の場合には，公正証書任意後見契約書
　③　前二項にかかわらず，当会社は，株主の任意代理人について，正当と認めるときには，株主を代理して自ら議決権を行使することを認めることができる。ただし，この場合には，株主総会ごとに代理権を証する書面として公正証書等による任意代理契約書を提出しなければならない。

イ 任意後見制度

任意後見制度は，委任者が，契約に必要な判断能力があるうちに将来の判断能力の欠如が生じたときに備えて，あらかじめ任意後見人となる者と任意後見契約を締結するものである。任意後見契約は，次の2点において任意代理契約とは異なる。

㈠ 家庭裁判所による任意後見監督人の選任が代理権付与の停止条件となっていること

㈡ 公正証書による契約でなければならないこと

また，法定後見制度とも異なり，委任者の自己決定権により任意後見人をあらかじめ選任することができる。そして，家庭裁判所にて任意後見監督人が選任され，契約の効力が発生した後，任意後見人によって，任意後見契約の内容に基づいて委任者の財産の管理がなされ，任意後見人は，契約に基づいた代理行為をすることができる。

たとえば，事例のケースでは，大株主甲の判断能力があるうちに，信用のできる者を任意後見人として，任意後見契約を締結することが想定される。この場合には，契約に基づく財産管理の代理権の範囲について，株式の処分，管理，議決権の代理行使の定めを規定しておく必要がある。

なお，議決権行使の代理権の授与は，総会ごとにしなければならないとされているが（会310条2項），これは「現経営陣等が議決権代理行使の制度を会社支配の手段として濫用することを防止する趣旨である」（前掲・江頭）から，任意後見人による代理についてはその弊害も生じないから，会社法第310条第2項に反するものではないといえる。議決権の代理行使に関する定款規定については，ア「任意代理契約」と同様である。

しかし，任意後見人は，本人が行った法律行為に関する取消権は有しない。

ウ 家族信託

信託は，委託者が，受託者に対し，一定の目的に従って財産の管理又は処分その他当該目的の達成のために必要な行為をすることを目的とする財

産管理承継制度である。平成18年の信託法改正により民事信託が認められるようになり，特に，委託者や家族のための信託を「家族信託」と呼び，後見的な財産管理や遺産承継の実務において注目を浴びている仕組みである。

　たとえば，事例のケースでは，委託者を大株主甲，受託者を後継者乙，当初受益者を甲とし，信託契約を締結するが，その中で，「信託財産に属する信託株式に関する議決権は，受益者の指図により受託者が行使するものとする。ただし，受益者が判断能力を欠いたときは，信託株式の議決権は受託者の裁量によりこれを行使する。」などと規定することによって，甲が判断能力を欠如するまでは議決権行使を甲自らの指示により乙が行い，甲が判断能力を欠如した後は，後継者である乙に議決権行使を委ねることが可能になる。株式は，経営支配権である議決権を分離して処分することができないため，指図権の付与という形で，実質的な議決権の分離を実現するものである。

　甲のように，後継者の経営手腕についてまだまだ心配要素があるゆえに，自分の判断能力があるうちは（又は私の目の黒いうちは……），自分が関与しないと経営が維持できないと思い込んでいる経営者には，説得しやすいスキームかもしれない。

　また，この場合に，甲に相続が開始すると，信託受益権は甲の共同相続人に相続されるため，あらかじめ後継者となる者乙を当初受益者死亡後の後継受益者と指名しておくことも考えられる。甲が後継者として必ずしも乙がふさわしいとは考えていないときには，信託契約の中で，受益者を指定し又は変更する権利（受益者指定権）を有する者を定め，乙の経営能力の可否を見極めた後に，最終的な後継者を決定するようなスキームにすることも可能であろう。

　なお，信託財産は，信託契約によって委託者が受託者に託した「受託者に属する財産」となるが，受託者の倒産リスクからも遮断され（倒産隔離機能），受託者の財産からも独立しているものである。したがって，自社株式を信託財産とする場合は，家族信託といえども適切に分別管理をする

必要があり，その対抗要件の具備についても注意が必要である（第1章「株式総論」）。

エ 種類株式，株主ごとに異なる取り扱いの活用

大株主に判断能力の低下がみられるようになった際に，その議決権行使につき制限を設けて，会社の業務執行の中断を回避することを目的として，事前に種類株式や株主ごとに異なる取り扱いを活用することも考えられる（定款記載例3・4）。

定款記載例3

> （株主乙の権利について株主ごとに異なる取り扱い）
> 第○条 株主甲に下記のいずれかの事由が生じているときは，株主乙は，当会社の株主総会において，1株につき100個の議決権を有する。
> 　(1) 認知症，病気，事故，精神上の障害などによる判断能力の喪失
> 　(2) 行方不明
> 　(3) その他，株主総会に出席して議決権を行使できないとき

定款記載例4

> （株主甲の権利について株主ごとに異なる取り扱い）
> 第○条 株主甲に下記のいずれかの事由が生じているときは，株主甲は，当会社の株主総会において，議決権を有しない。
> 　(1) 認知症，病気，事故，精神上の障害などによる判断能力の喪失
> 　(2) 行方不明
> 　(3) その他，株主総会に出席して議決権を行使できないとき
> ② 株主甲について，前項の事由が生じたときは，甲の3親等内の親族は，次の書類を当会社に提出することを要する。
> 　　　認知症，病気，事故，精神上の障害などによる判断能力の喪失を証する書類
> ③ 第109条第3項によるみなし種類株式に関する規定について，当会社が，会社法第322条第1項第1号の2から第13号に掲げる行為をする場合には，株主甲を構成員とする株主ごとに取り扱いをする株主の種類株主総会の決議を要しない。

④ 当会社が，募集株式又は募集新株予約権の発行を行う場合には，会社法第199条第4項又は会社法第238条第4項に基づく株主甲を構成員とする株主ごとに取り扱いをする株主の種類株主総会の決議を要しない。

オ 株主間契約

　大株主に判断能力の低下がみられるようになった際に，その議決権行使につき制限を設けて，会社の業務執行の中断を回避することを目的として，事前に，当該大株主，会社及び後継者等において，停止条件付贈与契約，自社株式貸株契約などを締結しておくことも考えられる。詳細については，第13章「株主間契約」を参考にされたい。

図表4　株主の判断能力の欠如と対応方法まとめ

	メリット	デメリット
任意代理契約（財産管理契約）	契約内容は自由度が高い。本人の意思が尊重されやすい。	契約締結時には，本人の意思能力が必要。本人の意思能力が充分な場合でも活用可能。本人が認知症等になった場合，法定代理人ではないため取消権の行使ができない。法定代理人ではないため，金融機関や法務局での手続ができない。
家族信託	信託法の範囲内で，契約内容は自由。本人の意思が尊重されやすい。本人の家族のために財産を活用することができる。	受託者が信託として分別管理をしなければならない。財産を信託財産とする際の費用や税金の問題がある。
種類株式／株主ごとに異なる取り扱い	種類株式 会社法上の拘束力が認められる。定款で定めるため，後に株主になった者をも拘束する。	種類株式については，登記を要する。種類株式，株主ごとに異なる取り扱いは，会社法に法定されている内容のみに限定される。株主ごとに異なる取り扱いについては，決議要件が加重されている（特殊決議，会309条4項）。
株主間契約	契約なので，原則として，違法性がない限り会社法の制限を受けない。当事者間の合意により定めることができる。	債権的な拘束力にすぎない（違反した場合には契約違反による損害賠償の問題）。契約当事者間しか拘束力がない。

成年後見制度	任意後見制度		判断能力の低下に備えて，信用できる任意後見人と財産管理の契約をすることができる。 任意後見契約は公正証書で作成しなければならないので，信頼性がある。	任意後見監督人が選任されるので，家庭裁判所の監督下におかれることになる。 契約締結時には，本人の意思能力が必要。
	法定後見制度	後見	成年後見人は，本人に代わり契約手続全般を行うことができる。 成年後見人は，原則として本人のした行為を取り消すことができる。 成年後見人は，家庭裁判所から選任されるため，家庭裁判所によるチェック機能が働く。	家庭に法律や裁判所が入ってくることになるので手続面が煩雑になる。 本人名義の財産を自由に処分できなくなる。 原則として，財産は本人のためにしか活用できず，家族のために処分等することができない。 財産の運用などの有効利用をすることができない。 家庭裁判所が後見人等の選任をするので，必ずしも本人の希望にそわないこともある。
		保佐	代理権を付与された保佐人は，本人に代わり契約手続ができる。 保佐人は，原則として本人のした行為を取り消すことができる。 保佐人は，家庭裁判所から選任され，家庭裁判所によるチェック機能が働く。	
		補助	代理権を付与された補助人は，本人に代わり契約手続ができる。 取消権を付与された補助人は，原則として本人のした行為を取り消すことができる。 補助人は，家庭裁判所から選任され，家庭裁判所によるチェック機能が働く。	

4 株主平等の原則と制限行為能力者たる株主の議決権制限

　株主が事理弁識能力の欠如がある常況になった場合には，本人による議決権行使が不可能となり，法定代理人等により議決権行使を行うことになるし，法定された権限を逸脱できない後見人の存在が，積極的な経営判断や業務執行において，正直煩わしいという場合もあろう。また，判断能力が低下した者による議決権行使や，成年被後見人であっても事理の弁識が一時回復したときに行われた議決権行使について，その議決権行使の際に意思能力が本当にあったのかの判断は，一般的に困難であり，潜在的に紛争性がある場合にはその有効性が争われる場合もある。

　このようなケースでは，本人の意思の尊重はもっとも重要であるが，経営の不安定さを招くものであるので，この問題を解消するために，定款自

治の合理的な解釈により，「株主の判断能力の欠如が明らかになったとき，（成年被後見人になったとき，または被保佐人・被補助人となったとき）は，その株主は議決権を行使することができない。」という定款の定めを設けることはできるだろうか，会社法第29条との関係で問題になる。

　会社法第29条では，「第27条各号及び前条各号に掲げる事項のほか，株式会社の定款には，この法律の規定により定款の定めがなければその効力を生じない事項及びその他の事項でこの法律の規定に違反しないものを記載し，又は記録することができる。」としている。

　この会社法第29条の解釈として，会社の経営課題に即した定款自治はどこまで認められるのかという問題である。法令に具体的な定めがない事項に関する定款の定めは，概ね「株主平等の原則」による制約をうけることになる。会社法は，会社は，株主をその有する株式の内容及び数に応じて，平等に取り扱わなければならない（株主平等の原則，会109条１項）とし，支配株主の数の力による差別的な扱いから少数株主を守る趣旨を包含する。すなわち，定款自治の限界としての株主平等の原則は，「株主の個性に着目することなく，株式の数に着目して合理的な取扱いをすることを要求し」ている（相澤哲他『論点解説新・会社法』107〜108頁（商事法務，初版），また，「議決権は株主総会に出席して，会社の意思形成に参加する権利であり，株主にとって本質的な権利である。したがって，これが制限される場合は，法律が明文で定める場合に限られる」（岸田雅雄『ゼミナール会社法入門』187頁（日本経済新聞社，第６版））。

　したがって，定款において，一般則として同一種類の株式につき判断能力の欠如を条件に議決権行使を制限することは，株主平等の原則に反し認められないと解すべきであろう。

　しかし，たとえば，非公開会社において認められる株式の属人的な扱いを利用し，株主Ａの判断能力の欠如を停止条件にして株主Ｂの議決権を複数議決権にするとか，一定数以上の株式を所有する株主について，判断能力があることを議決権行使の条件にするとか，株式会社の本質や公序良俗に反しない限り，定款において合理的な内容を定めることは認められると

解すべきである。非公開会社においては，株主ごとに異なる取り扱いは，株主の持株数の割合に関わらない柔軟な定めを設定したとしても，会社法の制度趣旨に反し当然に無効と解する必要はない。さらに，株主間契約において，契約当事者を拘束する債権的な効力を生じさせることができる。判断能力の欠如を条件に株式を譲渡する，また，家族信託において，判断能力の欠如を条件に株主権行使者を受託者にすることなどが考えられる。

第5章 株主と倒産法制

1 はじめに

　個人であれ，法人であれ，法的整理手続により倒産処理を行わざるを得ない場合，直前まで倒産を避けるべく尽力を続けることから，実際に法的整理手続をとった後のことまで十分な考慮が及んでいないということが少なくない。

　しかし，株式の帰属や株主権行使の問題について事前に検討をすすめておくことは，後の各法的手続の円滑な進行に資するだけでなく，各法的手続申立後の関与のあり方にも影響しうるものであって，手続選択の判断材料ともなるものであるから，事前に検討しておかれることをお勧めする（なお，上場株については特段問題となることはないと考えられるため，本章では，非上場株式を念頭に以下整理するものである）。

2 株主の法的整理と株主権の問題

(1) 個人たる株主が法的整理手続を行う場合（当該株式にかかる法人が健在の場合）

　特段，会社の事業に支障があるわけでもなく，連帯保証責任の問題によるものでない全くの個人的な事情で株式を保有したまま個人が法的整理手続をとらざるを得なくなった場合，選択する手続が破産か，民事再生かにより，その後の処理が大きく異なる。

　　ア　破産の場合

　破産手続開始決定時点における所有財産の管理権限は原則として破産管財人が有することとされ，原則として全て換価した上で，配当原資とすることが予定される。

破産管財人において，換価作業を行う際には，適正価格で売却することを原則としつつ，迅速性や価値劣化のおそれがないかどうか，処分に要する費用等々を総合的に判断しつつ，裁判所の許可を得て行うこととなり，概して，慎重な手続を要する。

　破産管財人において，独自で購入希望者を探索することは著しく困難であることから，破産者の方で一切準備をしていなかった場合には，この問題の解決には相当の時間を要し，会社の経営を不安定にしてしまう（特に役員の改選や，会社としての重要な事項の決定をなさなければならない場合に，当該株式を管財人が管理している場合には，迅速な対応が得られないおそれがある）。

　そこで，破産を申し立てる場合であっても，自ら株式を保有する会社の経営の安定化を図るため，事前に準備をすすめておくことが望ましい。具体的には次のような状況を整えておくことが望ましいと考えられる。

① 適正価格の検討・算出
② 当該適正価格での購入希望者の選択
③ 当該適正価格以上の価格で購入を希望するものがないであろうことの事情説明

　なお，当該個人が保有する株式の割合が少ない場合には，当該会社自体に譲渡すること（自己株式の売買）を提案することも，十分検討に値するものと思われる。もっとも，自己株式の売買の場合には配当可能額の限度内でなければならないという財源規制（会461条）があることには注意が必要である。

　また，株式の第三者への譲渡の場合には譲渡所得税が，当該会社自体への譲渡の場合には，さらにみなし配当所得課税があることにも十分留意しておく必要がある。

　上記は，保有する株式に比較的財産的価値がある場合の注意点であるが，これとは反対に，財産的価値がない，あるいは比較的小さいという場合には，自由財産（破産手続によらないで自由に処分できる財産）の拡張により

当該株式を破産財団から除外することの許可を得たり，あるいは破産手続開始決定後に取得した財産（新得財産）を破産財団に組み入れることで当該株式を破産財団から除外することの許可を得るなど，破産手続後においても，自ら当該株式を保有し続けることも不可能ではないと考えられる。詳細については申立代理人弁護士と事前に協議されたい。

イ 民事再生の場合

民事再生手続においては，財産の管理権限は当該民事再生債務者である個人が保持し続けるものであり，当該株式の売却を強制されることはない。当該株式をも含めた全資産を評価し，清算価値（破産配当率）を算出した財産評定を基礎として，これを上回る弁済計画を提案することができ，当該再生計画について債権者の了解（頭数の過半数，かつ，議決権の過半数の賛成，民事再生法172条の3第1項参照）が得られれば，保有する株式が具体的に問題となることはない。

但し，当該株式の価値の総資産に占める割合と弁済計画との関係次第では，当該株式を売却した上での弁済を計画に盛り込まない限り賛成が得られないということもあり得ると考えられる。詳細については申立代理人弁護士と事前に協議されたい。

(2) 個人たる株主が法的整理手続を行う場合（連帯保証責任の整理として法的整理手続を行う場合），株主（経営者）の連帯保証責任の制限と連帯保証人に対する債務免除についての税務（「経営者保証に関するガイドライン」，「新しい特定調停スキーム」）

個人たる株主が法的整理手続を行わざるを得ない場合の多くは，自らが株式を保有し経営する会社の金融負債について連帯保証をしていたところ，会社が法的整理を行わざるを得ない状況となり，これに伴って個人としても連帯保証責任を果たさざるを得なくなったような場合であろうと考えられる。

このような場合に，連帯保証責任とは別途，株主責任を果たす趣旨から，当該株式について処分することや減資を要するか否かという点については，

後記3「会社の倒産と株主権の問題」にて述べることとし，ここでは，個人が会社と一体となって連帯保証責任を整理する場合に特有の事情を補足する。

平成25年12月に「経営者保証に関するガイドライン」が公表されており，現在運用が開始されている。当該ガイドラインを踏まえて，保証債務の整理に係る課税関係についても整理がなされたことから，一定の要件を満たした場合には，法的整理手続によらず，準則的私的整理手続（具体的には特定調停手続）によることで責任限定（保証債務の減免・免除）が得られる可能性が広がったということができるだろう。すなわち，当該ガイドラインに基づいて処理がなされた場合には，法的整理手続を経ずに保証債務の免除を得た場合であっても，保証人において当該保証債務の免除を受けたことは所得税法第36条に規定する収入の実現にあたらず，債権者において保証債権の放棄にかかる寄附金課税（法法37条）は生じない，という取扱いになるということである。

当該ガイドラインのうち，重要と考えられる部分を抜粋する。詳細は公表資料をあたられたい。

「対象債権者は，中小企業の経営者の経営責任について，法的債務整理手続の考え方との整合性に留意しつつ，結果的に私的整理に至った事実のみをもって，一律かつ形式的に経営者の交代を求めないこととする。具体的には，以下のような点を総合的に勘案し，準則型私的整理手続申立て時の経営者が引き続き経営に携わることに一定の経済合理性が認められる場合には，これを許容することとする。

　イ）主たる債務者の窮境原因及び窮境原因に対する経営者の帰責性
　ロ）経営者及び後継予定者の経営資質，信頼性
　ハ）経営者の交代が主たる債務者の事業の再生計画等に与える影響
　ニ）準則型私的整理手続における対象債権者による金融支援の内容」

「経営者たる保証人による早期の事業再生等の着手の決断について，主たる債務者の事業再生の実効性の向上等に資するものとして，対象債権者としても一定の経済合理性が認められる場合には，対象債権者は，破産手

続における自由財産の考え方を踏まえつつ，経営者の安定した事業継続，事業清算後の新たな事業の開始等（以下「事業継続等」という。）のため，一定期間（略）の生計費（略）に相当する額や華美でない自宅等（ただし，主たる債務者の債務整理が再生型手続の場合には，破産手続等の清算型手続に至らなかったことによる対象債権者の回収見込額の増加額，又は主たる債務者の債務整理が清算型手続の場合には，当該手続に早期に着手したことによる，保有資産等の劣化防止に伴う回収見込額の増加額，について合理的に見積もりが可能な場合は当該回収見込額の増加額を上限とする。）を，当該経営者たる保証人（略）の残存資産に含めることを検討することとする。」

「主たる債務者の債務整理が再生型手続の場合で，本社，工場等，主たる債務者が実質的に事業を継続する上で最低限必要な資産が保証人の所有資産である場合は，原則として保証人が主たる債務者である法人に対して当該資産を譲渡し，当該法人の資産とすることにより，保証債務の返済原資から除外することとする。」

(3) 法人たる株主が法的整理手続を行う場合，当該法人所有株式にかかる法人はどうなるか

他の会社の株式を保有している会社が法的整理（破産，民事再生，会社更生，特別清算）を申し立てた場合であっても，当該法人所有株式にかかる法人が自動的に法的整理（破産，民事再生，会社更生，特別清算）が適用されることにはならない。100％親子関係の場合でいえば，親会社が法的整理（破産，民事再生，会社更生，特別清算）を申し立て，手続開始となったからといって，子会社について法的整理が開始されるという関係にはなく，子会社は通常通りの営業が可能である（営業上の信用の問題は全く別問題である）。

もっとも，清算型の手続きである破産や特別清算手続においては，当該株式の財産価値に着目し，これを換価処分し配当原資とする必要がある。破産手続における留意点は(1)の個人の場合と同様である（なお，法人においては自由財産という考え方が存在しないため，確実に処分行為を要すること

となる)。特別清算手続の場合には，清算人が換価処分を行うこととなるが，この財産の処分には，裁判所の許可ないし監督委員の同意を得る必要がある（会535条1項）ため，同様の事情に留意すべきこととなる。

民事再生手続については，(1)の個人の場合と同様である。なお，株主権の行使についても従前どおり行使することができるのが原則であるが，例外的に，株主権の行使について，監督委員の同意事項とされることがある。

会社更生手続の場合も，基本的な考え方は民事再生手続と同様であり，換価処分が強制されるものではないものの，従前の経営者がそのまま経営を継続することはなく，管財人が選任された上で，管財人が財産管理を行う手続であることに留意する必要があり，株主権の行使についても，当該管財人が行使していくことになる点に留意すべきであろう。

3 会社の倒産と株主権の問題

(1) 破産の場合

法人が破産手続を行った場合には，当該破産法人の株主として関与し得る余地はないといってよい。破産手続終結により法人格自体が消滅する（破産法35条）。

(2) 民事再生の場合

民事再生手続を行った場合には，当該法人の株主権は，従前どおり存続するのが原則であり，例外的に制限されている（事業譲渡の場合において，裁判所が株主総会の決議による承認に代わる許可を与えることができるとされている（民事再生法43条1項）。ただし，この場合でも株主は即時抗告権を有している（同条6項）。

(3) 会社更生の場合

会社更生手続を行った場合には，当該法人の株主権は，ほとんど全て制限されるものと考えてよく，関与の場面も限定的である。一般的には，更

生計画によって従前の株主の権利は無価値とされる（但し，債務超過でない場合はこの限りではない）。

(4) 特別清算の場合

特別清算手続を行った場合についても，関与の場面は限定的であるものの，清算人解任の申立て（会524条1項），清算株式会社の財産に関する保全処分（処分禁止等）の申立て（会540条1項），特別清算の必要がなくなったときにおける特別清算終結決定の申立て（会573条）等を行うことができ，広い意味で当該手続の進行に関して支配権を及ぼすことができる地位にあるということができる。特別清算手続終結により法人格自体が消滅し，裁判所書記官の職権によって登記嘱託する（会938条）。

(5) 株主権の維持と倒産手続の選択の判断

株主権を維持するという観点から各法的整理手続を比較すると，民事再生手続においてのみ，その実現可能性を検討し得るといってよいと考えられる。もとより債務超過であり，民事再生手続による債務減免後においても，清算価値（破産配当率）以上の返済計画を策定した上で，減免後の債務を負っているのであるから，再生計画認可確定後においても，当該株式に財産的価値が残存することはないものと考えられる。しかし，財産価値はなくとも，株主権を誰が有しているかという点は，その後の経営方針（つまり，民事再生計画認可確定後の経営）において決定的に重要な要素であろう。

民事再生手続において，当該株式を処分することや，減資手続をとる必要があるかどうかは，ひとえに，株式をそのまま維持し続けることが，最も事業の安定化に寄与し，債権者への返済の最大化に寄与するものであるか，という点について債権者の理解が得られるかどうかにかかっているといってよい。民事再生計画において，100％減資，100％増資が同時に行われることがある（経営権の移転をする場合）が，その場合には当然従来の株式権は消滅する。

第6章　株式管理における婚外子問題

―最高裁平成25年9月4日決定を受けて　事業を守るための事業承継の方法―

1　最高裁決定

　婚外子に関する平成25年9月4日最高裁決定は，婚外子の法定相続分は婚内子の2分の1と定めている民法第900条第4号ただし書きを憲法違反であると，断定した。この決定は，一義的に，婚姻関係で出生した子と婚姻関係外で出生した子の，父母に由来する法定相続分を均等にすることを司法上強要するものである。現行法上，法定相続は（家督相続とは違い）財産の相続に限定されているから，この決定は，端的には，財産の相続については，子の出生が婚姻関係によるものか否かにかかわらず，司法の場で論ずる限り，1対2分の1の差をつけることはできないことを意味している。

2　対抗方法

　欧米諸国と比較して，数百年の風雪に耐えて永続する老舗企業の数が飛び抜けて多い我が国では，家族財産の擁護は家業の擁護に顕著に現れる。家族の財産の擁護といっても，戦前においては，主として，固定資産の擁護システムに表現されていた。これに対比し，戦後は，所得税との対比で法人税課税を選択することに合理性があったため，昭和40年までに，家業である個人事業が株式会社化された。その結果，家業の擁護は家業である企業体の発行する株式の擁護の形をとって展開することになった。家族財産を次世代に承継する法的税務的諸問題を扱う理論書や実務書が，主として中小企業が発行する株式についての相続，承継を論ずるのは，まことに

理由があるところである。本書が「株式管理」を論ずる理由の一斑もまたここにある。上記最高裁決定が判例として確定した以上は，当該決定の基礎となった相続の発生時点である平成13年7月から当該決定が確定した時点である平成25年9月4日までの間に遺産分割協議等がなされていた場合（つまり，いったん上記最高裁決定に反する遺産分割がなされている場合）における婚外子たちの，少なくとも一部の人たちは，いったん終息したはずの遺産分割協議をやり直せと要求してくるはずである。したがって，我々弁護士や税理士，司法書士は，婚外子たちから婚内子たちに突き付けられる再度の遺産分割要求をきっかけに勃発する紛争を防止することと，平成25年9月4日以降の遺産分割を巡る紛争の発生防止に立ち向かうことが要請される。それら防衛の具体的形態は，家業である事業会社の発行済株式を防衛することである。株式管理の重要性は，単に静的に株式の安全を管理する方法に止まらず，積極的に手段を尽くして攻撃的に防御することまでも包含するはずである。

　この対策は，法律的根拠を持つ防御法であるから，婚外子から婚姻関係内家族に向かっての攻撃に対抗する戦略として有効であるだけではなく，家業を主宰する当主が家業である事業会社の株式を相続発生に伴う民法的負担拘束から守る方策としても，相続税の重圧に抗して守る方策としても有効性を発揮するはずである。

(1) 遺産株式を遺さない方法

　事業会社株式に対する婚外子からの攻撃も，相続に随伴する財産処分権を拘束する民法上の規制（代襲相続，遺留分など）も，相続税負担も，なぜ発生するか，その根本を問えば，事業会社株式が相続財産として遺されているからである。したがって，もっとも根本的な対策は，事業会社株式が相続財産となることがない状態を実現させればよいはずである。

　この実現のためには，
　　① 相続（遺贈を含む）が発生しないようにするか，

②　株式を相続によって取得しようと狙っている敵対者に相続権（遺留分減殺請求権を含む）が発生しないようにするか，
③　そもそも遺産というものが存在しない状態を実現するか，
④　遺産はあっても事業会社株式は遺産を構成しないようにするか，
そのいずれかを実現すべきことを意味するはずである。
このうち，
①については，相続が生得的な特殊な人間関係から発生するか（出生），あるいは後天的な特殊な人間関係（養子，婚姻，認知，死後認知）から発生するものであるから，この対策はきわめて民法的方策であり，かつ，一般的であって，株式管理を論ずるここではいずれも関連性の薄い事項についても論評を加えなければならないため，迂遠であるとの誹りを免れない。
②のような場合は，そのまま放置すれば相続が発生することを前提にして，相手の相続権発生の根拠となる民法上の権利を剥奪する方法を取ることになる。たとえば，遺言による相続人廃除，相続人欠格に追い込む方法などを取ることになるが，これらには代襲相続の規定が働いており（民887条2項），そのため不徹底な結果に終わってしまう。また遺言による相続分の指定の方法で敵対的婚姻関係外子の相続分をゼロとしてしまう方法（民902条）とか遺言による包括処分ないしは特定処分をしてしまう方法（民964条）がありそうだが，いずれも遺留分の規定が働いており不徹底な結果に終わりかねない。また，第三者対策としても相続税対策としても有効性に疑問が残る。
③は，敵対的婚外子に対しては有効な方法であっても敵対的でない婚姻関係内子に対しても効果を及ぼしてしまうオーバーキルであって意味がない。結局，
④の方法ということになろう。有効な対策は相続の対象となることが予測される財産を遺さないことではなく，家業である事業会社の株式を相続の対象となることが予測される財産としては遺さない方法であるということになる。
しかし，単純に④の方法によるときは，生前中に当該株式を売却するか

贈与してしまえばよいことにもなりかねず，事業承継は絶たれることにもなりかねない。これでは意味がない。したがって，

　⑤家業たる事業を残存し，確実に事業承継しつつ，当該株式が相続の対象となる遺産を構成しないようにする方法を考案することにあると結論付けることができる。

(2)　**遺産株式を相続財産として遺さないで事業を承継する方法——その1**
　最初に思いつくのは信託を設定する方法である。しかし，信託を設定した途端に贈与税が発生した（相続税法9条の2）のではほとんど意味がない。もちろん，課税一般を回避できる方法は，おそらく存在しないであろうから，遺産株式を相続財産として遺さないで事業を承継する方法であって，可能な限り課税が低額で終了する方法でなければならないことになる。

(3)　**遺産株式を相続財産として遺さないで事業を承継する方法——その2**
　予測される相続について，被相続人である父がその相続発生前に被相続人が主宰する会社の株式であって被相続人が所有する1株ないしごく少数の株式を婚内子ないしは婚姻関係内者に贈与するか有償売却し，その他の相続予定株式については，会社が，株主との合意による取得（会156条以下）に基づいて株式を買い取り，その後，無償減資することが考えられる。ただし，株式の発行会社への譲渡については譲渡所得税のほかにみなし配当課税の適用があり，税率が高く，この方法は賢明ではない。

(4)　**遺産株式を相続財産として遺さないで事業を承継する方法であって，課税が禁止的ではない方法**
　遺産株式を相続財産として遺さないで事業を承継する方法であって，課税が禁止的ではない方法は，一般社団法人を用いる方法が種々考えられる。ただ，この場合であっても，後継候補者が潤沢に資金を用意できる場合はさして困難な法律問題は発生しないが，資金不足の場合には，資金不足状態を解消するか，資金不足を援助ないし支援する方法を別途用意しなけれ

ば法的スキームが完成しないと予測されるので，かなり問題が複雑になる。そこで，後継候補者が資金不足な場合の検討をわかりやすく進めるため，前提条件を設ける方法によることが読者にわかりやすいだろう。

―― 一般社団法人による場合であって，後継候補者が資金不足な場合
〈前提１〉　甲会社の代表取締役Ａは，売上60億，営業利益３億になるまで会社を育て上げた。業績は上り調子で株価は年々高くなっている。しかし，婚姻関係から出生した男の後継者がいない。婚姻関係外から出生した子が１人いる。取締役たちの中に経営を任せられる者が数名いるから，自分の株式を譲渡したいのだが，取締役たちは買取資金がないという。Ａは，かなり体が弱ってきたという自覚があるし，妻も未婚の娘もいるから，ただで株を渡すことはしたくない，ある程度の見返りはほしい。株価が高くなり過ぎないうちに事業承継の目鼻をつけたい，と思っている。

〈前提２〉　甲会社の代表取締役Ａは，甲会社の発行済株式を100％所有している。同株式は毎期５％以上の配当がある。甲会社は毎期顧問税理士に，甲会社株式の時価評価書の作成を依頼している。甲会社の取締役はいずれも任期２年，３期を限度として交代し，70歳で役員停年に達する内規がある。また甲会社には従業員退職金規程に接続する内容の取締役退職慰労金規程がある。甲社の取締役はＡ以外に，Ｂ１からＢ５まで，全員で５名いるものとする。

(5) 一般社団法人による方法
〈前提１〉と〈前提２〉のもとに
① Ａは甲会社の業績向上と甲会社の取締役及び従業員の福利厚生に貢献することを目的とする旨を，その定款第１条に規定する一般社団法人乙を設立し，この設立時点における甲会社の取締役は全員が乙の設立時社員として定款に署名捺印をする。

② 乙の設立時には誰も乙の基金払い込みをしないものとする。乙の定款には，利益があっても配当しないこと，また基金の払い戻しは乙に剰余金がある事業年度であって乙の社員全員が払い戻しに同意する場合に限定されることを規定する。乙が解散するときは，残余財産は，特定の社会福祉事業目的を定款に掲げる他の一般社団法人に寄付する。しかし，寄付先が解散後半年以内に決まらないときは，社員全員の同意によって残余財産を帰属すべき公益性ある法人を決定するものとし，それによっても帰属が定まらないときは国家に帰属すると定款に規定する。乙の設立時定款において甲会社のAおよび（Aを除く）取締役B1ないしB5は，乙の社員となるものとし，Aの婚内子も社員になる。理事は一人のみとし，Aは理事になると定める（婚内子が理事になる選択もある）。設立後の社員，理事は甲会社の取締役の中から乙の社員総会の議決によって定めると規定する。また，定款に定めなき事項は法（一般社団法人及び一般財団法人に関する法律）に従うと定める。また，乙の社員が事由のいかんを問わず全員いなくなった場合に備え，その場合は自動的にある法人（弁護士法人が適していると思われる）が社員になり，同社員はその余の社員を独立して決定する権限を有するものとし，それら社員の選任が終了したときは，その法人社員は自動的に社員の資格を失うものと規定する。

③ 甲会社は甲会社の全株式（Aが所有する全株式）の時価（顧問税理士が算定した価額）に匹敵する資金を銀行からの借入金によって調達し，その資金を乙（一般社団法人）に金利5％未満で長期貸付するものとし，金銭消費貸借契約書を甲会社と乙とで締結する。

④ AはAが所有する甲会社の株式全株を乙に時価（顧問税理士が算定した価額）で譲渡し，乙から譲渡代金の支払いを受ける。

以上の取り決めによってAは自己所有株式全株の売買代金を取得する。これで甲会社の株式がAの相続財産となることはあり得なくなる。Aは育て上げた甲会社の株式の相続税納付という軛から脱することができ，かつ，この資金を自由に使用することができることになる。Aには株式譲渡にと

もなう20％の分離所得税課税があるだけで、ほかに課税はない。

　また、取締役B1ないしB5は、乙の社員として各人が一票の議決権を保有して、自分たちが一般社団法人の理事（代表権がある）を選出することができることにより、乙を直接に、かつ甲会社を間接的に支配できることになる。法律的には、この理事は甲会社の代表取締役と同一人物とは限らないが、甲会社はその株式全部を乙に掌握されているから、乙からの支配によって乙の理事（代表者）が事実上甲会社の代表者としても選任されることになるであろう。

　また、甲会社の株式全部は一般社団法人乙が所有することになったから、Aの婚外子は甲会社株式を所有する方法がない。したがって、甲会社に介入することは一切できない。Aの婚内子は、多分、次の理事に選任されるであろう。Aの婚内子は、あるいは次の理事に選任されないかもしれない。しかし、甲会社は事業承継されていくであろう。

　このようにして、甲会社は、人の死による相続という不可避の宿命から遮断される。Aの子も、孫も、ひ孫も、その親族は甲社を事実上支配しながら、甲社株式の相続で悩まされることから永遠に解放され、甲社は永遠に事業承継されていくであろう。

　しかし、上記の構成で問題となるのは3点ある。まず、
　㋐　乙（一般社団法人）は甲会社から借り入れた金員を甲会社からの配当金だけで返済できるか、という疑問がある。しかし、甲会社の業績が良好であれば、その銀行借入金の金利は現在では5％よりはるかに低く、（平成26年当時であれば）1％程度のはずであるし、甲会社は自力でその銀行借入金を返済できるであろう。よって、乙としては甲会社に対する返済を急ぐ必要はない。長期的に考えればよいというわけである。はじめから甲会社と乙との金銭消費貸借契約はそのような長期の返済期間としておく。もちろん、このように構成すれば法人税の観点からは乙に利益が発生する場合には課税があり得るが、こと甲会社からの利益の配当金については甲会社は乙の完全子会社に当たるた

め乙に法人税課税はない（法法23条１項）。

㋑ 乙の設立時に乙の基金はゼロである理由はなにか，であるが，まず一般社団法人及び一般財団法人に関する法律では，基金はゼロでも設立できる。本件でAが甲会社株式を用いて乙の基金を作るため，乙に（売却するのではなく）現物出資すると（Aには譲渡所得税が課税になり），乙に対して基金返還請求権を持つことになる。この基金返還請求権は債権としてAの個人相続財産を構成するため，Aに相続が発生したとき額面払込金額で課税対象になり，あまり意味がないことになってしまう点である。一般社団法人は設立時に，基金を持たない方が何かと使いやすく，便利である。

㋒ Aの妻と娘はどうなるかであるが，乙の（一般社団法上の）社員となって，乙の業務を従業員として分担する立場につき，給料を受け取れるようにすればよいのである。甲会社に給料を支払うだけの収入がないときは，乙が甲会社の連帯保証を得て銀行から借り入れをおこし，甲会社が使用収益して乙に賃料を支払うこととする不動産（例えば，甲会社の本社ビル）を所有する方法が考えられる。この方法であれば，取得できる家賃で銀行借入金を返済する計算が立つスキームを考察することは，さして困難ではない。

(6) 株式取得合意

〈前提１〉と〈前提２〉のもとに，かつAの婚内子は甲会社の取締役であると仮定する。Aは甲会社の取締役全員に「取締役持株会規約」の締結を提案する。取締役持株会は民法上の組合として構成し，同規約はA，甲会社，希望する取締役B1ないしB5が当事者として署名するものとする（B1はAの婚内子であることとする）。その内容は概略次のとおりである。

① Aは，B1ないしB5が取締役に就任した時点で，B（以下，B1からB5のうち，だれでもよい場合は単にBと表示する）が希望するときは，甲会社株式の20％以上であってAとBとが合意する株数を，時価でBに譲渡する。Bが甲会社の指定する銀行から債務者として株式譲受代

金相当額の融資を受けるときは甲会社が連帯保証する。
② Bは，甲会社からBに対して配当される配当金をもって上記銀行からの借入金の金利及び元本を同銀行に返済する。同配当金をもって同元利金の返済額に不足するときは，その不足額を，甲会社が，銀行から同不足額を借り入れたうえ，あるいは同銀行から同不足額を借り入れないで，Bに貸し付ける。その金利は甲会社が同銀行から借り入れした場合の調達金利と同額とする。
③ Bが，理由のいかんを問わず，甲会社の取締役でなくなった時（ただし，Bに相続が発生した場合を除く）は，甲会社は，Bが前記①で取得した甲会社株式を，Bから，会社法第156条，第157条，第158条，第160条に従い，Bの同意の下に買い取るものとする。ただし，甲会社は毎期会社法第156条第1項規定の自己株式取得の株主総会議決をするものとし，かつ，会社法第156条第1項第2号の定める甲会社による買取代金額は，前①及び②の定めによるBの銀行に対する借入金債務の元利金残額及びBの甲会社に対する元利金残額債務を完済できるに十分な金額とする。
④ Bの取締役在任中にBに相続が発生したときは，甲会社はBの相続人に対し，会社法第174条，第175条，第176条，第177条及び定款の規定に基づいて，甲会社株式の売渡を請求するものとする。会社法第177条第1項の協議（会社と株式相続人との売渡価額決定のための協議）にあたっては，前①及び②の定めによるBの銀行に対する借入金債務の元利金残額及びBの甲会社に対する元利金残額債務を弁済できる充分な額とする。

このようにすれば，Aは①の場合には，自己が所有する株式の売却によって売却代金，のおそらく全額を取得できることになる。また，会社株式の買取代金の調達ができない取締役に対しても会社の株式を取得させることができるわけである。前記の③か④で，取締役（またはその相続人）から会社が株式の買取または売渡を請求する際の金額は，いずれも株主総

会で定めなければならないと規定されているから，買取に応諾するときの金額あるいは，売渡を請求されるときの金額は，それら株主（またはその相続人）が，かつて①及び②で株式取得のために負った負債を返済できるだけの金額に不足する場合があり得ないわけではない。しかし，この会社には従業員退職金規程に接続した取締役退職慰労金規程があるから，退職慰労金で，おそらく，株式取得並びに保有維持のために必要であった負債を返済できないはずはないであろう。

そのうえ，会社の業績が良好に推移すれば，①で取得した株式の時価は③で会社に買取される時点ないしは④で会社が売渡請求してくる時点では値上がりしているはずであるから，その差額は退職慰労金にプラスされるはずで，返済に窮することはまずないであろう。この意味でこの方法は取締役のやる気を引き出すことに貢献するはずである。

本事例では，
㋐　Aは相続から遮断されるからAの婚外子からの攻撃に対して防御されるし，
㋑　Bは，先に記した，甲会社株式を一般社団法人を用い，同法人に売却する方法では直接に甲会社株式を所有できず，甲会社を間接支配できるにとどまったのに対し，本事例では，Bが甲会社株式を所有できる点で優れているのであるが，次のような問題点がある。
㋒　Aの婚内子（B1）が事業を確実に承継できる保証はない。この意味で事業承継の方法といえるか，いまひとつ曖昧である。
㋓　それぞれの株式譲渡の際の譲渡所得20％の申告分離の外にみなし配当課税の適用があるであろうから，課税がかなり多くなる問題がある。これを解消するには一般社団法人を「株式管理法人」として用いる次の方法が考えられる。

(7) 株式管理一般社団法人

前記〈前提１〉と〈前提２〉と前記(5)一般社団法人による方法で一般社

団法人を設立するところまでは，同じである。違うのは，一般社団法人が設立され，Aが甲会社株式を一般社団法人乙に譲渡した後に，B1ないしB5は順次乙から甲会社株式を買い取ることである。こうすれば当然Bは甲会社株式を直接所有することができる。その買取資金は甲会社の連帯保証を得て銀行から借り入れすればよいのである。金利は高くないであろう。返済は取締役報酬ですべきであろう。それで不足するときは甲会社から借入するのがもっとも簡単である。甲会社としてはBが取締役停年で退職するときの退職慰労金で相殺すればよいのである。

　Aの婚内子は，ここまでは，甲会社のB1として取締役に就任し（もちろん就任しない方法があるが，その場合は重要ではないため省略する）取締役たちと同じように甲会社株式を買い入れればよいのである。

　問題は，ここからである。このままではBが取締役停年に達したときどうするかという問題が残る。後輩たちが取締役になってくるであろうし，非公開株の散逸は望ましくないため，B1ないしB5は，甲会社に対してではなく，乙にその所有する甲株式を売り戻すのである。乙には甲会社からの配当金が，二重課税禁止のおかげで，累積しているはずである（といっても，乙が甲株をどれだけ所有しているかで二重課税禁止の割合が低減してくる）。乙はその累積した配当金で甲会社株式をBから買い取ることになる。取締役が停年で退職するときは，Bが一時期に一斉に退職するとは考えられず，順次退職するのが通常であるから，配当金で不足することはまずないはずである。もし不足するときは甲会社から借り入れて一時をしのぎ，乙は配当金を原資に時間をかけて甲会社に返済することになるであろう。また，一般社団法人乙は，B1ないしB5のだれかから甲会社株式を買い取ったのち，新たに甲会社の取締役に就任してくるはずのB6からB10のだれか，またはその全員に甲会社株式を売りつけて甲会社株式代金を回収し，以後，これを反復していくのである。

　Aの婚内子（B1）は甲会社株を乙に売り戻してもよいし，そのまま持っ

ていてもよいはずである。Aの婚内子（B1）がBの中で支配的な立場を維持したいのであれば，甲会社株式を取得するときに他の取締役よりも，より大きな割合の株式を取得しておくという方法もあってもよいであろう。いずれにせよ，婚外子はAに対しても甲会社に対しても乙に対してもAの婚内子に対しても，一切手出しする方法はない。課税関係は，株式譲渡の際の20％の分離所得課税と，乙について法人税があり得るが，注意深く乙の財務を運営すれば税額はきわめてノミナルになるはずである。

　上記は，すこし複雑であるので，「株式管理一般社団法人」のイメージ図を次頁に示しておく。

　なお，上記した一般社団法人を用い甲会社の事業の承継は実現しながら，甲会社株式を遺産から予め除いてしまう方法は，実は利用範囲がかなり広く，例えば，息子はいるが身体になんらかの障害があり経営を引き継ぐには無理があるが企業自体は事業承継して後世に伝えたいし，息子に収入がないような，みじめな思いはさせたくないような場合にも，若干変更を加えるだけで有効に対応できる方法なのである。が，論点が「株式管理」の観点から少しずれても来るので，別の機会に論ずることにしたい。

株式管理一般社団法人のイメージ図

```
                     貸付B1  甲社連帯保証              貸付B10 甲社連帯保証
              ┌──────────────────── 銀 行 ────────────────────┐
              │   分割返済B1                  分割返済B10        │         貸付①   返済①
              │                                                  │
          ┌───┴──┐  ┌────┐                    ┌────┐  ┌──────┐                    ┌──────┐
          │  B1  │  │ B2 │ ………………… │ B9 │  │ B10  │                    │ 甲会社│
          └──┬───┘  └────┘                    └────┘  └──┬───┘                    └──────┘
    支払       甲社株売戻し                       甲社株売戻し   支払
    B1         代金支払い                         代金支払い     B10
               B1                                 B10
              │  甲社株売戻しB1      ┌─────────────────┐   甲社株売戻しB10
              └──────────────────→│ 一般社団法人甲株式管理 │←──────────────────
                  甲社株一部譲渡      └─────────────────┘    甲社株一部譲渡
                                            │    ↑                    配当        返済②
                        甲社株式         支払①│    │                                貸付②
                        全部譲渡            ↓    │
                                         ┌───┐
                                         │ A │
                                         └───┘
```

支払B1＋……＋支払B10⇒返済②⇒返済①
甲社配当の累積→(甲社株売戻し代金支払B1＋……＋甲社株売戻し代金支払B10)
(貸付B1＋……＋貸付B10) 甲社連帯保証債務の履行→甲社は (B1＋……＋B10) に対する求償権→甲社は (B1＋……＋B10) の退職慰労金で相殺

Column　サムライの一刀両断！
婚外子に関する平成25年９月４日最高裁決定の問題点

　私は，この最高裁決定について，日本の法律諸関係全体から見て，婚内子の財産法定相続分を婚外子のそれより倍とすることがなぜ憲法違反にあたるのか大きな疑問を持たざるを得ませんでした。日本では，民法をはじめとするさまざまな法律が婚姻制度を法的制度として規定し，婚姻関係は単なる内縁，同棲，野合から区別して法的に保護していることは明らかですから，婚内子が婚外子から区別されて保護されるのは当然ではないでしょうか。現行諸法制が婚内子保護を婚外子のそれより有利としてはならないとすれば，その理由は，よほど堅固な盤石の上に立脚するものでなければなりません。しかし，上記最高裁決定を三度，四度と熟読しましたが，なぜ両者間に差別を維持してはいけないのか，明確な理由付けがなく，思い込み的断定が先行しており，説得的ではありません。

　もともとこの世は不条理に満ちており，本人の意思や努力によっては，全く逃れようもない差別はどこにでもあり，最高裁が判決や決定でどのような

結論を出そうがなくなりはしない差別は遍在しています。そうである以上，法律的には差別それ自体が違法とされるべきではなく，合理的根拠のない差別だけが違法とされるべきでしょう。この理は，この最高裁決定以前は合法的論理として受け入れられており，この理解のもとに1対2分の1が合憲的であるされていました。

　もとより，この最高裁決定も，出生という，子にとっては逃れようもない事実を原因として，差別することは違法であるとの理が天地開闢以来不動の理であるとしているわけではなく，婚内子と婚外子の法定相続分をどのような関係として法定するかは時代により地域により変化するものであることを前提にしています。そのうえで，日本においては1対2分の1とすることが正当とされる時代から1対1を正当とする時代に変わったのだという論理に立っています。しかしながら，日本においては1対2分の1とすることが正当とされる時代から1対1を正当とする時代に変わったのだという論理に合理性があるとは思えないのです。

　この最高裁決定は，フランスやドイツでは婚外子の割合が50％を上回るほど多くなっており，日本としても中部ヨーロッパを真似して婚外子を婚内子と差別すべきではない，という論理を展開しています。しかし，婚外子の割合が僅か2％程度に止まっているこの日本が，婚外子の割合が50％を超えている中部ヨーロッパを，なぜ真似しなければならないのでしょうか。最高裁はなぜ日本と中部ヨーロッパとを比較するのか，その理由が記載されていない点でまことに論理性に欠けるものだと思います。

　国全体として，ヨーロッパと比較し近代化に立ち遅れた日本としては，何ごとにつけ，ヨーロッパを真似しなければならないという論法が幅を利かせる風潮が明治以降続いていたのは確かです。しかしこの風潮は，それなりにわが国においてヨーロッパに劣後していると言わざるを得ない節があったからではないかと思います。問題は婚外子の割合が僅か2％程度に止まっているこの日本が，なぜ，婚外子の割合が50％を超えている中部ヨーロッパを真似しなければならないのかという点にあります。

　この最高裁決定は，婚外子の割合が高い国は，中部ヨーロッパ諸国ではなくむしろ中南米諸国だという事実を見ていない部分に大きな欠陥があります。中南米諸国では一人あたりのGDPに対比し婚外子割合がきわめて高いのです。2006年の数字で，ジャマイカでは85.2％です。セントヴィンセント，パナマ，ベネズエラもほぼ同じ割合です。これに対し，ヨーロッパのうちでもノルウェイでは55.0％（2008年），スウェーデンでは54.7％（2008年）です（筒井淳也「婚外子差別問題をより広い視点でみてみよう」シノドス）。この決定で最高裁は差別一般の違法性を論じているのではなく，相続に関する差

別の違法性を論じているのですから、財産にかかわる差別を論じているはずです。ここでの財産の意味は、法的概念であり経済的には漠然とした概念ですから、フローで捉えるかストックで捉えるかの区別は重要ではありませんので、財産差別の観点から婚外子割合を論ずるためには一人あたりのフロー概念であるGDPを始め、特定時点におけるそれらの現在高であるその国の富あるいは、婚姻関係内外の関係人の富裕度、との関係で論じなければ有意な議論にはならないはずです。北部ヨーロッパ諸国において婚外子割合が高いといっても、貧しい国々においては婚外子割合は飛びぬけて高いことに注目すべきです。上記の中南米諸国の婚外子割合や中部ヨーロッパ、北部ヨーロッパ諸国の婚外子割合を比較すると、GDP（国内総生産）が低い国においては婚内子より婚外子の割合が高く、GDPが高い国（一人当たりGDPがおおむね30,000ドル以上の国）においては婚内子が婚外子より高いことがわかります。

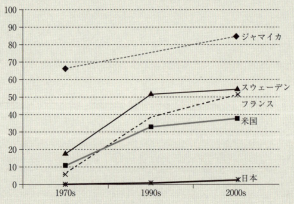

図A：婚外子出生割合の推移（％）

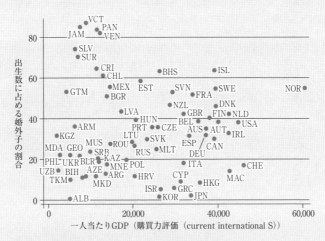

図B：婚外子出生割合と一人当たりGDP

データ：婚外子出生割合についてはUN Population Division, World Fertility Report 2009。一人当たりGDPについては世銀WDIより。図8については2003年から2008年のデータを利用。

筒井淳也「婚外子差別をより広い視点でみてみよう」シノドスから引用

　マクロ経済学ではGDPは国内所得の総計と捉えることが許されますから，所得の低い国においては婚内子より婚外子の割合が高く，所得が高い国においては婚内子が婚外子より高い，と一応いうことができます。

　ただし，中南米諸国の所得との対比では，中部ヨーロッパ，北部ヨーロッパ諸国の所得は日本と同水準と見ることが許されるでしょうから，中南米諸国と中部ヨーロッパ，北部ヨーロッパ諸国及び日本とを比較した場合には上記のようにいうことができるでしょうが，中部ヨーロッパ，北部ヨーロッパ諸国と日本とを比較した場合にも妥当するわけではなく，所得以外の別の比較基準を導入しなければ比較のしようがありません。つまり，最高裁は，財産相続との関係で国ごとに婚外子割合の高低を論ずるものである以上は，所得水準がほぼ同水準とみてよい日本と中部ヨーロッパとを比較するのは論理上意味をなさないのであり，前記図Bに示されているように，所得水準が大幅に違う日本と中南米諸国とを比較すべきであったのです。日本と中部ヨーロッパ諸国とを比較したのは，相続が財産の承継という，きわめて財産的性質の強い法的争いにかかわる問題の分析としては，論理性がないといえるのではないでしょうか。

立論の視点

　以上の検討から，本件決定を下した最高裁は，日本における婚外子の財産状況をつぶさに検討し，婚外子の法定相続分が婚内子のそれに対比し2分の1であることは，耐え難い財産的差別であることを論証しなければならなかった，ということができます。

　日本には運用の問題が指摘されているとはいえ，生活保護，最低賃金制度，医療保険そして年金など，セーフティネットが用意されており，生活に困窮して餓死しかねない状況はまずありません。私には，南米のある国で貧困にかかわる法律問題を扱った経験がありますが，所得レベルの低い国々と日本では，生活維持のための極限状況が全く違うのです。

　婚外子の法定相続分が婚内子と同等であることになれば，法定相続分が2分の1とされていた時点における婚姻関係の破壊度よりも倍加する破壊度になるでしょう。もちろん個別具体例でみれば，婚姻関係が存在する側の富裕度が平均的水準よりはるかに高い場合はあるでしょうが，本件最高裁決定の基礎となった事実関係の詳細は分かりませんが，法定相続分が均等とされることによって婚外子が経済的に助かった度合と婚姻関係内家庭が破壊された度合とを比較して，本当に合理性があったのでしょうか。

　最高裁は，この決定で，いったい何を実現したかったのか，重大な疑問が残ります。当該抗告人である婚外子の置かれた経済的苦境を救済したかったのでしょうか，それとも，現行法上相続とは財産の相続であることを忘れ，財産問題とは関係なく，中部ヨーロッパでは婚内子と婚外子との法定相続分が同じであるから日本も真似したいと思ったに過ぎないのでしょうか。

　私は法律家として，日本においても婚外子の割合が50％をはるかに超えている現実があれば，守るべきは婚外子であることに同意します。しかし，婚外子割合がわずか2％である日本においては，守るべきは「婚姻関係」であると思います。およそ法律制度は社会のインフラですから，法的論理は深く社会的事実に基礎を置くべきです。事実を軽視して立論すれば，すなわち空理空論，なんの説得性もありません。理論は砂の上に立つものと非難されるでしょう。そればかりか，有害無益です。この日本においては，最高裁決定のように，婚内子と婚外子の法定相続分を均等とすることが婚姻関係ある家庭の保護にまさる正義であるとは，到底思えません。

　しかしながら残念なことに，最高裁決定が出され，その内容に沿ってすでに民法が改正されてしまった以上，この最高裁決定の法的波及効に対し，手段を尽くして対抗し，婚姻関係内家庭を防御する方法を検討することが，いまや法律家に課された現実的な任務であると考えます。

第7章 株式と特定承継

1 はじめに

　株式の取得の形態には、「原始取得」と「承継取得」とがある。
　「原始取得」とは権利を人から譲り受けるのではなく、いきなり自分のものにする。資本の払込み等が典型とされる。
　「承継取得」とは、人（法人を含む）から財産などを譲り受けること。承継人は前主のもとに付着していた権利をも取得する。売買・贈与等が典型とされる。
　「承継取得」には2類型があり、「一般承継」と「特定承継」とに分別される。
　「一般承継」とは、前主のすべての財産を包括的に譲り受け、一切の権利・義務を承継すること。「包括承継」とも言われる。相続・合併等が典型とされる。
　「特定承継」とは、その名の通り、特定の財産のみを譲り受ける類型であり、売買・贈与等が典型とされる。

2 株式を「相続させる」旨の遺言があった場合

(1) 「相続させる」旨の遺言

　「相続させる」という遺言の相手が相続人でない場合、遺言の趣旨は遺贈以外にありえない。問題は「相続させる」という遺言の相手が相続人の場合である。
　この場合、遺産分割方法の指定（相手方相続人の法定相続分を超える場合、相続分の指定を伴う遺産分割方法の指定と解される）の可能性が考えられる。判例（最判平3.4.19民集45-4-477）は、「相続させる」旨の遺言は、遺

言書の記載から，その趣旨が遺贈であることが明らかであるか又は遺贈と解すべき特段の事情がない限り，遺産分割の方法を定めた遺言と解すべきであり，当該遺言において相続による承継を当該相続人の受諾の意思表示にかからせた特段の事情のない限り，何らかの行為を要せずして，被相続人の死亡の時に直ちに当該遺産が当該相続人に相続により承継されるものと解すべきであると判示した。その根拠は遺言者の意思の合理的意思解釈に求められる。

以上を基に株式の承継を考慮した場合，遺贈と解するか，遺産分割方法の指定と解するかによって以下の違いが生じる。

① 相続放棄との関係
　ア　遺贈と解する場合
　遺贈の場合，相続人である受遺者は相続放棄しても，なお民法第986条第1項で遺贈の放棄をしない限り，対象となった遺産を取得することができる。そしてこの場合，当該相続人である受遺者は相続放棄によって消極財産を承継せずに対象となった遺産を取得することが可能となる。
　イ　遺産分割方法の指定と解する場合
　遺産分割方法の指定の場合，相続放棄すれば，遺産分割に参加できなくなるので，対象となった遺産を取得することはできない。

② 自社株承継の手続
　ア　遺贈と解する場合
　遺言が譲渡制限株式の遺贈と解される場合，特定承継であるので会社の譲渡承認が必要となる。なお，遺贈である場合は，相続人等売渡請求（会174条）の定款の定めがある場合でも，この定款の適用はない。
　イ　遺産分割方法の指定と解する場合
　遺産分割方法の指定と解される場合，包括承継であるので会社の承認は不要となる。ただし，遺産分割方法の指定は，相続人等売渡請求（会174条）の定款の定めがある場合，この定款の適用を受けることになる。

(2) **株式の譲渡～時価概念**

　株式の評価にあたって税法上の評価に関する論点は他書に譲るとして，筆者が特に秀逸と思われる以下の書籍を参考に，株式の譲渡に関する時価の考え方をまとめてみたい。

「非公開株式譲渡の法務・税務」（中央経済社，第3版）

　　税理士　牧口晴一／税理士　齋藤孝一（共著）

　非公開株式の譲渡をめぐる税法上の「時価」算定によるべき規定は
　　所得税法上は　　所得税基本通達　　　　23～35共-9　であり
　　　　　　　　　　その具体的な取扱いは　59-6　である
　　法人税法上は　　法人税基本通達　　　　9-1-13　であり
　　　　　　　　　　その具体的な取扱いは　9-1-14　である

　すなわち，「純資産価額等」を参酌し，「原則として」あるいは「課税上弊害がない限り」

　① みなし譲渡なら「同族株主」判定は譲渡前で
　② 「中心的な同族株主」の場合，常に「小会社」として評価し
　③ 土地や上場有価証券は譲渡時の時価で評価し
　④ 評価益に対する法人税額は控除しない

との条件の下，相続税財産評価基本通達の「取引相場のない株式」の評価によることを認めている。

　このことは「譲渡」という動的な時価の算定根拠を「相続」という静的時価の評価方式を基準に修正し引き直した価額をもって「客観的交換価値」イコール「時価」と言っているのである。違和感を覚えずにはおれない。

　株式の譲渡における「時価」の概念にその当事者のその株式に対する将来予測や，転売するつもりなのか，継続保有するつもりなのかの「主観的価値」への配慮は特に非公開株式の譲渡において欠くことのできない要素であることを前提に，上記書籍456頁の図を著者の了解のもと原文のまま紹介させていただく。

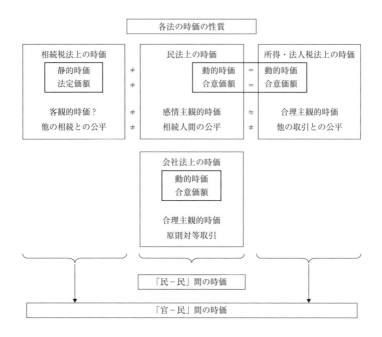

(3) 親族間での譲渡

驚いたことに，個人が個人に株式を譲渡する場合における株式評価に関する規定は所得税基本通達にはない。結論として，所得税基本通達59-6(1)の「同族株主」判定の箇所のみを除いて財産評価基本通達を基準に時価判定を行う結果となる。

このことは，個人間売買においては相続税法7条「みなし贈与」規定にのみ規制されることを意味し，いくら時価より安い金額で株式を売っても，個人が法人に株式を売る場合と異なり，所得税法59条「みなし譲渡」の規定は働かない。

すなわち，少数株主である「特例株主」たる個人が「支配関係株主」である個人に時価1万円の株式を売却するとしたら，買主側の「適正時価」は1万円であり，売主側も原則1万円である。

しかし売主はこれを100円で譲渡しても，売主側では低額譲渡による課

税は起こらず，買主側が贈与税課税をされるのである。所得税基本通達も，法人税基本通達もあくまで「法人」が介在する取引を想定したもので，「個人」間同士の時価の算定は「法人」間の取引の様に，利益追求というよりは自己犠牲もあり得ることを想定しての規定である。

それよりも，親族間での譲渡で最も頻繁に行われる行為は同族会社の支配権獲得のための争いだからであろう。

この項は後述の(6)「譲渡制限株式の無制限化」の項で述べる。

(4) M&A（会社の買収・会社の売却）における時価算定

> **例題　ベンチャー企業のVC向け第三者割当増資時の株価**
>
> 　当社は2014年に設立して満1年が経過し，資本金1,000万円（200株社長保有）の医療系ベンチャー企業である。事業計画において，研究・開発設備資金として半年後に5,000万円，さらに1年後には1億円の資金調達を行い，一気に事業活動を拡大し，第5期中には株式公開を果たしたい。
>
> 〈当社の事業計画〉
>
> | | 第1期（14/3期） | 第2期 | 第3期 | 第4期 |
> |---|---|---|---|---|
> | 売上 | 500万円（実績） | 1億円 | 3億円 | 10億円 |
> | 税引後利益 | 0（実績） | 0 | 3,000万円 | 3億円 |
> | 必要資金 | | 5,000万円 | 1億円 | — |
>
> 　当社の代表者は医療技術に関する特許を有しており，大学の研究機関からも注目されており，複数のベンチャーキャピタル（VC）からの問合せもあるが，当社は社歴も浅く，担保も無いので銀行借入による資金調達は不可能である。そこで，VCへの第三者割当増資による直接金融を狙うものである。
>
> 　いかにして，その株価算定を考えればよいか。

　ベンチャー企業の公開途上にある資本政策上の株価は，過去の計算書類等もないことから，法人税や所得税法上の時価概念や財産評価基本通達な

どは使用できない。この場合の一般的株価の算定方法は次による。

ア　株価の評価方法

(ア)　収益倍率方式

類似の公開会社の市場株価とその会社の当期利益から計算されるPER（株価収益率）から，対象会社の公開予定価格を仮定し，現状の株価を算定する方法。当期利益に代えて，フリーキャッシュフローや税引前償却前当期利益（EBITDA）を使用することもある。

※　PER　　＝　１株当りの株価÷１株当りの当期利益

　　　　　　＝　時価総額÷当期利益

　時価総額　＝　１株当りの株価×発行済株式数

(イ)　類似会社比準方式

類似の公開会社の市場株価とその会社の当期利益や純資産など，いくつかの会計上の指標を比較し，対象会社の株価を算定する方法。

(ウ)　収益還元価値方式

会社の将来獲得するであろう利益やキャッシュフローなどを資本還元率で現在価値に割り戻して算出する方法。資本還元率は基本利回り（通常長期国債の利回り）と危険負担率（リスクプレミアム）によって決定。また，資本還元率とは投資家サイドからすれば，配当収入というインカムゲインと株価の値上がりによるキャピタルゲインを合わせた投資利回りのことを言う。

イ　計算例

収益倍率方式による（純資産・配当等の過去の要素がないため）。

(ア)　１回目の資金調達

　a　平均PERを20倍と仮定

　b　公開時時価総額

　　　第４期の予想利益３億円×20倍＝60億円

　c　現在の時価総額

　　　bの1/10〜1/30　…　1/20と仮定

　　　60億円×1/20＝３億円

d　必要資金5,000万円とした場合の株主シェア
　　　　　5,000万円÷3億円＝16.7％
　　　e　全体株数及び1株当たり発行価格
　　　　　200株÷（100％－16.7％）＝240株
　　　　　5,000万円÷（240株－200株）＝125万円
　(イ)　2回目の資金調達
　　　a　今回の時価総額（60億円と3億円の間で考慮）
　　　　　10億円と仮定
　　　b　必要資金1億円のVCの株主シェアを10％とする
　　　c　全体株数及び1株当り発行価格
　　　　　240株÷（100％－10％）＝266株
　　　　　1億円÷（266株－240株）＝385万円
　ウ　資本政策例

		第1期（14/3期）	第2期	第3期	第4期
売	上	500万円（実績）	1億円	3億円	10億円
税引後利益		0（実績）	0	3,000万円	3億円
必要資金			5,000万円	1億円	―
株主	社長	200株（100％）	200株（83.3％）	200株（75％）	200株（75％）
	V C	40株（16.7％）	66株（25％）	66株（25％）	
1株株価		5万円	125万円	385万円	2,250万円
時価総額		1,000万円	3億円	10億円	60億円

　通常は安定株主対策や役員従業員に対するインセンティブ，1株単価を下げるための株式分割が考慮される。
　エ　結　果
　出資者VCと既存株主の社長との間では，恣意性の介在しない第三者間での利害の相反する取引であるが，早い段階に安い単価で投資をし，高いリスクを背負ったVCはより大きなキャピタルゲインを得ることができ，一方社長側も議決権の安定確保ができた上での資金調達が可能となった。実際には現場ではそれぞれの思惑が働き，このような単純な計算にはなら

ないと思うが，一つの計算例として例示した。

(5) 会社の均等分割

会社を均等に分割することについては，過去から様々な方法が提案されてきているが，筆者なりになるべく税金のかからない方法，及びなるべく資金を必要としない方法にて均等に分割できたらとの主旨で新たに提案してみたい。読者の温かい御批判をお待ち申し上げる。

ただし，「会社分割」等，組織再編行為を用いずグループ法人課税適用の下での「事業譲渡」を前提に展開したい。

① 現状前提（持株等分）

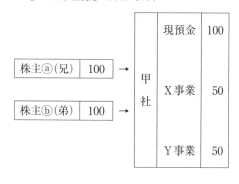

1．甲社はX事業とY事業を営む。
　X事業は（兄）ⓐが，Y事業は（弟）ⓑが各々専担として運営してきた。
2．このたび（兄）ⓐはX事業を，（弟）ⓑはY事業を各々別会社単独にて経営することになった。なお，数字は全て時価である。

② 乙社設立

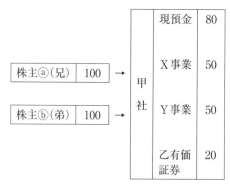

甲社は自己資金20にて完全子会社乙社を設立。

〈甲社仕訳〉
（乙有価証券）20　（現預金）20

⇩

③ Y事業譲渡

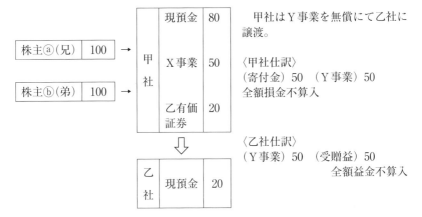

甲社はY事業を無償にて乙社に譲渡。

〈甲社仕訳〉
(寄付金) 50 　(Y事業) 50
全額損金不算入

〈乙社仕訳〉
(Y事業) 50 　(受贈益) 50
　　　　　　　　全額益金不算入

④ 株主の持株取得

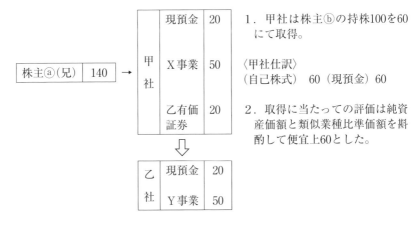

1．甲社は株主ⓑの持株100を60にて取得。

〈甲社仕訳〉
(自己株式) 60 (現預金) 60

2．取得に当たっての評価は純資産価額と類似業種比準価額を斟酌して便宜上60とした。

⑤　乙有価証券譲渡

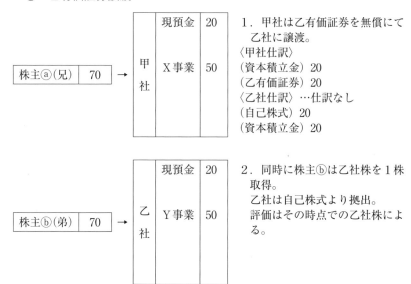

1．甲社は乙有価証券を無償にて乙社に譲渡。
〈甲社仕訳〉
（資本積立金）20
（乙有価証券）20
〈乙社仕訳〉…仕訳なし
（自己株式）20
（資本積立金）20

2．同時に株主ⓑは乙社株を1株取得。
乙社は自己株式より拠出。
評価はその時点での乙社株による。

〈解説〉

① なぜ，会社分割でなくグループ法人税制の適用にするのか。

　平成22年度税制改正により，無対価分割を行った場合における法人税法上の取扱いが明確化され，分割型分割および分社型分割の定義も以下のように改められた。

(ア)　分割型分割（法法2条12号の9）

　a　分割の日において当該分割に係る分割対価資産（分割により分割法人が交付を受ける分割承継法人株式その他の資産をいう）のすべてが分割法人の株主に交付される場合の当該分割。

　b　分割対価資産が交付されない分割で，その分割の直前において，分割承継法人が分割法人の発行済株式の全部を保有している場合，または分割法人が分割承継法人株式を保有していない場合の当該分割。

(イ)　分社型分割（法法2条12号の10）

a 分割の日において当該分割に係る分割対価資産が、分割法人の株主に交付されない場合の当該分割(分割対価資産が交付されるものに限る)。

b 分割対価資産が交付されない分割で、その分割の直前において、分割法人が分割承継法人株式を保有している場合(分割承継法人が分割法人の発行済株式の全部を保有している場合を除く)の当該分割。

本事例でY事業の分割を無対価にて行うとすればその時点では税制適格分社型分割として処理されるが、甲社が乙社株を乙社に譲渡した時点で甲社において非適格として扱われ時価課税されてしまう。

② グループ法人税制を適用した最大の目的は贈与を行った後における完全支配関係の継続見込みは要求されておらず、贈与を行った時点において完全支配関係が成立しているか否かにより判定されるからである(法法令4条の2)。

即ち、本事例の場合、Y事業を甲社が乙社に無償で譲渡することは、法人税基本通達9-4-1あるいは法人税基本通達9-4-2に該当しない限り、甲社にとって寄付金全額損金不算入(時価と帳簿価額の差額は譲渡損益の計上はあるが、完全支配関係が途切れるまでは繰延べられる…筆者が扱っている事例はたまたま含み損益が無かった)、乙社にとって受贈益全額益金不算入の取り扱いとなる。

③ 次に消費税の取り扱いについてであるが、消費税の課税対象となるのは対価を得て行われる取引に限られるため、無償による資産の譲渡については消費税の課税対象とはならない(消費税基本通達5-1-2)。但し、本事例のように事業の無償取引は、資産と負債をセットとして譲渡するので、負債の引受部分について譲渡価額として取り扱われるため(例DES)、無償による資産の譲渡には該当しないため、なるべく負債部分を少なくして譲渡することをすすめる。

④ 株主ⓑの持株を甲社が取得することについて，Y事業を乙社に移す前も移した後も株主ⓑの純資産価値に変動はない。取得に当たっては純資産価額と類似業種比準価額を合算した小会社適用を念頭に，本事例では便宜上60として評価している。

なお，資本等を超える部分は当然に株主ⓑに「みなし配当」課税が起きるが，甲社の源泉税預り部分は省略している。

⑤ 甲社が有する乙社株式を乙社が自己株式として無償にて取得することについては，無償取引であるが故に甲社において「みなし配当」は発生せず，完全支配関係のある法人間取引であることから，株式譲渡損益を認識することはない（法法61条の2第16項）。

なお，時価で譲渡を行ったものとみなして，寄付金の額を発生させたうえで資本金等の額を減額させるべきであるか否かであるが，法人税法施行令第8条第1項第19号においては「法人税法第23条第1項第1号に掲げる金額とみなされる金額及び法人税法第61条の2第16項の規定により同条第1項第1号に掲げる金額とされる金額の合計額から当該金銭の額及び当該資産の価額の合計額を減算した金額に相当する金額」が資本金等の額の減算要因になることが明らかにされている。

なお，この場合における「法人税法第23条第1項第1号に掲げる金額とみなされる金額」については無償による自己株資金の譲渡であることから0円となり「法人税法第61条の2第16項の規定により同条第1項第1号に掲げる金額」とは譲渡原価の金額を意味するため，本事例については乙社株式簿価額は20となる。

すなわち，時価を譲渡収入とみなしたうえで，寄付金を認識する余地がなくなるので，乙社株式の帳簿価額に相当する金額を資本金等の額の減算項目とした。

なお，株主ⓑは同時にその自己株式となった乙社株式を時価にて取得することは当然である。

⑥　最後に，相続税法基本通達9－2においては，同族会社の株式価値が金銭等の贈与により増加した場合には，当該増加した部分に相当する金額を贈与によって取得したものとして取り扱う。

　しかしながら本事例の場合，事業の無償譲渡を行った後でも完全支配関係が継続している場合，株主ⓐも株主ⓑもその純資産価値に変動はなく，その後甲社は株主ⓑに対し適正時価でその持株を自己株式化した後，甲社は乙社株を乙社に無償譲渡し，同時に株主ⓑはその株式1株をこれまた適正時価で買い取っており，株主ⓐあるいは株主ⓑが甲社あるいは乙社を通じて贈与を行ったとする根拠はなく，同通達の適用の余地はない。

(6)　譲渡制限株式の無制限化
ア　譲渡制限株式の譲渡の手続

　譲渡制限株式（会2条17号）の株主は，その株式を他人に譲渡しようとする場合には，会社に対してその他人がその株式を取得することについて承認するかどうかの決定をすることを請求できる（会136条）。

　また，譲渡制限株式を取得した株式取得者も，会社に対してその取得したことについて承認するかどうかの決定を請求できる（会137条）。そのいずれも請求者は会社がそれを承認しない場合には，当該会社または会社の指定する指定買取人（以下「指定買取人」という）が買い取ることを請求できる（会138条1号ハ，2号ハ）。

　上記の請求においては，①株式の数，②株式譲受人の氏名または名称を明らかにする必要はあるが，譲渡代金を明らかにする必要はない（会138条）。これは，会社にとって誰が新しい株主になるかについては関心があるが，譲渡金額については関心がないからである。

イ　譲渡制限株式による会社防衛の有効性

　会社の定款に譲渡制限規定を定めておけば，会社に対する敵対的買収を容易に防止することができるか。答えはそれほど効果あるものとは思えない。

　A株式会社が1種類の譲渡制限株式しか発行していない取締役会設置会

社で，株券発行会社（会117条6項）であるほか，甲グループが取締役会の多数を占めており，甲個人がA株式会社の代表取締役であるとする。

また，甲グループは単独ではA株式会社の株主総会の議決権の過半数を所有していないが，株主総会では委任状を取得することにより株主の多数派を従来形成していたとする。

乙グループがA株式会社の株式の買収を始めた場合，乙グループ以外の株主から譲渡制限株式を譲り受ける約束をしても，甲グループが多数派を占める取締役会が当該株式の譲渡について承認しなければ当該譲渡が会社に対して有効とならないので，甲グループは乙グループによる敵対的買収を心配する必要がないと考える向きもある。

しかし，実際には，乙グループは次のような方法で譲渡制限株式を買い進めることができる。たとえばA株式会社の株主である丙から乙個人がその株式を買い受ける場合には，

(ア) 丙との間で株式売買契約を締結し
(イ) 丙より株券の交付（会128条1項）を受け
(ウ) 丙に株式代金を支払う。そして，
(エ) 当該株式の譲渡について，A株式会社の承認を得るまでの間に株主総会招集通知（会299条1項・2項）が，A株式会社から丙に送付された場合には，丙はそれを乙に交付し，株主総会についての委任状を乙に交付する。
(オ) 上記(ア)から(エ)についてA株式会社及び第三者に対して守秘する旨を合意する。加えて，
(カ) A株式会社より丙に対して株主割当てがなされることが通知された場合（会202条）には丙は乙に連絡するほか，乙が払込代金相当額を丙に支払った場合には，丙は募集株式の引受けの申込み（会203条）をし，A株式会社から丙に発行された株券を乙に引き渡すことを合意し，
(キ) 丙に株式無償割当て（会185条）がなされた場合には，丙はその株式を無償で乙に譲渡し，A株式会社に対して株券の発行を請求し，交

付された株券（会215条4項）を乙に交付することを約する。
  (ク)　上記契約を履行しない場合には，丙が乙に一定額の違約金を支払うという条項を入れる。

　譲渡制限株式が譲渡されてもA株式会社の承認がない場合は，譲渡は会社に対する関係では効力を生じないが，譲渡当事者間では有効であり，譲渡人が株式譲渡契約が無効であることを理由として株式譲受人に対して株券の返還を請求することはできない（最判昭48．6．15民集27‐6‐700）。そして，乙は自分のグループが委任状も含めて多数派となり，株主総会決議で乙グループの者を取締役に選任し，取締役会の過半数を占めた後に会社に対して事後的に譲渡承認を申請し（会137条1項），取締役会の承認を得て株式を完全に自分のものとするのである。

　この事後的な譲渡承認については，乙はA株式会社に対して株券を呈示することにより単独で申請することができ，丙の協力は必要でない（会137条2項，会施則24条2項1号）。

〈参考文献〉
・税理士　牧口晴一／税理士　齋藤孝一『非公開株式譲渡の法務・税務』（中央経済社，第3版，2011）
・公認会計士　佐藤信祐／税理士　松村有紀子『グループ法人税制における無対価取引の税務Q&A』（中央経済社，2011）
・弁護士　高村隆司『法務Q&A　非上場会社の支配権獲得戦』（中央経済社，2011）
・税理士　竹内陽一（監修）『Q&Aここまでできる　グループ法人税制・組織再編税制』（清文社，2011）
・公認会計士・税理士　西浦康邦『同族会社の株式対策　特別編　グループ法人税制活用の巻』（清文社，2011）
・虎ノ門国際法律事務所所長　弁護士　後藤孝典『債務超過でも企業を再建できる　会社分割　守りにも強い！攻めにも強い！』（かんき出版，第5版）
・ASGマネジメント　税理士　浜村浩幸，ASG税理士法人　税理士　佐藤陽一郎「実務家のための会計・商法相談室　株式シリーズ第一回」週刊税務通信№2829

第8章 株式と包括承継

第1 株式と相続

1 包括承継と株式

(1) 包括承継とは何か

　民法典が規定する相続は包括承継と呼ばれている。特定承継は，ある特定の権利ないし義務を対象として，その権利者または義務者が交代する法現象をいう。つまり権利者であった者が他の者と交代し，その者が次の権利者になり，義務者であった者が他の者と交代し，その者が次の義務者になるのである。包括承継においては，権利者，義務者の交代という側面においては特定承継と異なるところはないが，ある特定の権利義務関係についての権利者の交代と，別の権利義務関係についての義務者の交代とが，同時に発生する点において特定承継とは根本的に異なる。

　旧民法（明治31年法律第9号）では，相続には家督相続と遺産相続の二種類があった。家督相続は戸主の地位（戸主権）を戸主の有する権利義務（財産，負債）とともに嫡男長子に単独承継させるもので，遺産相続は戸主以外の家族の死亡によってその有する財産法上の地位を最近親の直系卑属に平等に共同相続させるものであった。

　旧民法下における遺産相続も，被相続人の一身に専属するものを除き，被相続人の財産に属する権利義務の一切を承継するものであったから，現行民法における遺産相続に類似する法制度であったといえる。

　現行民法下における相続は，同じ包括承継ではあるが財産のみの包括承継に限定されており（民896条），財産以外の「系譜，祭具及び墳墓の所有権は，前条の規定にかかわらず，慣習に従って祖先の祭祀を主宰すべき者が承継する」（民897条）と定められている。この点，祭祀具については家

督相続の痕跡が残っているといえるかもしれない。

　以上のことから，現行法における相続とは祭祀具を除く経済価値あるものとしての財産だけについての包括承継であると定義されることになる。そして，包括承継とはなにかといえば，被相続人の一身に専属するものを除き，被相続人の財産に属する権利義務の一切を承継するものと，一応いうことができる。

　ここで一身に専属するものとは，子に対する親権とか，認知請求権，配偶者に対する離婚請求権，遺留分減殺請求権（遺留分財産とは区別された），ほかに，雇用契約上の権利義務，代理権，定期贈与，使用借り権，組合員の地位など，当該権利の帰属する法的主体が死亡すれば権利の存在自体が意味をなさない性質を有するもののことである。

　特に検討を要するのは，財産に属する権利義務の一切とは何か，である。財産に属する権利義務まではわかるが，「一切」とは何か。単に「一切」も「権利義務」だけを指すのであれば「権利義務」といえば，複数形を明示的に表示することを要求しない日本語としては十分であるから「一切」という必要はなかったはずだ。「一切」と一見余分な言葉を付加しなければならない理由は「権利義務」ではない何かを表現したかったからに違いない。

　実際に発生する相続事案においては権利義務以外の何かが相続されていることは間違いない。たとえば，ある賃貸不動産を所有する甲に対して乙から買い入れの申し入れがあり，これを了承した甲は乙に売却する準備として賃借り人と交渉して有償で賃借り権を買い取り，さあ乙との売買契約を締結しようとした時，早くも乙が死亡して乙に相続が発生したとすれば，乙の相続人は甲に対して「甲との不動産売買に関して，何も相続していない」と言えるのであろうか。「売買契約を締結すべき法的地位」は，いまだ法的義務とは言えないであろうし，これを理由に乙の相続人は相続税の申告に当たり被相続人乙の遺産からなにがしかを控除できるとは考えられないが，なんらかの道義的義務を負うようにも感じられる。甲が乙の相続人を被告として不動産売却の準備として賃借り権を買い取るにあたり支

払った価格の賠償を求めたら，裁判所は甲を敗訴させるであろうか。もし，そうだとして，その理由付けはどうなるのであろうか。

　被相続人が9年前，善意無過失で他人の物の占有を開始し，9年間，所有の意思をもって平穏かつ公然と他人の物を占有し続けたけれど死亡し，相続人も所有の意思をもって平穏かつ公然と他人の物である同一物を，1年間，占有し続けたとすれば，取得時効が完成すると考えられる（民162条2項参照）。とすれば「一切」の中には，時効期間計算上前主の法的地位を承継した法的状態としか呼びようのない，「くらげ」のようなものも入っていると考えるべきであろう。

　包括承継は特定物についての承継である特定承継に対立する言葉であるが，これを区別する重要な指標は，特定承継については第三者に権利の承継を対抗するには登記や占有の移転など対抗要件を具備する必要があるが，包括承継においては対抗要件の具備を要求されないことである。特定承継においては承継した法的主体の側には，権利の承継を表象するなんの法的徴表もないが，個人の包括承継においては，その原因は相続であるから，戸籍という客観的な権利承継を証明する手段があるからである。株式においても事情は変わらない。株式の相続は戸籍だけによって証明することが可能であり，それで十分だ。特に，我が国においては戸籍制度が高度に整備されており西洋諸国では例をみない。この制度以上に権利義務の承継関係を証明できる手段はないと言える。

　株券が発行されている場合においても，株券の交付は対抗要件ではなく権利の移転の要件であると考えられる（会128条）。

(2)　株式の包括承継の意味

　株式についての包括承継とは，個人の場合，他の財物にはありえない特殊な問題が発生する。それは株式は財産権という性質の外に会社としての法律上の意思決定を統合する根拠としての議決権という性質を有することに由来する。このため従来株式を巡る様々な法律問題は，株式がこの両者の性質を有することに起因して発生してきたということができる。

そのうえに，現行会社法は株式の財産性と議決権性をますます拡大し分裂させてしまっている。株式の財産権とは残余財産分配請求権と剰余金配当請求権であるが，この性質を両方とも有しない株式の存在は現行法上認められてない。議決権のない株式の存在は許容されている（会105条）から，株式においても経済性が優位にあるといえる。

　相続というものは，相続発生の直前に存在していた権利義務だけを相続するに過ぎないものであると観念すると，いま，ある相続において相続の対象となる株式が無議決権株式である場合，その相続発生の翌日に当該株式発行会社の定款が変更になり（会466条）無議決権株式が議決権ある株式に変更されることを法的には説明できなくなる。このため，この場合には株式の性質を変更させる法的な根拠も一緒に相続されていたと考えざるを得ない。その根拠として，相続の対象となる法的権利とは，残余財産分配請求権，剰余金配当請求権，議決権がそれぞればらばらに各独立して対象となっていると考えるべきではなく，それらの権利を変更させうる能力を持つ基礎として株主権という上位概念を設定し，その上位概念の水位で権利が相続の対象となっていると考えざるをえない，ということになる。あるいは，無議決権株式という物的存在を相続したのではなく，無議決権株式という法的状態を相続したのだというべきであろう。

2　相続における株式管理の意味

　大掴みに，株式の包括承継の意味を検討してきたが，現実世界において株式の包括承継が実現できたか否かが厳しく問われる局面は，それで事業の包括承継が実現されたのか否かが問われる場面である。つまり株式の相続自体が問題なのではなく，株式発行企業体に対する経営支配権が承継されたか否かが重要な意味を有するのである。通常は当該会社の発行済株式総数のうち過半数ないしは3分の2以上の株式数の相続による掌握は，企業支配権の承継を意味する。しかし，それだけで企業支配権の掌握完了を意味するとは限らない。なぜなら，名義株，株式賃貸借の問題がある場合

には，株主権の外形と実質とが分離して現出するからだ。特に，我が国では名義株の問題が重要である。

　我が国においては平成2年改正商法までは会社設立にあたり7名以上の発起人を用意しない限り会社の設立ができなかったし，設立手続を簡略化するためには1名以上の株式引受人を必要としていた。ところが通常の中小企業，小規模企業の設立においては設立段階で投資してくれる第三者を得ることはきわめて困難であったため，従業員，友人，知人に頼みこみ，発起人名義を借り受けるか引受人名義を借り受けて会社設立を敢行するほかなかった。特に我が国においては，昭和20年の敗戦以降，焼け野原から立ち上がり，事業を起こし，個人事業から会社組織に切り替える必要を（所得税と法人税との対税効率からみても）痛感するまでに事業を成長させた時期が，急激に経済が成長した，昭和30年ころから昭和40年ころであったから，長期間にわたり，諸外国にみないほど大規模な名義株問題が伏在することになった。そのうえ，戦後事業に身を投じ汗水流して事業を起こし事業の発展に一身を捧げてきた人々は，昭和の終わりころから平成10年ころにかけて命果て，相続が次々と発生した。相続の発生時期までに真実の株主は誰かについての人々の記憶はすでに薄れているうえに，相続には血縁関係のない第三者が権利者として不可避的に介在してくる。それら外部由来株主の親族でも自己の被相続人の名が株主名簿ないしは法人税申告書別表2に記載されていれば，それが名義株であるか真実の株であるかの区別はつかない。名義だけと分かったとしても，いや真実その人（つまり，自分の被相続人）が出資したのではないとは言いたくない。「民法に従い私に相続権がある」と言い張るだろう。名義だけに過ぎないにもかかわらず，これを自己の利益に利用しようとする人々の出現である。このため，財産相続制度とはいえ，株式については実のところ，名義相続制度がまかり通る。かくして，名義株問題は雪だるま式にますます複雑化する。

　名義株について，最高裁昭和42年11月17日判決は「他人の承諾を得てその名義を用い株式を引受けた場合においては，名義人すなわち名義貸与者ではなく，実質上の引受人すなわち名義借用者がその株主となる」と判示

している。相続人が相続により会社の株式のなにがしかを取得したと信じたとしても，そして信じたうえで相続税申告書を税務署に提出し，しかじかの納税を果たしたとしても，後日，あなたの相続したという株も名義株であって，あなたは株主ではない，と後ろから突き飛ばされるかもしれない。

名義株を過半数も取得したとしても，議決権の過半数を取得したことにはならない。支配権確立とみなしうる株数以上を相続により掌握すべきことは企業支配権獲得の最低限の要請であるに過ぎない。したがって，相続による株式の取得に法律上の意味があるといえるには，過半数以上の株式取得が真実の株式の過半数以上の取得でなければならない。株式が賃貸されている場合，株式が譲渡担保に供されている場合も，ほぼ同様の問題が伏在している。株式の賃貸は上場株では日常茶飯に行われているが中小企業株については稀であろう。例えば，社長就任のためになど，外向きを偽り，大量株式数を保有しているかのごとく偽るために名義株が使われている。これが相続における株式管理が重要であることの最大の理由である。

名義株については，第2章「名義株」において詳細に論じてある。

3 包括承継の障害事由

株式の包括承継については，包括承継を妨げる事由がある。その障害事由を知り，その防御策を考えておかなければならない。重要なものにつき検討する。

(1) 相続放棄（民938条）

通常，権利の放棄の法的性質は単独行為と考えられ，その効力は意思表示に基づくと考えられる。ところが，こと相続に関する権利の放棄は，放棄の意思表示によって効力を発するのではない。家庭裁判所に相続放棄申述書を提出し，家事審判事件としての申述の受理によって効力を発する（家事法201条）。つまり家事事件としての非訟事件審判の効力である。その核心は，放棄が真実本人の真意にでたものか否かの確認である（最判昭29.

12.21民集 8-12-2222)。相続の放棄は「相続すること」それ自体の放棄ではなく，相続権の放棄であると考えられる。したがって，相続の放棄が可能な期間は，自己のために相続が開始されたことを知った時に始まり，それ以降 3 か月以内である（民915条）。家族内で発言力の強い，長兄などの圧力で，意に反して相続放棄を強要されることから弟や嫁に出た妹を防御するために裁判の効力として構成されている。また，全相続人につき一斉に相続放棄の効力が発生するのではなく，個別の各相続人ごとに発生する構成である。

相続放棄が相次ぎ，法定相続人がすべて相続放棄をした場合には，相続財産を構成する権利義務の帰属主体が存在しないこととなる。この場合は，利害関係人または検察官の請求によって相続財産管理人が選任され，民法の不在者財産管理に関する規定が準用される（民918条 2 項・3 項，家事法別表 1 の90)。それでも誰も相続の承認をしなければ，最終的に相続人不存在の場合の規定が適用され，特別縁故者があれば相続財産の分与が行われ，それでも処分されなかった財産は国庫に帰属する（民959条。なお，相続が発生したら 3 か月以内に単純承認，限定承認または相続放棄をしなければならない定めであるが，不在者財産の管理者が選任される場合，その時点は，通常，相続発生後 3 か月以上経過しているであろう。しかし，なお，単純承認も限定承認も可能であると考える）。

相続財産の中に中小企業の株式が存在している場合においても同様である。最終的に中小企業の株式が国庫に帰属することは，当該中小企業の他の株主にとって賢明な処置とはいえないから，相続財産が債務超過であるとしても，相続放棄するのではなく，限定承認の手続を取るのが分別ある処置といえるだろう。

(2) **限定承認（民922条）**

相続人が複数いるときは限定承認は共同相続人全員が共同して限定承認しなければならない（民923条）。そうでないと財産換価手続があまりにも複雑化するからである。相続人が財産を調査した結果（民915条 2 項），相

続財産が債務超過であるからこそ限定承認の手続が取られるのが一般的であろうから，限定承認の手続は破産手続に類似している。ただ，相続財産中に存在する財産として中小企業の株式がある場合には，その株式を競売するのが原則ではあるが，実際には中小企業の株式の売却の実現は期待しがたい場合が多いであろうから，家庭裁判所の選任する鑑定人の評価に従った価額を（債権者に）弁済して競売を止めることができる（民932条，家事法201条2項）という制度を利用することになろう。

競売対象財物が極端に流通性がなく，その価額が極めて低いと想定される場合（例えば，筆者が経験した事例では，区分所有建物の専有部分——つまり，マンション——の共有持分権）には，実務上は，限定承認者の提出する鑑定書（例えば，不動産鑑定書）の価額で任意に売却することを裁判所は簡単に承認してくれる。この意味では債務超過の相続財産中に中小企業株式がある場合には，限定承認手続を取り，専門家の評価書に基づいて任意に売却する方法をとることが賢明であろう。手続は通常迅速に進行する。

(3) 推定相続人廃除

被相続人が生前中に推定相続人に虐待，重大な侮辱，その他の著しい非行があることを理由に家庭裁判所に廃除の請求をする（民892条）手続と，被相続人が遺言で廃除する場合（民893条）の2通りがある。廃除とは相続権の剥奪である。生前廃除には虐待などの理由を要するが，遺言の場合には理由が不要である。ただし遺言執行者による家庭裁判所への請求が必要である。遺言執行者がいない場合は家庭裁判所に選任してもらう。

筆者は，養子を危急時遺言で廃除した事例を知っている。子としては女の子しかいない中小企業経営者が事業を承継する相手として男子の養子をとったが，役立たずと判断し，離縁しようと考えたが，その手続をする間もなく，死の病で入院し，病院内で危急時遺言書を作成し廃除を決断した事例であった。その会社の全株式は，同じ危急時遺言書によって，その経営者の実子である女子に遺贈された。つまり廃除された養子と遺贈を受けた実子との間に緊迫した争いが予期された事例であった。ところが，その

事例では養子縁組後に養親の子ではない別の女子と婚姻し，子（経営者の義理の孫にあたる）が誕生していたから代襲相続が発生していた事例であった（民887条2項）。そのため，その子（孫）の遺留分によって株式が外部に流出する可能性があり，実子としては，それを阻止することに重大な利害が絡み，かなり時間と費用を要した事例であった。

(4) 相続人欠格

　相続人欠格（民891条）とは，相続人が被相続人を殺害したり，被相続人の遺言書を偽造したり破棄したり隠匿したりした場合に，その相続人は相続する資格を失うことをいう。何の手続を必要とせず，裁判によらないで主張することができる。例えば，被相続人は企業を創業し，収益も好調であるが，体調が思わしくなく事業承継を真剣に考えるようになったが，相続人である長男，次男，その下の長女の相続人3人は利己的性格で事業を担う意思も能力もないのに，自分の遺産を狙う不穏な空気があるのを察知し，取締役たちに全株式を遺贈することを決断し，その旨を内容とする自筆遺言状を作成したところ，次男が早く遺産が欲しいと思うばかりに被相続人を殺害してしまい，長女は次男が犯行に及んだ現場を見てしまい誰が犯人であるかを偶々知ってしまったが，次男が不憫だと思い警察に告発も告訴もしなかった。長男は遺言状の内容が自己にあまりにも不利であることを覚知して遺言状を破り捨ててしまった……とすれば，次男は民法第891条第1号で被相続人殺害により，長女は同条第2号で自己の直系血族でもないのに次男を告訴しなかったことにより，長男は同条第5号で遺言状破棄により，それぞれ相続人欠格事由があり相続人資格を失う。その結果，「そして相続人はだれもいなくなった」ため相続人不存在になる，のかと言えば，この相続人欠格には，代襲相続も再代襲相続も適用がある（民887条2項）から，孫もひ孫もいないのか，判断は慎重にしなければいけない。

(5) 財産分離

　財産分離とは，相続財産が資産超過であるが相続人の固有財産が債務超過である場合には相続人が単純相続すれば相続債権者らが不利益を受ける事態を防ぐために（第一種財産分離），逆に，相続財産が債務超過であるが相続人が相続放棄や限定承認をしない場合には相続人の債権者が不利益を被らないように（第二種財産分離），相続財産を相続人の固有財産から切り離し，相続財産を精算することをいう（民941条）。手続は破産に類似しているが破産とは異なる。

　相続財産が債務超過であるとしても資産が巨額であるとか相続債権や担保権が複雑であるとか被相続人に対する詐害行為訴訟が継続していたとかの紛争性が高い場合には相続財産の破産（破産法222条以下）の手続をとるべきであろう。相続財産についての破産事件は，被相続人の相続開始時点での住所地を管轄する地方裁判所が管轄する。

　相続債権者又は受遺者から財産分離の請求がなされたときは，相続人は相続債権者への弁済のため相続財産を売却しなければならないときがある（民947条2項）。問題が発生しやすいのは相続財産中にある被相続人が経営していた中小企業の株式を売却しなければならない場合である。幸い，この場合にも限定承認の場合の競売，任意売却の規定が準用されている（民947条3項，932条）ので，裁判所に鑑定書を提出して任意売却によって処理することができる。

　以上のほかにも，(i)相続人不存在の場合，(ii)ゼロ遺産分割協議が成立した場合，(iii)全遺産が特定人に遺贈された場合（遺産分割方法の指定があった場合。この場合には，遺留分違反の規定がない。民908条）。その他，死因贈与，相続分のゼロ指定，遺留分減殺請求権の放棄の場合にも，全遺産が特定人に遺贈されたのと似たような状況になることがある。また，(iv)受遺者Aは当該株式をBに交付しなければならないとの負担が付いた遺贈などでも株式の包括承継が阻害されることが考えられる。

4 相続による株主権の帰属阻害要因

　株主権は相続の発生に伴い，民法が定める相続基準にしたがって，その権利の帰属が決定するのが原則である。しかし，会社法には（民法ではない！）株主権の権利帰属原因が相続である場合には，その権利帰属を覆す，ないしは妨げる事由が規定されている。一種の株主権の包括承継阻害要因である。

相続人等株式売渡請求

　会社法第174条は，相続その他の一般承継によって譲渡制限株式を取得した者に対して，その株式の発行会社は，その取得した株式をその発行会社に売り渡すことを請求できることを定款に規定することができると定めている。当該会社がこの売渡請求権を行使するには，定款の定めに加え，請求しようとする都度，株主総会の議決によって，請求する株式の数，その株式の所有者の氏名，名称を定めなければならず，そのうえで，当該株主について当該株式を取得した原因たる相続等一般承継が生起した時から1年以内に，当該株主に対して当該株式の売渡を請求することができる（会176条）。典型的な形成権行使の例である。

　注意すべき事項として
① 　上記の売渡を請求する旨を株主総会において議決する際には，当該決議は特別決議（会309条2項3号）であることを要するうえに，当該売渡請求をかける相手である株主はこの株主総会において議決権を有しないことである（会175条2項）。この特別決議の要件は，議決権を行使できる株主の議決権の過半数が出席し，出席した当該株主の議決権の3分の2以上の多数によって決する仕組みであるから，売渡をかけられる株主は3分の2の分母にも算入されないし分子にも算入されない。通常，譲渡制限ある株式の発行会社においてこの株式売渡請求をかけることが検討される際には，実際に株主総会が開かれることは

まれで，総会を開く前に，上記3分の2以上の議決を得る見込みのある株主らが，株主総会を開けば議決されることを理由に，当該株主に対し任意にその株式を売り渡すよう請求するのが普通であろう。このため上記特別決議に議決権を有しない者の算入を間違えやすい。

② 特に，譲渡制限株式発行会社においては，名義株の問題が伏在している場合に問題が複雑化する。名義株問題が発生する多くの事例において，株式会社設立時に設立の旗を振った中心人物以外の者は名義株であることが殆どである。つまり初代の社長に真実の株主権が集中していることが多い（自分の財布から出したのではなく，自分の事業運営資金から出すことが多いだろうと推定されるが）。名義株主本人は株式払込金を負担していないのだが，その株式が名義株であるとの認識が殆どない。このような状況に加えて，初代社長に相続が発生し遺言状が作成されているときは，初代社長は名義株は自分のものと信じているうえに，相続税とか所得税の課税がありうることから，これを回避するため他人名義を借りた名義株を遺言状に真実の株主は自分であるとして表記することはまずない。このため名義株は遺言状の表面に現れず，したがって相続によって株主権を取得したと断定するのは極めて困難で，法定相続されているとしか説明のしようがない場合が極めて高い。このため，ますます上記特別決議要件に議決権を有しない者の算入を間違えやすい。

③ 上記相続人等株式売渡請求における株式売買価格の決定は，第一次的には当該会社と当該株主との協議による定めであり（会177条1項），協議不成立の場合は当該会社も当該株主も売渡請求があってから20日以内に裁判所に売買価格決定の申し立てができることとなっている。このため，この相続人等株式売渡請求は民法上も売買に類似していると一応いうことができる。この点，改正会社法規定の「特別支配株主による株式等売渡請求」（後述する）においては株式の価格を売渡請

求をかける者と従前の株主とが協議によって決定する旨の規定をもたない点において根本的に異なる。とはいえ、当事者間の合意によって任意に権利が移転し承継される売買やその他の譲渡とは根本的に違う法制度である。裁判所が売買価格を決定すれば、その時点において、株主権は、移転も承継もされるわけではない。当該株主の株主権は消滅し、会社に株主権が発生すると考えざるを得ないから会社による原始取得である。しかし、会社は当該売渡請求を、いつでも、撤回することができる（会176条3項）と規定されている。「いつでも」とあるが株主の法的不安定状況の回避のため、裁判所による価格決定がなされて以降は、撤回できないと解すべきであるから、裁判所による価格決定があることを停止条件とする株主権の原始取得と解すべきであろう。

④　本件売渡請求の法的性質は公法上の強制収用に類似した原始取得である。民法上の譲渡は譲渡の意思表示に起因して権利の移転が生じるのであるから、本件は、少なくとも民法上の譲渡ではない。売渡請求という形成権の行使によって原始的に株主権が発生すると考えざるを得ない。原始取得であるとすれば、憲法第29条違反の疑いが残る（後述の、特別支配株主による株式等売渡請求において論ずる）。

　ただし、所得税法上は譲渡所得と考えるべきであろう（所得税法施行令95条）。

　分配可能額の制限（会461条1項5号）の適用があるのは当然である。

⑤　本件には譲渡所得税の適用があるほかに、株式の発行会社に有償で原始取得されるが、みなし配当課税（所得税法25条1項4号）の適用はない。発行会社が売渡請求をかけてくるのは、相続等一般承継が発生したのち1年以内に限られる（会176条1項）から、相続財産にかかる非上場株式をその発行会社に譲渡した場合のみなし配当課税の特例（特措法9条の7）の適用があり、みなし配当課税はない。また、相続

税額を取得費に加算する特例（特措法39条1項）の適用もある。ただ，株数が減少することになるから単位あたりの株価が上昇し他の株主との間で（贈与行為がないのに）株式価値に変動をきたし，その結果，贈与税が発生する（相続税法9条）こともあり得るから用心が肝要である。

　会社が売渡請求をかけてくる場合に株主が対抗手段を取ろうとすると，相続放棄，限定承認，株式を取得しないような遺産分割，あるいはゼロ遺産分割，場合によっては相続財産の破産（破産法222条以下）などが考えられる。

　しかし，当該相続により株式を取得した株主にとって，もっとも効果的な対抗手段は，相続後ただちに当該株式を会社の承認を得ないまま第三者に売却してしまい，株式を新たに取得した当該第三者と連名で当該会社に対し当該譲渡制限株式を取得したことの承認を求める手続に入ることである（会137条）。請求された会社は譲渡を承認すれば相続人は譲渡代金を確定的に取得することができる。譲渡を承認しない以上は会社は当該株式を買い取らざるを得ない（会140条1項）。会社としては，もともと売渡請求（会174条）をかける心算であったのだから譲渡を承認しないで買い取る方途にでるであろう。これで両者はともに目的を達成する。譲渡承認拒否の場合の会社による買取価格の算定方法は純資産である（会141条2項）が，会社と譲渡承認請求者との協議による売買価格の決定の余地が残されている（会144条1項）。望ましい金額が実現することは確実だとはいえないかもしれないが，その可能性はある。しかし，会社が直接買い取る場合（会141条）には財源規制の適用もある（会461条1項1号）。これに対し，会社が指定した指定買取人（会140条4項）が買い取る場合は，株式の発行会社が買い取るのではないから，財源規制の適用はない。買取価格はやはり純資産方式ではあるが（会142条2項），はなから，みなし配当課税の適用はない。会社からの売渡請求に応じる場合より有利であるとの断定はできないが，有利になる可能性はかなり高いといえるであろう。

5 配偶者及びその親族には会社株式の株主権を承継させない方法

(1) 問題の所在

　日本には創立以来二百年，三百年，いや数百年も連綿として存続している会社がいくつも存在している。日本経済新聞が長期にわたって個々の日本の老舗企業について報道していた。まずこの意味での老舗の数において，日本は世界で群を抜いて一番であることは間違いない。日本はこのように特色ある社会であるから，なかには，会社の社長か，社長の子で，自分はいまから結婚するが，先祖から伝わったこの同族会社を継続させるため会社の株式の散逸を防ぐ観点から，会社株式を自分の子孫だけに伝え配偶者にはなんらの権利も与えたくない，仮に離婚することとなっても，離婚後の配偶者の親族に株主権がわたることは阻止したい，また仮に自分が配偶者より先に死亡することがあっても，自分の子孫にのみ相続させ，自分の子孫以外の自分の配偶者の親族には株主権がわたることは阻止したい，という人がいてもおかしくはない。筆者は，非上場会社で，だれでも知っているほどに規模の大きい会社の経営者から同じような相談を受けたことがある。法律上，この目的を達成する方法があるかどうかを検討してみよう。

(2) 配偶者には先祖伝来の会社株式について株主権を承継させない方法

　我が国ではかなり昔から，夫も妻も婚姻前から有していた財産は婚姻後もその固有財産とする法制をとっていた。結婚する前から所有していた財産についての所有権が結婚によって変動する理由がないから，会社株式についても婚姻後も自分だけの固有財産である。現行民法は婚姻前から有する財産及び婚姻中自己の名で得た財産はその特有財産（夫婦の一方が単独で有する財産）とすると規定している（民762条）。これが夫婦財産についての現行法の原則である。したがって，現行法上，配偶者には先祖伝来の会社株式について株主権を与えないことが保証されているともいえるのである。ところが，現代社会の風潮として，婚姻継続中に夫の名で取得した財産は妻の日常生活における家庭内貢献があって初めて夫はその財産を取

得できたのだからと，名義は夫であっても実質においては夫婦の共有財産であると考えるべきだとする，論理的ではない傾向が学説や下級審判決で多くなっていることが事実としてある（最高裁だけは別で，いまでも別産制を維持している）。上記のような先祖譲りの同族会社株式については婚姻後に取得した財産ではありえないから，ストレートに共有財産であるとの主張がなされるとは考えられないが，株式には無償増資もあり有償増資もあり，このため，いわば「子株」，「孫株」が生じてくることが珍しくないし，現行会社法に規定されている組織再編行為による対価として，全部取得条項付種類株式の買取対価などとして他の会社の株式，社債その他の有価証券を取得することは珍しくない。つまり，先祖譲りの株式の全部または一部のいわば身代わり，ないしは増殖分として入手することとなる有価証券等があり得るわけであるから，それらは「婚姻後夫の名前で取得した」ものであるから共有財産とみなすべきだとの攻撃を受けやすいということがある。

　つまり，この主張に対して有効に防御する方法を考え出す必要があるのだ。

　その方法として提案したいのが，夫婦財産契約を締結して登記する方法（民756条以下）である。たとえば，

ア　夫たるべき者が婚姻前より所有していた別紙１記載の株式は婚姻後も夫の特有財産とする。

イ　婚姻継続中に，夫が取得する，右イ記載の株式から派生することとなる子株，孫株等の株式または右イ記載の株式の発行会社が合併，会社分割，株式交換，株式移転等の組織再編行為，取得条項付株式，全部取得条項付種類株式の買取など会社法（改正後の会社法を含む）の規定に従って同株式の買取または同株式に換えて交付される株式その他の有価証券等も夫の特有財産とする。

ウ　婚姻継続中，右イの株式及びロの有価証券等の処分，管理，使用，収益する権利は夫に専属する。

エ　妻たるべき者が婚姻前より所有していた別紙２記載の財産は婚姻後

も妻の特有財産とする。
　オ　夫または妻がその名で取得する右ア，イ，ウ，エ以外の財産は動産，不動産の別なく，夫婦の共有とする。

　上記のア，ウ，エは，いずれも婚姻前から自己の特有財産であったものは自己の特有財産であると確認しているだけであるから，民法の夫婦別産制を排除する意味はまったくなく，単に確認するにすぎない。したがって法律上は意味のない規定である。しかし，オは別産制を排除する規定であるから意味のある規定で，このように意味のある規定とともにア，イ，ウを登記することによって妻は夫の婚姻前から所有していた特有財産である株式と，その派生財産である株式等には一切権利を持たないことを対外的に公示することに意義があるのである。
　上記は，自分が生存している場合の防衛策にすぎない。それでは自分が死亡した後であっても先祖伝来の会社株式は妻および姻族には相続させない方法はないのであろうか。

(3) 被相続人が死亡しても配偶者には会社株式の株主権を相続させない方法

　被相続人Xが会社株式を配偶者には相続させたくない理由は通常被相続人Xには配偶者との子があるからであろうから，いまXには子Aがいるものと仮定する。この場合はXは会社株式をAに相続させたいのだから，遺言で「会社株式はAに相続させる」と記載すれば，この遺言は最高裁平成3年4月19日判決（いわゆる香川判決）によって遺産分割方法の指定（民908条）と解せられるだろう。遺産分割方法の指定であれば遺言の効力発生とともに，会社株式の株主権は確定的にAに帰属する。ただしこの場合，実務及び多数説は，遺留分の規定の適用があるとしている（もっとも，筆者は，民法第908条で被相続人は遺言で遺産分割の指定ができる旨明確に定めているのであり，遺留分の余地を与えるべきでないと考える）。たとえば，被相続人にこの会社株式以外にも遺産はある場合，会社株式の相続財産として

の評価額が遺産総体の評価額の法定相続分相当額よりも大きい額になるようにしておけば，この遺言状は遺産分割方法の指定であると解されることがより確実になる。

　この場合であっても配偶者とAの両者が合意すれば両者の遺産分割協議によって全株式を配偶者に帰属させることは可能だろうが，その場合はAから配偶者に譲渡されたものと扱われAに所得税課税があるだろうから，そのような合意をすることは躊躇するであろう。

　仮に，被相続人に子がなく相続人は配偶者だけであったとすると，被相続人としては会社株式を第三者（会社の取締役など）に遺贈する遺言状を遺すことになるであろう。しかし，この場合被相続人は実質的に遺留分の規定に反する遺贈をすることができない（民902条1項）。この場合の遺留分は2分の1であるから（民1028条），配偶者は遺留分減殺請求をやってくるであろう。したがって，目的は実現できない。相続人は生前中に遺留分の放棄を許可してほしいと家庭裁判所に請求することはできる（家事法216条）が，家庭裁判所は，実務上，配偶者が十分な反対給付を受け取っていることが確認できない限り許可しない。結局，子がない場合は被相続人は養子をとり，遺産分割方法の指定と解される遺言状を書く方法しかほかに方法はないことになる。

　あまり紛争にならないよう，目的を達成するには，被相続人としては増資などをして株式にかかわる遺産を増加させるようなことはせず，株式以外の遺産を増加させ，株式以外の財産は妻に相続させる（この場合も遺産分割方法の指定をする遺言状が有効であろう）のが賢明であると考えられる。

6　一般社団法人による事業承継の相続からの隔離

　経営者に経営者としての能力，才覚がある血族相続人（後継者）がいて，かつ当該後継者が事業を承継する意思がある場合には問題ないが，実際はそうでないケースの方が多い。たとえば次のような例である。

① 血族相続人はいるのだが経営者としても能力，才覚はないから会社事業を継がせる気にはなれない。
② 取締役の中には能力，才覚がある連中がいるから，会社を第三者に売却してしまうのではなく，それら取締役に会社を承継させていきたい。
③ しかし，取締役連中は会社の株式を買う金がない。
④ 取締役連中に会社を継がせるにしても，自分の目の黒いうちは自分が会社をコントロールしたい。
⑤ なるべく節税したい。

とするように注文の多い事業承継の方法として優れているのは一般社団法人を使った事業承継方法であろう。この方法は第6章「株式管理における婚外子問題」に記載してあるので，そちらを参照されたい。

第2　株式と遺言

1 株式と遺言

(1) 民法（法定相続制度）は事業承継に敵対的

　民法は，中小企業の円滑な事業承継にかなり敵対的である。事業承継にもっとも関係が深い民法上の規定は，相続に関するものであるが，民法が採用している法定相続は，被相続人と特定の関係がある者を相続人と法定し，形式的画一的に遺産の一定割合を与えるシステムである。被相続人の死後に残された家族の生活を維持する観点からは優れていると言えるが，法定相続制度の形式的画一性を家族内部の実情に合致させる必要がある。そのために遺産分割，贈与，寄与分，特別受益などの法制度が画一性補正手段として用意されてはいる。しかし，それらの手段も，被相続人が特定の意思と目的をもってその財産を死後に制御する手段たり得るかといえば，そのことを可能とする機能はない。

(2) **遺言は事業承継に友好的**

　遺言はかかる目的達成のために認められた仕組みである。遺言は家族の生活の安定を図ることを理想とするのではなく，個人の財産処分の自由を死後においても実現しようとする仕組みである。特に中小企業経営者がその経営する企業の永続，継続を願って，その企業である株式会社の株式をその死後に遺そうとするときは，法定相続制度はむしろその意思実現の阻害物になりかねず，遺言によってこそ，初めてその意思を実現することができる場合が多いと言える。

　遺言は，遺言者の死後にその生前の財産処分の意思を実現しようとする仕組みであるから，遺言者の真実の最終意思であるかどうかを死後に確認することはできないだけに，事後的改変可能性を排除するため，遺言は厳密な要式に従った書面であることを要求する。しかし，厳格な要式性を要求する理由は，死後における生前の財産処分の意思の実現という制約からだけではない。遺言は遺言者の死後における財産の処分だけではなく，身分行為をも死後行為として容認する仕組みだからである。この意味で遺言は，財産の処分承継の性質が顕著な現行相続法の枠を超えるところがある。

　それらはいずれも遺言事項として法定されているが，それにも遺言でなければできない事項（狭義の遺言事項）と生前処分でもできるが遺言でもできる事項（広義の遺言事項）がある。狭義の遺言事項としては未成年後見人の指定（民839条），未成年後見監督人の指定（民848条），相続人の相続分の指定または指定の委託（民902条），遺産分割方法の指定，指定の委託，遺産分割の禁止（民908条），遺産分割における共同相続人間の担保責任の指定（民911条，912条，913条，914条），遺言執行者の指定または指定の委託（民1006条），遺贈に対する遺留分減殺請求方法の指定（民1034条）がある。

　広義の遺言事項としては，認知（民781条2項），推定相続人の廃除（民893条），推定相続人の廃除の取消（民894条2項），一般財団法人の設立（一般法人法152条2項），特別受益者の相続分の指定（民903条3項），祭祀具等の承継者の指定（民897条），信託の設定（信託法3条2号），保険金受取人

の変更（保険法44条，73条）などがある。このように，遺言によって死後に実現できる身分的法律行為はかなり範囲が広いといえる。

(3) 遺留分は事業承継の敵

　中小企業経営者がその経営する企業を死後に伝え，かつ企業体の存続を図ろうとするときは，当該中小企業の株式を生前贈与するか，死因贈与するか，あるいは遺言により遺そうとすることになるが，その株式を伝える相手が相続人だけであり，また株式の分け方が，法定相続分に従うものであるときは，わざわざ生前贈与であれ死因贈与であれ，また遺言であっても，する意味がない。このため，法定相続人を対象に，贈与，死因贈与，遺言しようとするときは，法定相続分とは違う配分を実現しようとするのであるから，中小企業経営者の意思は，民法が定める遺留分の規定に正面衝突することになる。

　遺留分の規定は，遺産に相続開始前一年内贈与の価額を加算し，債務額を控除した残額を基礎として（民1029条），被相続人の直系尊属のみが相続人である場合には相続人の財産の3分の1，被相続人の子が相続人である場合には相続財産の2分の1をそれぞれ相続人の「固有の取り分」（つまり，遺留分）として（民1028条），遺贈および贈与から減殺すること（減らすこと）を認める（民1031条）のであるから，被相続人の死後における意思の実現を妨害すること甚だしいものがある。

　遺留分減殺請求権は不思議な性質を持っている。権利と言っても遺留分権利者が贈与または遺贈を受けた者に対して減殺する旨の意思表示をしない限り減殺できるわけではなく（民1031条），逆にその意思表示をすれば，その時点で減殺の効力が発生する。つまり意思表示をしない限り権利性はほとんどない形成権の一種である。また，相続が開始された事実と減殺できるだけの贈与または遺贈があることを知った時から1年間行使しないときは時効によって消滅してしまう（民1042条）。

　相続人の子であっても遺留分によって，相続財産の2分の1が除外されるのであるから，中小企業経営者が当該中小企業の株式を，経営者として

見込みのある相続人に集中して承継させたくても，遺留分の規定に衝突することは必定であり，実現不可能である。このため，企業経営の厳しさ，難しさを骨身に感じている中小企業経営者は，事業承継の実現のため，民法が定める法定相続制度や遺留分規定による妨害を排除する方法を真剣に考えざるを得ない。そうであるから，市場に事業承継や相続に関する税理士や，弁護士の執筆になる書籍が溢れているのであろう。

　かかる妨害排除方法としては，中小企業経営の承継に絶対必要とされる過半数以上の株式が被相続人から将来の経営を託される相続人に贈与，死因贈与あるいは遺言で遺贈された場合は，その株式は遺留分減殺の対象から除外しなければならない。この観点から「中小企業における経営の承継の円滑化に関する法律」が立案，成立したのであろう。同法においては，中小企業の経営権承継に必須の株式について，その価額については相続人全員の合意により，遺留分算定基礎財産から除外することができる規定が用意されてはいる。しかしながら，同法の適用を受けようとするときは経産大臣による認定を受けたうえに，家庭裁判所による許可が必要であって，その手続は厳重であり，そのうえ，その株式の（価額は時間経過とともに値上がりする可能性があるから）価額を合意成立時点の価額に固定する必要があり，その価額計測のため，弁護士や税理士を使わなければならないため，費用がかかり，実際のところ現実的ではない。同法が施行された2008年以降，2014年2月末までに，株式の価額を遺留分算定基礎財産から除外する除外合意についての利用件数は69件に過ぎないし，株式価額の固定合意についての利用件数はゼロである。円滑な事業承継を謳い文句に始まった特例制度ではあるが，経産省が毎年のように繰り返している，法律作って利用者なし，の一例を追加した模様である。

(4)　**遺言状の使い方**

　それでは，中小企業の事業承継を円滑に進めるには，どのような方法を採ればよいかであるが，残念ながら本書は，事業承継対策を主要な課題としてはいないので深入りはできない。それでも，一般社団法人を用いて，

相続税をまったく支払わないでも株式支配を継続しながら事業を承継する方法は第6章「株式管理における婚外子問題」に述べておいたから，参考にされたい。

相続対策として株式を子孫に遺すにあたり，遺言（状）を用いようとする人は多いが，その割には，遺言（状）の法的性質をよくは知らないという方々が結構おられるので，以下では，遺言（状）の法的な性質のうちでも基礎的な部分についての最高裁判例をいくつか検討して，遺言（状）の利用に参考情報を提供したい。

2 遺言と最高裁判例

(1) 特定の遺産を特定の相続人に「相続させる」趣旨の遺言

最高裁第二小法廷判決平成元年(オ)第174号判決平成3年4月19日

裁判長香川保一の名をとって香川判決と呼ばれる，有名な判例である。

世の中に「誰々に相続させる」という言葉で結ばれる文言を用いた遺言は多い。そうでありながら，その意味するところが長い間判然としなかった。遺贈とも解せられるし，相続分の指定なのか，遺産分割の方法の指定とも解せられる。それにしても，相続人間で遺産分割協議をしなければ遺産の承継の効果は発生しないのか，遺産分割の協議をしなくとも遺産承継の効力が発生するのか，を巡って様々な学説があり，また判決例もいろいろであった。しかし，この判決によって，その意味が明快に基礎づけられた。つまり，この判決は「相続させる」との遺言は，遺産分割の方法を定めた遺言であるというのである。ただし，本事例は特定物についての遺言であり，ある特定の相続人に向かって「相続させる」と表現している場合である。

この最高裁判決は，次のように言っている。

「遺言書において特定の遺産を特定の相続人に『相続させる』趣旨の遺言者の意思が表明されている場合，当該相続人も当該遺産を他の共同相続人と共にではあるが当然相続する地位にあることにかんがみれば，遺言者

の意思は，──当該遺産を当該相続人をして，他の共同相続人と共にではなくして，単独で相続させようとする趣旨のものと解するのが当然の合理的な意思解釈というべきであり，遺言書の記載から，その趣旨が遺贈であることが明らかであるか又は遺贈と解すべき特段の事情がない限り，遺贈と解すべきではない。──したがって，右の『相続させる』趣旨の遺言は，まさに同条にいう遺産の分割の方法を定めた遺言であり，他の共同相続人も右の遺言に拘束され，これと異なる遺産分割の協議，さらには審判もなし得ないのであるから──このような遺言にあっては──遺産の一部である当該遺産を当該相続人に帰属させる遺産の一部の分割がなされたのと同様の遺産の承継関係を生ぜしめるものであり，──何らの行為を要せずして，被相続人の死亡の時（遺言の効力の生じた時）に直ちに当該遺産が当該相続人に相続により承継されるものと解すべきである。」

極めて明快な判示であり，説得的である。

上記判例の事案では，当該遺産は不動産であった事例である。遺産が不動産であっても「○○を誰々に相続させる」遺言では，遺産分割協議も審判も，何の手続も要せず，死亡と同時に即時にその所有権は特定の相続人に帰属するとするのであるから，登記申請をその受益相続人単独ですることができるし，不動産の権利取得を登記がなくても第三者に対抗することができる（最判平14.6.10裁判集民206-495）。この点は法定相続分や指定相続分の相続による不動産の権利取得とも，遺贈の場合とも同じである。

ただ，前掲平成3年最高裁判決が「当該特定の相続人はなお相続の放棄の自由を有するのであるから，その者が所定の相続の放棄をしたときは，さかのぼって当該遺産がその者に相続されなかったことになるのはもちろんであり，また，場合によっては，他の相続人の遺留分減殺請求権の行使を妨げるものではない。」としていることには違和感がある。相続の放棄については自由にできるとする点は同意できるが，遺留分減殺請求権の対象となるという点については，本当にそれでよいのだろうか，疑問である。遺留分減殺請求権とは，形成権である。形成権とは一定の要件に該当するとき新たに物権的法律効果が発生する構造を有する権利であるから，必ず

形成要件が法定されている。たとえば，遺言による相続分の指定を定める民法第902条には遺留分に関する規定に反することはできない旨の規定がある。遺贈または贈与による特別受益があった場合における相続分の計算方法を定める民法第903条ではその第3項で，遺言者は包括遺贈，特定遺贈することができる旨を定める民法第964条は，それぞれ，それら遺贈は遺留分に関する規定には反することができないと規定している。被相続人がその計算方法と違った意思表示をしたときは，その意思表示は遺留分に関する規定に反しない範囲で効力を有すると規定している。ところが遺言による遺産分割の方法を定める民法第908条には遺言による遺産分割の方法によって遺留分を害することはできないとする規定は置かれていない。そのうえ，遺留分減殺の対象は民法第1031条，第1033条，第1035条，第1041条，第1042条などの条文上，遺贈と贈与に限定されている。

　遺言によって遺産分割の方法が定められた場合は，遺産分割手続を経ることなく直接に遺産が特定の相続人に帰属するところは，たしかに，遺贈に似ているが，権利移転の性格はあくまで相続によるものである。つまり，贈与でもなく，遺贈でもない。遺産分割の方法が遺言に定められた場合，上記最高裁判決によって，特定の遺産が特定の相続人に帰属することとなるから，場合によれば，遺留分に反する結果となることも考えられるのに，民法第908条には遺留分に関する規定に反することはできないとの規定は置かれていないのである。このことから，遺言によって遺産分割方法の定めがなされている場合や，特定の遺産を特定の相続人に「相続させる」遺言がなされたときは，その結果が遺留分に反する場合であっても，遺産分割方法の指定の効力が優先し，遺留分減殺請求権は発生しないと，と考えるべきではないか。

　しかし，上記の私の考えが裁判所で受け入れられる可能性はまず，ない。判例上も，学説も，相続人に対する「相続する」との遺言は性質上遺贈に準ずるものと扱い，遺留分減殺請求の対象になるとされている。民法の中で，遺留分に関する判例，学説はもっとも条文から離れており，理論上判然としないことが多い。

以上のことから，特定の株式について特定の相続人に「相続させる」遺言にも妥当する。中小企業を相続人に事業承継させるにあたり，株式を特定の相続人に集中させるにしても，遺言でそれを実現する以外に方法がなくなった場合には，その特定相続人に当該会社の株式を「相続させる」旨の遺言状を作成すべきことになる。この遺言によって当該相続人は遺産分割等の手続を取る必要はなく，当然に当該株式の所有権を取得し，株主名簿の書換えをすることなく自己が株主であることを対抗できることになる。ただし，実務上，遺留分減殺の対象となるから別途の対策を要するということになる。なお，相続人に対する遺贈が遺留分減殺の対象となる場合には，遺贈の目的の価額全部がその対象となるのではなく，また法定相続分の価額がその対象となるのでもなく，受遺者の遺留分額を超える部分のみがその対象になるとされている（最高裁判所判例解説民事篇平成10年度（上）196頁，平成9年(オ)第802号，平成10年2月26日判決，野山宏）。

(2)　最高裁第二小法廷判決平成7年(オ)第1631号平成11年6月11日

　本件は老人が甥に不動産を遺贈するという公正証書遺言をしたところ，その老人の養子でその老人の唯一の推定相続人が原告となり，その老人を被告として，その老人はその後アルツハイマー型老人性痴呆症と鑑定されて奈良家庭裁判所が禁治産宣告をした，本件遺言は心神喪失常況にあり意思能力を欠いた状態で作成されたものであるから，その遺言は無効であることの確認を求める裁判を提起した，という事例である。

　ポイントはその老人がまだ生存中に遺言無効確認の裁判が提起された点にある。一審は遺言は遺言者の死亡の時からその効力を生ずる（民985条）のであるから，いまだ遺言者が生存しているのだから遺言状の効力は生じていない，確認を求める対象が存在しないから，本件訴えは不適法として却下した。ところが控訴審では，原則として不適法ではあるが，本件のように遺言者がアルツハイマー型老人性痴呆症により心神喪失の常況にあり禁治産宣告を受けており遺言者が遺言の取消しまたは変更をする可能性がないことが明白な場合は，その生存中であっても，遺言の無効確認の訴え

を認めることが，紛争の予防のために必要かつ適切であるとして適法とした。ところが本件最高裁判決は，「遺言者が心神喪失の常況にあって，回復する見込みがなく，遺言者による当該遺言の取消し又は変更の可能性が事実上ない状態にあるとしても」，「遺言者の生存中は遺贈を定めた遺言によって何らの法律関係も発生しないのであって，受遺者とされた者は，何らかの権利を取得するものではなく，単に将来遺言が効力を生じたときは遺贈の目的物である権利を取得することができる事実上の期待を有する地位にあるに過ぎない」として原審判決を破棄している。

この最高裁判決の結論は正しいと思う。それでは心神喪失状態で作成された遺言状が有効となってしまい，養子に入ったこの推定相続人は本件遺贈された不動産を甥に取られてしまうのか，といえば，そうではない。この老人が死亡して遺言状が有効になってから，今度は甥を被告として，遺言の無効を理由として，不動産所有権の確認訴訟か不動産所有権移転登記請求の訴訟を提起すればよいのだ。心神喪失中に作成された遺言状は無効であることに変わりはない。遺言者は遺言をするときにその能力を有しなければならないことは明文で規定されている（民963条）。ただ，法廷実務の観点からは，遺言者が死亡した後になってから，遺言者は遺言作成当時心神喪失状態であったことを立証するのは極めて困難である。したがって，生前中に精神鑑定書の作成を依頼するなど訴え提起の準備を開始することを助言する。

(3) **最高裁第二小法廷判決平成6年(オ)第2052号平成9年9月12日**

自分が経営する企業は業績もよく株価も高いし，個人としても，その企業の株式の大部分を所有しているし，ほかに個人資産もある，しかし相続人はいないという人は，どうすればよいだろうか。もちろん，その企業には従業員もおり，顧客もあるのであるから遺言は遺さなければならない。このようなケースでは，果たしてどのような遺言をしたらよいのだろうか。遺言を遺しても，相続人がいないのであるから，相続人不存在ということになり財産は国庫に帰属することになってしまう（民959条）のではないか。

このような場合でも、会社を任せることができる見込みのある者がいれば、その者に包括遺贈をすればよいであろう（民964条）。包括遺贈とは、包括受遺者は相続人と同一の権利義務を有する（民990条）。つまり、包括遺贈遺言は、財産の承継に関して、養子をもらったと同じことになる。決して相続人不存在として国庫に帰属することはない。この理を明快に言い渡したのが上記最高裁の判決である。

　包括遺贈は、特定の財産だけについて遺贈するのではなくすべての相続財産についての遺贈であるが、それら全ての財産の全部を遺贈しなければならないのではなく、割合的一部を遺贈することも含むものである。つまり全財産の2分の1、3分の1を遺贈するのも包括遺贈となる。したがって、全財産の3分の1は実子のAに遺贈し、その余の3分の2は（実子ではない）Bに遺贈するというのも包括遺贈である。その限りではBという養子が1人増えたのに似ている。ただし、包括遺贈は特定遺贈と違って、プラスの財産のほかにマイナスの負債があったときも遺産相続に含まれる。その意味でも、やはり養子が増えた場合に似ている。なお、実子の法定相続人がほかにいる場合は、包括遺贈は遺留分減殺請求の対象になるという問題がでてくるので注意が必要である。

(4)　最高裁第二小法廷判決昭和55年(オ)第973号昭和58年3月18日

　事業承継の実務では、事態が前記の③の場合よりもっと深刻なときがある。たとえば、自分が経営する企業は業績もよく株価も高いし、個人としても、その企業の株式の大部分を所有しているし、ほかに個人資産もある、そして相続人として自分の子はいるのだが、その我が子は、残念ながら、身障者で到底経営には耐えられない、というような場合である。このような極限的事態に対応できる法制度は存在していない。後見人をつけてみても、財産の防御はできても後見人に経営ができるはずがない。このように法制度が存在していない事態では、まさに法律家が全力を挙げて方策を考案しなければならないだろう。

　このような事態にもっとも相応しい対応策として一般社団法人が優れて

いると思う。この本の6章で一般社団法人の使い方を書いたので参考にしてほしい。しかし，一般社団法人を使う方法が状況に適切に対応できる場合とは，会社に経営を任せられる取締役とか従業員が複数いる場合である。任せることができる人は1人だけだとか2人だけしかいない場合などは一般社団法人は適切ではないだろう。そのような場合には遺言で対応する方が優れている。ただし，ありきたりの遺言ではなく，負担付遺言を用いる方法である。

　負担付の意味は，受遺者に遺贈の利益を与えるのと引き換えに法律上の義務を負担させる遺贈である。例えば，我が子Aの生存中毎月一定範囲の事項につき，一定額以下，一定額以上の金銭の支払いをAに代わって一定範囲の第三者に対して支払う義務を負担する代わりに甲会社の株式何株をBに遺贈する，Aが死亡したときは甲会社株式を〇〇公益法人に遺贈するというような内容になる。Bが甲会社の取締役で専務とか常務とか甲会社の経営内容を熟知している立場にあるとか，経営能力があり，顧客もBを深く信用している場合などには適切に機能する遺言であろう。

　しかし，遺贈であるから受遺者は遺言者の死後はいつでも遺贈の放棄ができる（民986条）し，遺贈の放棄を一旦すると撤回もできない（民989条1項）。また，遺留分減殺請求の対象になり得る（民1003条，1031条）から，共同相続人など遺留分権利者がいるような場合には注意が必要である。

　上記最高裁判決の事例は，材木商の経営者が会社の材木置き場不動産につき，これを第一次受遺者たる妻に遺贈するが，その不動産は会社の営業に必要な不動産だからそのまま利用し，妻の死亡後は遺言者の弟妹らが第二次受遺者として分割所有する旨の遺言の趣旨が争われた事例である。原審の高裁は，この遺言は跡継ぎ遺贈と言われるもので，妻への遺贈は有効であるが，弟妹に対する権利移転は単なる遺言者の希望にすぎないとした。ところが最高裁は，この遺言は原審のようにも解釈されるが，弟妹への権利移転を内容とする妻への負担付遺贈とも解せられるし，妻死亡時に妻に所有権が残っているときは，その時点において弟妹に所有権を遺贈すると

いう意味にもとれるし，妻は当該不動産の処分を禁止されて使用収益権を付与されたに過ぎず，弟妹に対する妻の死亡を不確定期限とする本件不動産の遺贈であると解することもでき，原審とは違う解釈が可能なのであるから，これらをはっきりさせるまで審理を尽くすべきであるとして，原審判決を破棄し差し戻した。

　その後，最高裁は後継ぎ遺贈の効力について明確な判断を示していない。後継ぎ遺贈については明文の規定がないことも一因であろう。しかし，後継ぎ遺贈は負担付遺贈の一種であることは確かであると考えれば明文の規定はあると言える。ただ後継ぎ遺贈は長期にわたって遺言の効力が続くとか，長期間経過後に遺言の負担の実行時期が到来する場合が普通だから，法律関係が複雑になりやすいという傾向がある。上記した身障者の子のための負担付遺贈は，実は，遺言者を委託者としBを受託者，Cを受益者とする契約信託ないしは遺言信託に極めて類似する。つまり負担付遺贈や後継ぎ遺贈は信託に似た機能をもっている。しかし，同一の目的を実現するために契約信託を選び，あるいは遺言信託を選べば上記最高裁判決に現れているような複雑な問題の発生は回避できるかと言えば，そうはいかない。やはり信託であっても長期にわたる法律関係であるから複雑な問題の発生は避けられない。それら複雑な問題の1つは相続税である。負担付遺贈は遺贈財産の相続税評価額から負担の価額を控除して計算されることになるが（相続税法基本通達11の2‐7），負担の履行が長期にわたる上記身障者の例では，負担の価額の正確な計算はいささか困難である。個人に対する遺贈は相続税の課税が避けられないことから，遺贈は受遺者が法人であっても認められることから法人を受遺者とすれば，個人が法人に贈与した場合と同様に遺贈者個人（但し納税者は相続人）に対しても遺贈された法人にも課税はあり，かえって傷は深くなる。

　結局，負担付遺贈であっても検討すべき問題は残るということになるが，事業承継の観点からいえば負担付遺贈は優れた方法であると言える。事業経営は簡単なことではなく，あらゆる経営者が一生をかけて悩みぬく仕事である。事業を子孫や取締役たち，従業員たちに遺すにしても，次世代の

経営者たちに，厳しい状況に応じて各種の「負担」を課すべきである。重要なことは，上記最高裁判決に現れているような，意味不明とまではいわないものの，いくつもの意味にとれるような曖昧な内容ではなく，明確な遺言を遺して，後顧の憂いを絶つべきである。

第9章　株主権をめぐる闘争

1　問題の所在

　中小企業が抱えるリスクのひとつに，円滑な企業経営に支障をきたす虞れを生じさせる「意に沿わぬ株主」の存在がある。中小企業といえども，利益を得て社会へ還元することが，企業としての役割であるから，正当な株主権行使ならいざ知らず，過去の軋轢から半ば「江戸の敵を長崎で討つ」とばかりの態度を取り続ける株主の存在を放置することはできない場合もある。

　この解決として，第一に考えるべきことは，会社から当該株主に歩みより，合意を得て，当該株主の所有する株式の全部を取得することを試みるべきであろう。しかし，そう簡単に処理できず，当該株主を何とかしなければ，経営環境に伴う組織の刷新も円滑な事業承継にも障害になるケースがある。このような場合には，最終手段として，法的手段にのっとって当該株主と闘わなければならないこともあるだろう。

　ここでは，このような中小企業と株主との闘争について解説したい。

2　少数株主の追い出し（スクイーズアウト）と全部取得条項付種類株式

(1)　スクイーズアウトの概略

　スクイーズアウトとは，支配株主が少数株主にその保有する株式の売り渡しを請求できる権利を行使し，少数株主を追い出すことをいう。支配権を確保するのに十分な株式発行会社の株式を取得すれば，対象会社に残った少数株主の承認を得ることなしに組織再編行為が可能となり，少数株主に現金や社債を交付し，存続会社や親会社の株式を保有させないことにより少数株主を会社から完全に追い出す組織再編の手法である。合併対価の

柔軟化によって可能となった。

(2) **全部取得条項付種類株式を活用したスクイーズアウト**

　スクイーズアウトの具体的手法はいくつかあるものの、実務では「全部取得条項付種類株式」を利用したMBO（経営陣による会社の買収）を行う場合に選択されることが多い。具体的な手続としては、株式発行の取締役会にてMBOを行う旨の決議を行い、株主に対し株式の公開買い付けを実施する。その後、公開買い付けに応じなかった株主に対し臨時株主総会を招集し、株主総会を開催し、全ての普通株式を「全部取得条項付種類株式」に変更する定款変更の決議をする。その上で、同総会において、会社がその株式全部を株主から強制的に取得する決議を行う。当該株式の取得対価は、通常は別の種類株式となるのであるが、全部取得条項付種類株式を利用したスクイーズアウトのケースでは交付比率を極端に大きくすることが多く、少数一般株主の手元には、1株に満たない端数が割り当てられ、事後に現金が交付される。少数一般株主は、結局、上記の公開買付と同じ価格で計算された現金対価しか受け取れないこととなる。対価については、通常は、少数株主は公開買付価格に不満だから公開買付に応じなかったにもかかわらず、結局は公開買付価格での精算にて強制的に追い出されるという結果となる。

　スクイーズアウトに反対する株主が取り得る選択肢として、株式買取請求権の行使がある。「全部取得条項付種類株式」を用いたスクイーズアウトには、2種類の手続が株主のために用意されている。1つは、定款変更決議に反対する株主が行使する「株式買取請求権」（会116条）と、もう1つは、全部取得条項付種類株式の取得決議に反対する株主が行使する「価格決定申立権」（改正法172条）である。

(3) **全部取得条項付種類株式の手続**

　全部取得条項付種類株式発行の具体的手続は次の通りである。
　普通株式のみを発行する中小企業（甲社）が、少数株主Aを追い出すた

めに全部取得条項付種類株式を利用するケースを想定する。

ア　2種類以上の株式を発行する株式会社となるための定款変更

会社が種類株式発行会社でない場合には，そのままでは既存の株式を全部取得条項付種類株式にすることができないので，株主総会の特別決議で定款変更をして他の種類株式（いわゆる「当て馬」になる株式）について定款の定めを置く必要がある。なお，他の種類株式を規定したからといって必ずしも当該株式を発行する必要はなく，定款に種類株式を発行できる定めがあれば足りる。

イ　既発行普通株式を全部取得条項付種類株式にするための定款変更
　　（定款記載例1）

次に，既発行の普通株式を全部取得条項付種類株式にするための定款変更を行う。会社法上は，種類株式発行会社の「株式の内容」を変更する手続は，定款の変更であるから，定款変更のための株主総会の特別決議を要する（会309条2項）。また，全部取得条項を付される種類株主による種類株主総会の特別決議（本事例の場合は，普通株主による種類株主総会の特別決議）（会111条2項，324条2項4号）が必要となる。

全部取得条項付種類株式の内容として，定款では次のような事項を定めておく必要がある（会108条2項7号）。

① 　取得対価の価額の決定方法
② 　株式全部の取得を実行するための株主総会決議を行うことができる条件を定めるときは，その条件

この場合，全部取得条項を付すことに反対する当該種類の株主の利益を保護するため株式買取請求権が付与される（会116条1項2号）。

ウ　全部取得条項付種類株式の取得

(ア)　全部取得条項付種類株式の取得に関する決議

株主総会の特別決議により，全部取得条項に基づき，会社が既発行の全部取得条項付種類株式の全部を対価の交付と引換えに取得する。取得の際には，株主総会の特別決議の他に，種類株主総会の決議は不要である。

株主総会の特別決議では，取締役から当該株式を取得することを必要と

する理由の説明を受けた上（会171条3項），次の事項を決定する必要がある（会171条1項）。

① 取得対価の内容，数額等又はその算定方法
② 取得対価を交付する場合は，その割当てに関する事項
③ 会社が全部取得条項付種類株式を取得する日（取得日）

　(イ)　取得対価

　全部取得条項付種類株式を100％減資（本来の目的）で使う場合は，取得の対価は無償であろうが，スクイーズアウトの目的で利用する場合，強制的に金銭解決するためのものであるから，対価は有償（キャッシュ又は当て馬株式の1株に満たない端数）になろう。

　全部取得条項付種類株式の取得の際に有償で対価を交付する場合，財源規制の制約があり，取得対価である金銭等（当該会社の株式を除く）の帳簿価額の総額が会社の分配可能額の範囲内でのみ可能とされている（会461条1項4号）。また，仮に，取得対価を交付する場合には，株主（当該株式会社を除く）の有する全部取得条項付種類株式の数に応じて取得対価を割り当てることを内容とするものでなければならない（会171条2項）。特に，取得対価を金銭とする場合には，その対価の「公正なる価格」が，流動性のない中小企業の株式の価値について問題になる。

　もっとも，スクイーズアウトが目的である場合，金銭対価とすることは実務的ではないため，取得対価を当て馬株式とし，追い出し対象となる株主Aには，ピンポイントで1株に満たない端数を割り当てるようにし，最終的に会社法第234条の端数処理により金銭交付をすることになる。

　(ウ)　株券提供公告

　さらに，会社が株券発行会社である場合には，全部取得条項付種類株式の取得に際して，株券提供公告が必要になることにも注意が必要である（会219条1項3号）。

　エ　その後の手続

　取得対価として金銭交付して，会社が全部取得条項により既発行株式を取得すると株主権を行使する者が存在しなくなることから，同時に新株を

発行するか自己株式の処分を行う必要がある。

　もっとも，前述のとおり，既発行済株式を金銭対価により全部取得すると，財源規制，対価となる資金の拠出さらに課税リスクの問題もあるので，実務では，当て馬株式を対価とし，追い出し対象株主をピンポイントで端数にするように仕組むことになる。そして，最終的に，当て馬株式の株式の内容を，株主総会（種類株主総会）特別決議により普通株式に変更する。

　なお，全部取得条項付種類株式は100％減資を迅速に行うために創設された制度であるため，この目的が達成できるよう，定款変更から株式全部の取得まで（上記ア〜ウ）の決議は1回の株主総会において決議できると解されている。したがって，中小企業が全部取得条項付種類株式によりスクイーズアウトをする場合であっても，1回の株主総会の手続により目的が達せられ得るものである。

定款記載例1

（発行する株式の種類）
第〇条　当会社は，普通株式，Ａ種種類株式を発行する。
（発行可能種類株式の総数）
第〇条　当会社の発行可能株式数は，25000株とし，このうち24950株は普通株式，50株はＡ種種類株式とする。
（種類株式の内容）
第〇条　（全部取得条項）当会社は，当会社が発行する普通株式について，株主総会の決議によってその全部を取得できるものとする。当会社が普通株式の全部を取得する場合には，普通株式の取得と引換えに，普通株式1株につきＡ種種類株式を1000分の1株の割合をもって交付するものとする。
　②　（残余財産の分配）当会社が残余財産の分配をするときは，Ａ種種類株式を有する株主（以下「Ａ種種類株主」という）に対し，普通株式を有する株主（以下「普通株主」という）に先立ち，Ａ種種類株式1株につき1円（以下「Ａ種残余財産分配額」という）を支払う。Ａ種種類株主に対して，Ａ種残余財産分配額が分配された後，普通株主に対して残余財産を分配する場合には，Ａ種種類株主は，Ａ種優先株

式1株当たり，普通株式1株当たりの残余財産分配額と同額の残余財産の分配を受けるものとする。

登記記載例1

| 発行可能種類株式総数及び発行する各種類の株式の内容 | 普通株式　　　　2万4950株
A種種類株式　　　　50株
1．普通株式について全部取得条項に関する定め
　当会社は，当会社が発行する普通株式について，株主総会の決議によってその全部を取得できるものとする。当会社が普通株式の全部を取得する場合には，普通株式の取得と引換えに，普通株式1株につきA種種類株式を1000分の1株の割合をもって交付するものとする。
2．残余財産の分配
　当会社が残余財産の分配をするときは，A種種類株式を有する株主（以下「A種種類株主」という）に対し，普通株式を有する株主（以下「普通株主」という）に先立ち，A種種類株式1株につき1円（以下「A種残余財産分配額」という）を支払う。A種種類株主に対して，A種残余財産分配額が分配された後，普通株主に対して残余財産を分配する場合には，A種種類株主は，A種優先株式1株当たり，普通株式1株当たりの残余財産分配額と同額の残余財産の分配を受けるものとする。 |

(4) スクイーズアウトに関する裁判事例

　大手企業の例ではあるが，スクイーズアウトに関する裁判事例を挙げておくので参考にされたい。

ア 「レックスホールディングス株式取得価格決定申立事件」

　焼肉店チェーン「牛角」を運営していたレックスホールディングスがMBOのため完全子会社化される際に，公開買付が先行して実施され，その後，残存株主のスクイーズアウト（少数株主の締め出し）が行われたケースにおいて，その対価が争われた事例である。

　具体的には，スクイーズアウトのために株主の全部取得条項付種類株式

を取得した際に，会社の提示した取得価格（1株当たり23万円）の妥当性が争われた。

この事例では，公開買付実施の発表に先立って，業績予想を大幅に下方修正するIRが発表され，これに伴い株価が下落した。この下方修正の発表が，低い価格で公開買付を実施するための一種の価格操作を目的とした意図的なものかどうかも争点となった。

　㈠　第一審　東京地裁決定平成19年12月19日平19(ヒ)122号・平19(ヒ)109号

本決定では，取得価格を以下のように計算して，1株当たりの取得価格を23万円（先行して行われた公開買付の買付価格＝会社が当初予定していたスクイーズアウトの対価と等しい）とした。

〔公開買付公表前1か月の平均株価（20万2,000円）〕＋〔プレミアム13.9％（2万8,000円）〕

このように計算した理由として，東京地裁決定では「裁判所が，全部取得条項付種類株式の取得の公正な価格を定めるに当たっては，取得日における当該株式の客観的な時価に加えて，強制的取得により失われる今後の株価上昇に対する期待権を評価した価額をも考慮することが相当である」と述べられている。

　㈡　第二審　東京高裁決定平成20年9月12日平20(ラ)80号

本決定では，取得価格を以下のように計算して，1株当たりの取得価格を33万6,966円とした。

〔公開買付公表前6か月の平均株価（28万805円）〕＋〔プレミアム20％（5万6,161円）〕

このように計算した理由として，東京高裁決定では以下の点を指摘している。

【公開買付公表前6か月の平均株価（28万805円）の部分について】

近接した時期においてMBOを実施した各社においては，公開買付の公表前の3か月又は6か月の間の市場株価の単純平均値に約16.7％から27.4％のプレミアムを加算した価格をもって買付価格としている。

日本証券業協会が定めた「第三者割当増資の取扱いに関する指針」では、第三者割当増資等の取締役会決議の日から払込金額を決定するために適当な期間（最長6か月）をさかのぼった日から当該決議の直前日までの間の平均の価額に0.9を乗じた額以上の額とすることができる旨が定められている。

【プレミアム　20％（5万6,161円）の部分について】

近接した時期においてMBOを実施した各社においては、公開買付の公表前の3か月又は6か月の間の市場株価の単純平均値に約16.7％から27.4％のプレミアムを加算した価格をもって買付価格としている。

公開買付のプレミアムの平均値は、公開買付公表日直前の株価の終値の27.05％である。

　(ウ)　最高裁決定平成21年5月29日平20(ク)1037号

東京高裁決定を支持。

補足意見として、"(MBOの）プロセスにおいて株主に適切な判断機会を確保することが重要であるが、本件では買付等の価格算定に当たり参考とした第三者による評価書、意見書等が公開されておらず、また、株主への通知においてTOBに応じなかった場合に、裁判所に価格決定を申立てても裁判所がこれを認めるか否か必ずしも明らかでないなどの文章が記され、株主に応諾するしかないとの「強圧的な効果」を生ぜしめていて、配慮に欠ける"と批判を加えている。

　イ　「サンスター株式取得価格決定申立事件」

家庭用生活用品等を製造販売するサンスターがMBOのため完全子会社化される際に、公開買付が先行して実施され、その後、残存株主のスクイーズアウトが行われたケースにおいて、株主の全部取得条項付種類株式を取得した際の会社の提示した取得価格（1株当たり650円）の妥当性が争われた。

　(ア)　第一審　大阪地裁決定平成20年9月11日平19(ヒ)52号

本決定では、1株当たりの取得価格を650円（先行して行われた公開買付の買付価格＝会社が当初予定していたスクイーズアウトの対価と等しい）とした。

(イ)　第二審　東京高裁決定平成21年9月1日平20(ラ)950号

　本決定では，本件取得日における公正な価格をもって取得価格とするべきこと及び取得日に市場価格は存在しないが，上場廃止から取得日までの期間が短く，上場廃止日に近接する一定期間の市場価格の平均値とすべきことを述べたうえで，

① MBOに伴う公開買付公表後以降の株価は買取価格に束縛されて形成されたもので客観的価値は体現していない

② MBOを企図する経営者が可能な限り安値に誘導する意図が働くと認定する。

　取得価格を以下のように計算して，1株当たりの取得価格を840円とした。

〔公開買付公表1年前の近似株価（700円）〕＋〔プレミアム20％（140円）〕

　(ウ)　最高裁決定平成22年2月23日資料版商事法務312号

　東京高裁決定を支持。

　補足意見として，取得価格の算定におけるMBOの準備期間の市場価格と取扱い及びMBOによる公開買付後の株式取得者の実際の取得価格等について，会社法第172条第1項に係わる「法令の解釈に関する重要な事項」に該当すると記している。

3 特別支配株主の株式等売渡請求

　会社法平成26年改正により，特別支配株主の株式等売渡請求の制度が創設された。会社法が明文化により認めたスクイーズアウトの方法である。詳細については，第11章「特別支配株主の株式等売渡請求」を参照されたい。

4 事業承継ADRの利用

　株主権をめぐる闘争においては，経営にかかわる主要株主と少数株主の

間にある心情的な壁により歩み寄りを図れないことが多い。このような場合に，前述した支配権による強権的な手段を行うことにより，対立構造は激化し，行き着くところまで行くこと（裁判所の判断）になる。これでは，互いに労力，時間，金を使い果たし，疲弊することになる。

　そこで，この不毛な争いを回避する建設的な解決方法として，事業承継ADR（法務大臣認証第113号）の利用を紹介する。

　事業承継ADRは，民間の調停機関であるが，調停人は，全て国家資格者であり，中小企業支援の実務経験のあるプロ集団であるため，裁判所と異なり経験豊富な実務家によるワンストップサービスが可能である。このような株主権をめぐる闘争において，事業承継ADRを活用するメリットとしては，①お互いの主張について，客観的に判断ができる専門家が介在すること（冷静な判断），②株式の譲渡等に伴う客観的かつ公正な株式評価が算出できること（不透明さの払拭），③中小企業支援に関する様々な支援方法を駆使し当事者にとってベストなアドバイスができること（ベストアンサーの提供），④非公開で話合いができること（風評被害，企業機密漏えいの防止），などがあげられる。

　少数株主が頑な態度により，最終的に司法判断しかないと考えるようなケースであっても，公開の場でかつ制度的に硬直的な対応しかできない裁判を選択する前に，まずは事業承継ADRを選択肢として一考されたい。

〈参考文献〉
・藤原総一郎，西村美智子，中島礼子『株式買取請求の法務と税務』（中央経済社，初版）
・大塚和成，森駿介「会社法改正後のスクイーズアウトはこうなる」税務弘報2014年7月号
・週刊T&Aマスター346号（2010年3月）
・相澤哲『一問一答　新・会社法改訂版』（商事法務，改訂版）

第10章 株主権行使をめぐる諸問題

1 成年後見人による株主権行使

(1) 成年後見制度

　民法は従来の禁治産者・準禁治産者制度を廃止し，平成12年4月1日から成年後見制度，保佐制度，補助制度を導入した。本稿では，最も広く利用されている成年後見制度について述べることとする。

　家庭裁判所は精神上の障害により事理を弁識する能力を欠く常況にある者については後見開始の審判をすることができ（民7条），後見開始の審判を受けた者は成年被後見人とし，これに成年後見人を付することとなった（民8条）。後見人は被後見人の財産を管理し，かつその財産に関する法律行為について被後見人を代表する（民859条）。そして，成年後見人は被後見人の生活，療養看護及び財産の管理に関する事務を行うにあたっては，成年被後見人の意思を尊重し，かつその心身の状態及び生活の状況に配慮しなければならない（民858条）とされている。

　最高裁判所事務総局家庭局が公表している「成年後見関係事件の概況」によれば，平成19年度から平成23年度までの成年後見関係事件の申立件数は合計で140,064件であり，年平均約28,000件である。このうち後見開始の認容件数は5年間で117,476件，年平均23,500件である。年間2万人以上の被後見人が後見開始の審判を受けていることを鑑みると，後見制度は十分に日本国民に受け入れられてきていると評価することができる。しかし，他方我が国では，介護保険の要介護等認定者385万人のうち，「痴呆性老人の日常生活自立度判定基準」でランク3（日常生活に支障を来すような症状，行動や意思疎通の困難さが時々見られ，介護を必要とする状況にある）以上の者が194万人も存在しているのである。このうち，家族から温かく見守られ，幸福な生活を送っている方や，公的支援制度，宗教的な支援機

関等によって保護されている者も存在するであろう。しかし，このような介護を必要とする者の人数を考えると，成年後見制度を我が国の実態を解決していく有用な制度とし，更に活用のしやすい制度として広めていくためには，理論的実践的な問題を解決していく必要があると考えられる。

(2) 成年後見人による代理権の範囲

　精神上の障害により判断能力を欠く常況にある者は自分一人では自己の財産に関する法律行為を適切に行うことができず，他人の援助を受ける必要がある状況にあるので，成年後見人は本人保護の観点から包括的な財産管理権を有すると共に，本人の財産に関する法律行為全般について包括的代理権を有するものとされている（民859条1項）。ここでいう「財産に関する法律行為」とは，預貯金及び現金の管理，有価証券等の金融商品の管理，保険の管理，不動産管理，これらの財産の処分，被後見人が遺産を取得する場合の処理などの財産管理を目的とした法律行為に限られず，介護保険の加入，施設入居契約，医療契約の締結等の身上看護を目的とする法律行為や生活費，医療費等の支払も本人の生活を維持する必要からこれに含まれると解される。

(3) 成年後見人による株主権の行使

　成年後見人は上記のとおり成年被後見人の財産に関して広範な管理権を有しているが，仮に成年後見人が善意で本人の財産を増殖する意図を有していたとしても，証券取引を行ったり，リスクを伴う金融商品を購入したり，非上場の株式を購入したりすることは，成年後見制度の目的からすれば許されない。

　他方，本人の生活費を確保するために，あるいは後見費用を捻出するために本人が保有している証券等を処分することは後見事務の本旨に則った必要な行為であり，あるいは本人が保有していた株式等の価格が急落する恐れがあり，かつそれが極めて蓋然性の高い場合にはこれを処分して本人財産の減少を最小限に抑えるよう努めることは成年後見人にとって適切な

行為である。

　ところで，株主としての権利は株主が会社から経済的利益を得ることを目的とする自益権と，株主が会社の管理運営に参加することを目的とする共益権に分けられる。

　成年被後見人の株主権のうち，自益権に関しては問題なく成年後見人が本人を代理して権利行使することができる。株主を株式会社の共同所有者とみる通常の見解の下では，自益権は所有権の収益機能を体現したものであると考えられることから，包括的な財産管理権を有する成年後見人が本人の財産管理を目的としてこれらの自益権を行使することは問題ないと考えられる。利益配当請求，残余財産分配請求，利息配当請求，新株の引受権の行使，株式買取請求，転換株式の転換請求といった権利の行使は，本人であれば当然行使する権利であり，その株主権の代理行使によって得られる経済的利益が直接本人財産に帰属するものだから，これらの権利を行使することはまさに民法第859条第1項の「被後見人の財産を管理」に該当する。逆に，権利行使が可能であるのにこの自益権の行使をしないことは本人財産の管理を十分に行っているとは言えず，財産管理権を有する者の義務違反となる。

(4)　成年後見人による共益権の行使

　これに対し，議決権や株主の監督是正権を対象とした共益権の行使については，上記の通説的見解を前提としても問題を生じ得る。とりわけ被後見人が大株主であるような場合，会社組織の基本的事項をどのように決定するかについて後見人の判断に委ねられるべきかは問題である。民・商法もこのような事態を予想して定められているとは到底言い難い。

　さらに，株主総会における議決権の行使・不行使は，株主を株式会社の共同所有者と考えると会社の所有者から経営を委託する者に対する意思表示という性質を有するものであるが，こうした行為は組織の一員としてその社団の方向性についての意見の表明という社団的行為にすぎず，成年後見人による「被後見人の財産を管理」に該当するとかその「財産に関する

法律行為」（民859条）に該当するとはなかなか言い難い側面がある。

　そこで，会社経営について極めて高度な経営判断を必要とするような議決権の行使は株主本人が自己責任の名で行うべき事項であって，包括的かつ広範な代理権と財産管理権を持った後見人であったとしても，一般的な後見事務に該当せず，後見人はこれを行使すべきではないのであって，共益権の行使を被後見人の一身専属的な権利と捉える見解も存在し得る。

　しかしながら，①議決権の行使がたとえ株主の財産である株式の価値の増減に直接的な関連性がないとしても，広い意味あるいは長期的な意味では財産の管理に該当すると考えられること，②事理弁識能力を欠き自分一人では自己の財産に関する法律行為を適切に行うことができず，他人の援助を必要とする被後見人がこうした高度な経営判断を行うことができるとは考えられないこと，③さらには，被後見人の一身専属的な権利だとしても被後見人が株主総会に現実に出席して議決権を行使することを期待することは現実的に困難であり，被後見人が大株主の場合には株主総会自体が機能不全に陥ってしまうことなどを考えると，成年後見人は成年被後見人の株主総会議決権を含む共益権を代理行使できる，あるいは場合によっては代理行使すべきであると考えるべきである。

(5)　成年後見人による代理権行使の判断基準

　成年後見人が株主総会議決権を含む共益権を代理行使できる，あるいは代理行使すべきであるといっても成年後見人がどのように議決権等を行使すべきかその判断基準については問題が残る。成年後見人は議決権の行使をすることを前提として途方に暮れることになりかねない。

　そもそも，成年後見人の職務の本質は，①被後見人の生活・療養看護の方針の決定と②被後見人の財産の保全にあり，こうした基準に照らして議決権の行使方法等を決定できるとは限らないからである。例えば，合併契約書の承認決議のように，合併の効果は未知数でありその効果を事前に予測することが困難である。また，その効果の発生の時期的問題もあり，合併契約書の承認に反対して株式買取請求権を行使するというような場合も

考慮すると極めて高度な判断を必要とする場合が発生する。また，被成年後見人が大株主で，後見人の判断により会社の次期経営者が決定するという事態も発生する可能性がある。このような場合，議決権の行使は広い意味での財産の保全行為であると言え，成年後見人はむしろ必要な情報を可及的に取得し，被後見人の財産を保全するための最良の方法を熟慮した上，議決権の行使方法を決定すべきということになる。また，このような事態が発生する可能性がある場合，家庭裁判所は然るべき人材を成年後見人として選任すべきこととなる。

(6) 成年後見人による議決権の行使方法

成年被後見人が株主総会に直接出席できるとは通常考えられないので後見人が法定代理人として議決権を行使することとなる。この場合，議決権の行使方法についていくつか問題が発生する。

　ア　成年後見人が被後見人を代理して議決権を行使する場合，代理人は総会ごとに代理権を証する書面を会社に提出しなければならない（会310条1項・2項）。すると，成年後見人は総会ごとに成年後見登記の登記事項証明書の交付を受け，これを会社に提出しなければならないこととなる。

　イ　会社が株主名簿管理人（会123条）をおいた場合，「成年後見の届出」がなされた場合，成年後見人の氏名や住所が記載されることによって成年後見人宛に株主総会の招集通知を送付したり，配当や利息の支払場所を確定しているようである。成年後見人はこれらの招集通知を受領することにより，議決権の行使を書面によって行うことができる。

〈参考文献〉
・吉田夏彦「成年後見人による議決権行使の問題点」政教研紀要27号
・片岡武ほか『第2版　家庭裁判所における成年後見・財産管理の実務』（日本加除出版株式会社，2014）

2 信託設定された株式についての株主権行使

　株式を対象として信託が設定されると株主権は所有名義者である受託者に移転し，その信託財産から生ずる利益は受益者に帰属する。信託法では，受益者を受益権を有する者と定義づけ，受益権は信託財産に属する財産の引渡しその他の信託財産に係る給付をすべきものに係る「受益債権」と，「受益者の権利を確保するための権利」からなると規定している。したがって，株式が信託されると，配当や株式譲渡による利益は受益者に帰属するが，それ以外の株主権は，受託者によって行使されることとなる。具体的には，株主総会における会社の重要な意思決定等（会467条1項）や取締役の選任・解任・監督（会329条1項，339条1項，381条2項等）に参加することを通じて，その会社の経営・支配を実現することが信託の受託者により行われる。これは，信託を設定すると委託者である株主の株主権から経済的権利は受益者に分離され，それ以外の法的な権利は受託者に移転してしまう「信託の権利内容の分割機能」と呼ばれるものである。

(1) 株式の贈与に代えて自己信託を設定しての事業承継を図るスキーム

　業績が好調で年々株式価値が増加している株式の事業承継にあたり，事業承継者に株式を贈与することに代えて，経営者（委託者）が自分自身を受託者とし後継者を受益者とする自己信託を設定することが考えられる。この場合，委託者（経営者）と受益者（後継者）が異なるので他益信託となり税務上みなし贈与となるので贈与税の申告が必要になる。そうするとこの信託スキームの税務上の効果は株式の贈与と同じであるが，議決権の行使に関しては，受託者である経営者自身が従来と同じく行えるため，会社の経営・支配の面では変更がない。後継者が若く経営能力が心配な場合は，年々株式価値が上がる株式の贈与税の問題を先に済ませ，議決権行使は経営者の手元に留保して後継者の成長を待つ場合などに利用できる。

　また，株式の贈与の場合には，贈与者の意思表示と受贈者の受諾が必要であり，信託も通常，委託者と受託者との間で信託契約を結ぶことにより

行われるが，このスキームのように委託者と受託者が同一の「自己信託」の場合には，委託者の単独の意思により信託が開始されることも便利である。ただし，自己信託は単独行為であるので，外部者には不明であるため意思表示を公正証書等として作成した時点が効力発生時点となる。また，公正証書等以外の書面や電磁記録で作成した場合には，受益者として指定された者へ確定日付のある内容証明郵便等で通知がなされた時点に効力が発生する。

　株式を贈与し，後継者が経営者より先に死亡した場合，経営者とは血縁関係のない後継者の配偶者に株式が相続され経営者の手元には株式が戻ってこない可能性がある。後継者の早すぎる死によってこのような予想もしていなかった現実が急に突きつけられる悲劇は世に広く知られた事例で，会社経営の支配権の基となる株式が，全く事業に関与しておらず血縁関係もない後継者の配偶者に移転しまうことは，事業の継続性上大きな問題が残ることになる。

　これに対して，信託を設定した場合には，例え後継者が死亡して信託の受益権が配偶者に移転しても，会社の議決権は経営者（受託者）に留保されたままであるので，会社の経営・支配に支障をきたすことはない。しかし，後継者の配偶者に受益権が帰属するのを防ぐために，前もって信託契約で後継者（受益者）が死亡した場合には，次の受益権者（次の経営者）を指定する受益者連続型にスキームを組むことも選択の一つとなる。このように信託では経営者（委託者）の経営・支配の「意思の凍結機能」を反映して柔軟に対応することもできる。さらに，受益者（後継者）を指定し，または変更する権利である「受益者指定権」（信託法89条1項）を経営者（委託者）が留保すれば，後継者が死亡した場合や後継者と考えていた者が事業経営に適性がないと判断した場合に，他の者を（経営者）に変更することも可能である。これは，受益権そのものは移転させるが，「信託の権利内容の分割機能」により受益者指定権を切り出して経営者の手元に留保させている手法である。

　ただし，このような受益者変更が行われた場合には，税務上は後継者か

ら経営者への株式の贈与が行われたものとみなされ，経営者に贈与税が課されることになるので税務上の負担が大きなものになるであろう。

このように後継者と考えていた者が保有する株式を取り戻す方法として，経営者が保有する株式を取得条項付種類株式にした上で，その株式を後継者に贈与する方法が考えられる。種類株式を発行する場合には定款で種類株式を発行する旨を記載しておかなければならないが，定款を変更して全部の株式を取得条項付種類株式にしようとする場合（株式会社が種類株式発行会社である場合を除く）株主全員の同意を得なければならない（会110条）上に，取得のための対価資金を用意しなければならない問題があるが，信託にはこのような制約はない。

(2) 「信託を活用した中小企業の事業承継の円滑化にむけて」中間整理（中小企業庁）より

(1)の例では，経営者（委託者兼受託者）は，自分自身の意思で議決権を行使していたが，委託者又は受益者からの議決権行使の指図を受けて受託者が議決権行使するスキームが考えられる。通常，発行会社に対して議決権を行使できるのは名義人である受託者であるが，特約により議決権の行使を受益者又は委託者の指図によって行うことを定めることができる。このような議決権行使の指図は従来から投資信託や有価証券管理信託において利用されているが，平成20年9月に中小企業庁から発表された「信託を活用した中小企業の事業承継の円滑化にむけて」中間整理において，議決権行使の指図権を利用した事業承継の事例が紹介されているので，ここに紹介しておきたい。

その1　遺言代用信託による事業承継

経営者（委託者）がその生前に，自分自身を受益者，信託会社等を受託者として自社株式に信託を設定する。この信託契約は，経営者が死亡した場合には後継者が受益権を取得する旨が定められている遺言代用信託を設定するものとする。この場合，株式の財産価値は，受益権の移転に伴って

経営者の生存中は経営者に，死亡後は後継者に移転し，相続税の課税対象となる。ここで，株式の議決権行使の指図権を，経営者（委託者）相続発生前は当初受益者（経営者）の指図に従って受託者が行使し，委託者の相続発生後には後継者の指図に従って，受託者が行使するように設計する。

　遺言代用信託は，相手方のいない単独行為で死亡後に効果が発生する遺言と違い，委託者と受託者の契約により委託者の生前に効果が生ずるので，相続による混乱を回避しやすい利点に加えて，議決権の指図権の特約を信託契約に織り込むことにより，経営者の生前は経営者が議決権行使の指図を，死亡後は後継者が議決権行使の指図を行うことによって，会社支配権のスムーズな移行が可能となる。また，議決権行使の指図権と会社法との関係では，受益者と議決権行使の指図者が同一人であるから，公開会社・非公開会社を問わず，会社法上の問題は生じないと考えられる。

その2　その1の応用例

　その1のスキームの応用例として，遺言代用信託において，会社株式の受益権を遺留分等の理由により後継者だけに集中できない場合，受益権が経営者（委託者）の死亡後に会社後継者と非後継者の2人に移転せざるを得ない場合であっても，後継者のみを議決権行使の指図権者に指定し，非後継者には議決権行使の指図権を与えないように設計することで，議決権の分散化を回避してスムーズな事業承継を図ることができる。非公開会社においては，議決権について株主ごとに異なる扱い（いわゆる属人的な定め）を定めることが認められており（会109条2項），剰余金配当請求権の経済的権利と議決権を分離することも許容されているため，複数の受益者のうち特定の者に議決権行使の指図を集中しても会社法上の問題は生じないと考えられる。

その3　他益信託を利用して，財産的価値部分の贈与を先行させ，会社支配権を手元に留保しておく方法

　その1で紹介した事例に似ているが，経営者を委託者，後継者を受益者

とする他益信託を設定することにより株式のみなし贈与を税務上生じさせ贈与税申告を終了させるので，株式の財産的価値の移転は早期に終了するが，株式の議決権の指図権を経営者（委託者）が死亡するまで留保する信託契約を結ぶと，経営者支配権の続行の意思を反映したスキームを作ることができる。これは，その1で紹介した事例と違い，自己信託による家族信託ではなく信託会社等を受託者とする方法である点と，議決権の指図権を経営者（委託者）に付与して（議決権行使の指図権は，受益者ではなく委託者に付与する信託が設計可能である。），経営者（委託者）の指図どおりに信託会社等に議決権を行使させることに特徴がある。そして，信託契約において，信託終了時（経営者の死亡時）に後継者が自社株式の交付を受ける旨を定めておくことで，後継者の地位を確立することができ，後継者は，安心して経営に当たることができる。

同様の効果は，種類株式の発行によっても得られる。例えば，拒否権付株式（いわゆる黄金株）を発行して，経営者が拒否権付株式を保持したまま，残りの株式を全部後継者に生前贈与する，あるいは，株主ごとの属人的定めをすることによって，ある程度同様の効果を発生させることができる。しかしながら，会社法上の制度の利用については，次のような問題がある。

① 種類株式を発行するためには，株主総会の招集，特別決議が必要であるなど手続が煩雑
② 拒否権付株式は，後継者の意思で行った株主総会の決議を拒否することができるにとどまり，積極的に会社の意思決定をすることができないという制度上の限界がある。

その4　後継ぎ遺贈型受益者連続信託

経営者（委託者）が自社株式を対象に信託を設定し，信託契約において，後継者を当初受益者と定め，当該受益者たる後継者の死亡が発生した場合には，その受益権が消滅し，次の後継者が新たな受益権を取得する旨を定める後継ぎ遺贈型受益者連続信託を使ったスキームがある。このスキーム

のニーズは，経営者の中には自分の世代だけでなく，次世代以降の後継者についても，自分の意思で決定したいというニーズや次男を後継者とするが，次男の子には会社経営の資質がある者がいないので，長男の子に事業を承継させたいというニーズなどである。当初経営者（委託者兼受益者）が議決権行使の指図権を有しているが，受益権が連続して移転して受益者が変わるたびに，議決権行使の指図権も移転していく。かくして事業承継についての経営者の意思を凍結させることができる。しかし，税務の面からは，法的構成とは異なり，受益者は順次移転した信託財産について相続又は遺贈とみなして相続税が課される（相続税法9条の2第1項）ので，このスキームにおいては，税負担の問題と会社経営に関する議決権行使の指図の両面から検討されなければならない。

　その3及びその4においても，その2と同様に非公開会社においては，議決権について株主ごとに異なる扱い（いわゆる属人的な定め）を定めることが認められており（会109条2項），剰余金配当請求権の経済的権利と議決権を分離することも許容されているため，複数の受益者のうち特定の者に議決権行使の指図を集中しても会社法上の問題は生じないと考えられる。

(3) 議決権行使の指図権と受託者の善管注意義務

　事業承継の円滑化を目的とする信託において，受託者は議決権行使の指図が会社の解散議案に賛成するなど円滑な事業承継遂行上不適切な場合に，受託者が議決権を行使することが適切でない場合もある。受託者は，一方で受益者の利益のために善管注意義務及び忠実義務を負っており，他方で委託者や他の受益者の指図に従って議決権を行使することが求められている。ここで，両者の利益が相反する場合には，議決権行使を巡って受託者にコンフリクトが生ずることとなる。

　そこで，信託契約においては，次のような事項を定めておくことが必要になる。

① 議決権行使の指図の内容が，円滑な事業承継の遂行のために不適切と判断される場合には，受託者と受益者（指図権者）は，信託財産たる株式に係る議決権の行使につき協議するものとする。
② 受託者は，受益者（指図権者）との協議の結果に従って，議決権の行使をするものとする。
③ 議決権の行使につき協議が整わないときは，受託者，委託者又は受益者（指図権者）は，信託契約を解除することができる。

　複数の受益者の存在の下で，受益者の利害が衝突する場合に，受託者はどちらの利益の為に議決権を行使すれば良いのか。特に，買収，会社支配をめぐる役員の選任・解任に関する議決権の行使においてはその判断に迷うことが多い。
　投資信託や有価証券管理信託の受託者である証券会社等は，議決権行使の指図に関するガイドラインを定めてこのような状態に対応しているので，ある証券会社のものを要約して紹介したい。

（議決権行使の指図のガイドライン）
　当社は，投資家の皆様を代表して議決権を行使することにより，会社の意思決定や運営のあり方及び経営組織の監視・監督のあり方を株主利益重視の方向へ向かわせることで，結果として投資家の皆様の利益に資するよう努力して参ります。
　当社は受託責任を果たすため，独立の立場から，専ら投資家（投資信託の受益者及び投資顧問契約の顧客）の利益のみを目的として，議決権を行使します。
　投資先企業のガバナンスの監視，株主価値の増加，毀損防止という目的を達成するために当社では以下の点に特に注目して議決権を行使するよう努力して参ります。

① 剰余金の処分に関しては，株主配当や自社株式買入れなど総還元性

向の水準だけではなく，中長期的に株主価値の最大化を重視する。
② 会社の支配権を維持するため，あるいは支配権獲得を防ぐためになされる議案には，原則として反対する。一方で中長期的に株主価値を毀損する可能性がある買収提案については肯定的な評価はできないため，こうした被買収リスクの存在が明らかで，かつ既存の株主価値を毀損しない範囲内での買収防衛策を肯定的に評価することもあります。
③ 合併・買収などの事業の再建築については，会社の経営戦略と整合しており，中長期的な株主価値の向上の観点から最善の選択であるかどうかを注視します。また，買収価格などのバリエーションについては，中立的な第三者により算出され，合理的な水準であることを条件とします。

このような協議やガイドラインを設けて紛争回避を図るにしても，信託が委託者，受益者，受託者で構成される以上，委託者と複数の受益者が存在する場合に，委託者又は受益者による議決権行使の指図と，受益者のための受託者による善管注意義務の相克が根本的に解決することはなく，未だにグレーな領域が残っている。

(4) 一般社団法人の基金に現物出資された株式についての株主権の行使

会社の経営が順調で株式の経済的価値が年々増加傾向にある場合，事業承継における相続税対策の一環として，株価の上昇リスクを回避する手段として一般社団法人の基金に株式を現物出資することが考えられる。基金の性格は，税務上債務として認識されるため基金拠出者は，一般社団法人に対する債権者ということになる。債権ということになれば，以後どれだけ株式の価値が上昇しても相続税評価額は上昇することはなく，基金拠出時の時価で評価が固定されることになる。

このようなことを意図して，一般社団法人の支配下に事業法人を置いた場合に，その事業法人に対する支配は具体的にどのように株主権の行使を経て行われるのであろうか。

株式会社の最高意思決定機関は株主総会であり（会295条1項），株主総会の決議に加わる権利である株主権の行使により株式会社を支配する。その一環として，会社の業務執行の意思決定を行う取締役の選任は，株主総会の普通決議で行われる（会329条1項，341条）。また，取締役の解任も，いつでも，理由の如何を問わず株主総会の普通決議で行うことができる（会339条）。

　取締役会非設置会社の場合には，取締役は会社の業務執行を行い，かつ原則として会社を代表する株式会社の機関たる地位を有する（会348条1項，349条1項本文）。また，取締役会設置会社における取締役は，取締役会の構成員として会社の経営に関する意思決定や取締役の職務執行の監督に関与する。そして取締役会は，取締役の全員をもって構成され，業務執行に関する会社の意思を決定し，代表取締役を選定・解職する機関である（会362条2項3号）。このように，一般社団法人が，株主として議決権を行使し，取締役の選任・解任を通じて株式会社を支配するのである。

　それでは，その一般社団法人を支配するのは誰であろうか。一般社団法人のような持ち分の定めのない会社においては議決権を持った株主のような存在はいない。

　株式会社の資本金に相当するものと外見的に見える基金は，一般社団法人に拠出された財産であり，定款の定めに従い返還義務を負うもの（一般法人法131条）であり，基金拠出者と一般社団法人の関係は債権債務者としての関係である。ただ，この基金は債務色が弱く解散した場合には，他の一般債権に劣後し，破産した場合にも劣後的破産債権にさえ劣後する（一般法人法145条）。だからと言って，株式のような株主権が付与されているものではない。基金拠出者は，株主権のような会社を支配する力もなく，一般債権者に最劣後する債権者である地位にとどまっている。また，剰余金の分配も行われず，基金への利息の付利も禁止されている（一般法人法143条）ので，株主や債権者が享受できる経済的な恩恵である配当や利子も享受できない。さらに，基金の拠出者は，一般社団法人が拠出した基金に対して返還義務を負うといっても，返還金額は期末貸借対照表の純資産

が基金を超える場合の超過額という限度額設定がなされている。純資産が基金を超えない限り返済は行えないし，超えても限度額の設定がある。

　さらに，一般社団法人は，基金を返還する場合には，内部留保のうち，返還する基金に相当する金額を代替基金として計上を求められている（一般法人法144条）。

　このように，基金拠出者は，株式会社の株主や債権者に比べて，その権利は著しく制限されている。このような基金拠出者は，表現が不穏当かもしれないが何も見返りを求めない奇特な慈善家のような存在になっている。

　ただ，基金拠出すれば債権債務関係であるので贈与とはならず，拠出を受けた一般社団法人においても受贈益として認識されず法人税が課税されない（受贈益の非課税となる措置法の規定についてはここでは触れない）利点がある。しかし，基金拠出者が個人の場合，拠出した基金債権は相続税の課税対象となる。ここで，今回の事例に立ち戻れば，一般社団法人の基金として現物出資された基金債権は，現物出資を受けた一般社団法人においては，債務として認識され受贈益課税されることはないが，基金拠出した個人は，その個人が死亡して相続が発生した場合には，相続税の計算対象に債権として世々代々含まれることになる。

　少し主題から離れることになるが，このような債権である基金に対して貸倒損失や貸倒引当金の設定が求められるであろうか。

　持ち分ではなく，債権であるから貸倒れや貸倒引当金の対象になると思われるが，この点，保険業の基金について，平成9年に保険会社への基金拠出に関する経理・税務に関する全銀協通達では，拠出基金のうち貸出金の性格を有するものについては「貸出金」として処理し，それ以外のものについては「その他の資産」で経理し，貸倒引当金の対象債権とすることに関して国税局の了解を得ている旨が記載されている。

　また，国税庁の事例照会に対する文書回答事例にも，一般社団法人の基金は債務として認識されるので，その基金について基金拠出者との間で基金に弁済しないとの合意に至った場合には，一般社団法人の弁済債務が免除されることになるので，一般社団法人において債務免除益を認識するこ

ととなる旨が記載されている。

　本論である一般社団法人による株主権の行使による株式会社支配に戻ると，本スキームにおいて株主権の行使を行う具体的な業務執行権は一般社団法人の理事が有している。

　理事会が設置されていない一般社団法人においては，定款に別段の定めがある場合を除き，理事が一般社団法人の業務執行権を有する（一般法人法76条1項）。理事が2人以上いる場合には，定款に別段の定めがある場合を除き，理事の過半数をもって決定する（同条2項）。従って，理事会非設置一般社団法人においては，誰が理事になるかで株式会社の支配権に決定的な影響力を持つことになる。また，理事が複数いる場合には，理事の過半数を占めることができるかで，株式会社に対する支配権が決定する。

　理事会設置一般社団法人においては，業務執行の意思決定は理事会が有する（一般法人法90条）上，代表理事の選任・解職も理事会で決定される。また，誰が理事会を支配するかに議決権の行使がかかっている。

　本スキームでは，株式会社の事業承継に当たって，その会社の承継者が一般社団法人の理事になり，または理事会設置会社であれば理事会を支配していることが必須の要件となる。従って，株式会社の事業を承継する者が株式会社の代表取締役になり，その者が一般社団法人の理事会非設置会社の一人理事に就任するか，その代表取締役の事業承継に賛成する親族が理事の過半数を占めるように機関設計する必要がある。

　ところで，一般社団法人の理事の選任は，一般社団法人の社員が社員総会によって行われる（一般法人法63条）。また，役員である理事はその任期に関わりなく，社員総会において，何時でも解任することができる（一般法人法70条）。このように，社員総会が社団の最高意思決定機関であり，定款に別段の定めがない限り，総社員の議決権の過半数を有する社員が出席し，その社員の議決権の過半数をもって決定される（一般法人法49条）。

　一方，一般社団法人においては，社員たる地位の譲渡が予定されていない。社員の氏名を定款に記載し，定款の作成を通じて社員の確定が行われ

る。一般社団法人の設立時社員（一般社団法人の社員になろうとする者）は共同して，定款を作成し，これに署名又は記名をしなければならない（一般法人法10条1項）ので，2人以上の社員の設置が必要である。そして，設立時社員は，定款に別段の定めがない限り，各自1個の議決権を有する（一般法人法17条2項）。

　その社員となるための資格は，入退社の手続，退社事由などは定款の絶対的記載事項である。したがって，定款に，2人以上必要な社員となれる者の資格を，例えば，「株式会社X社の代表者A氏及びその相続人」と決めておけば，会社の事業承継における支配権が確保される。しかし，この場合であっても，株式会社の代表者A氏の相続人が，株式会社の支配権を巡って相争うような事態になっていれば，社員になる資格を有する相続人のうちで，多数派が一般社団法人を支配していくことになる。

　この点，株式会社の事業承継と比較すると，株式会社の経営支配は株式を保有する者が有しており，事業承継の為に事前の株式の贈与等を通じて会社の支配権が移転していく。一般社団法人においては被相続人の死後，社員たる地位を巡って相続人間で争いが発生する可能性がある場合には不安定な状態になる場合がある。

　また，現代日本の少子高齢化という経済状況の中，事業の後継者不足が深刻化し現状で親族内承継が難しい場合には，親族外承継であるMBO（役員や従業員による事業承継）やM&Aによる外部への会社売却か，会社清算の道を選択せざるを得ない場合も想定される。MBOやM&Aによる場合，通常は株式会社の個人株主による株式譲渡であるため，そのキャピタルゲインに対して20％の税率による譲渡所得が分離課税されるだけの課税で済むが，一般社団法人がMBOやM&Aにより株式会社の株式を譲渡する場合には，そのキャピタルゲインに対して約35％の実効税率により法人税が課税されるため，一般社団法人がそのキャピタルゲインを打ち消すだけの欠損金を保有していない場合には，前者に比べて租税負担が重くなるデメリットがある。

　従って，一般社団法人に株式を所有させて株式会社の事業承継を図る場

合には，その事業に魅力があり親族内の相続人に争いが想定される場合や，逆に承継者の成り手が無くMBOやM&Aになる場合には，税金上のデメリットがあることも念頭に置いておかねばならない。

　また，MBOやM&Aをする際，定款変更を社員全員の同意で行い一般社団法人の社員たる地位の変更を図る方法も可能ではあろうが，社員の地位の譲渡が無い一般社団法人においては，社員に金銭的な対価を保障することができず，実務的では無いように思われる。

　ここで，個人が一般社団法人に株式等の財産を移転させる場合には，一般社団法人への譲渡，贈与（寄付），基金への拠出が考えられるが，譲渡であれば譲渡側に譲渡所得，贈与であれば贈与側にみなし譲渡所得と一般社団法人側で受贈益が発生し法人税の課税負担が発生する。また，基金拠出すれば債権債務関係が発生することになる。

　個人が事業承継のため，非上場株式を一般社団法人に譲渡した場合には，譲渡益に対して20％の税率による分離課税が課される。問題は，一般社団法人が，株式の買取資金を金融機関等から調達できるのであれば，譲渡という選択枝も考えられるのであるが，不動産賃貸物件等の収益事業を保有していない限り返済原資を捻出できず，この譲渡による方法は採用できない。しかし，その譲渡の対象となる株式会社や関連会社の業況が良く返済原資を捻出可能であれば，その株式会社や関連会社が資金借入れを行い，これを一般社団法人に貸付け，元本を据え置き利息だけを返済する方法が考えられる。一般社団法人に利息を支払う原資があれば可能なスキームで，このような迂回融資を，金融機関がこの事業承継スキームに対して理解を示せば可能であろう。しかし，この方法を安易に選択すると，将来親族外承継のMBOやM&Aに至った場合，一般社団法人が株式の譲渡時にキャピタルゲインに法人税が課税されるうえ，外部に売却された株式会社の有する一般社団法人に対する貸付金をどのように精算していくのか，一般社団法人には元本の返済原資が無いだけに，税務上のロスと金融機関等の協力を仰いで難しい対応が余儀なくされるであろう。また，そもそも元本返済

が見込めない金銭消費貸借など認められるのであろうか。

このように考えてくると，一般社団法人が株式会社の株式を保有して支配するのは，一定の条件が揃っている場合に限定されることになるので，慎重な検討が求められる。

3 相続人による相続の放棄後の株主権行使

(1) 相続人による相続の放棄

相続人は相続の放棄をする旨を家庭裁判所に申述して相続の放棄をすることができる（民938条）。相続人は自己のために相続の開始を知ったときから原則として3か月以内に相続の放棄をしなければならない（民915条）。相続人は相続の放棄をするまではその固有財産におけるのと同一の注意をもって相続財産の管理をしなければならない（民918条）。相続の放棄をした者はその相続に関しては初めから相続人とならなかったものとみなす（民939条）。相続の放棄をした者は，その放棄によって相続人となった者が相続財産の管理を始めることができるまで自己の管理におけるのと同一の注意をもってその財産の管理を継続しなければならない（民940条1項）。

(2) 相続人による相続の放棄後の株主権の行使

以上の規定により被相続人の相続財産の中に株式が存在した場合，相続人は相続放棄をするまではその株式を管理しなければならず，更にその相続放棄によって新たに相続人となった者が相続財産の管理を始めることができることになるまでは相続放棄をした後も，株式の管理を行わなければならないこととなる。この場合，相続放棄をしようとする相続人は株式の譲渡をすることはできない（民921条1号）が，相続財産として株式の配当を受理したり，議決権の行使を行うことはできると解するべきである。

(3) 全相続人の相続放棄後の株主権

被相続人の財産が債務超過の疑いがある時，一般に第1位の相続人が相

続の放棄をするだけでなく，第1位の相続人が相続の放棄をすることにより相続人となった者（第2位以降の相続人）も第1位の相続人と連絡を取り合ったりして相続放棄をすることも多数存在する。このような場合，その株式について相続人が存在せず株主権を行使する者が不存在となる場合が発生する。さらには全相続人が相続を放棄した結果，主要株主が不存在となったり，全株主が存在しないなどの結果により，会社の運営上非常に困った事態となることも発生する。このような場合の対処方法としてはいくつかの方法が考えられる。

① 相続財産管理人を選任する場合

会社は利害関係人として家庭裁判所に対し相続財産管理人の選任の請求をすることができる（民952条1項）。家庭裁判所はこの場合，相続財産管理人を選任し，遅滞なくこれを公告しなければならない（民952条2項）。相続財産管理人は管理すべき財産の目録を作成しなければならず（民953条，27条），遅滞なく全ての相続債権者及び受遺者に対して一定の期間内にその請求の申述をすべき旨を公告し（民957条1項），知れている相続債権者及び受遺者には格別にその申述の催告をしなければならない（民957条2項，927条3項）。ところで，相続財産管理人は相続財産の管理について代理権を有しているが，その管理権限は民法第103条に定める行為（保存行為及び物又は権利の性質を変えない範囲内において行う利用行為又は管理行為）については権限を有するが，これを超える行為をする場合は家庭裁判所の許可を受けてその行為をすることとなる（民953条，28条）。そこで，会社は相続財産管理人に対して自らの株式を適切な第三者に適切な価格で売却するよう申し入れすることにより，本件株式の売却を申し入れることができる。すなわち，相続財産管理人は，ⅰ）管理・手続費用の捻出のため，ⅱ）債務弁済などの清算上の必要から，ⅲ）管理・保管の方法のためなどに相続財産を換価する必要がある。そこで，相続財産管理人は相続財産を競売に付すことになるが（民936条，932条），実務上は他の場合と同様，権限外行為として換価処分の許可を求め，任意売却する場合が多いこととなるのである。そこで会社は，相続財産管理人に対して自ら株式の価値を疎明し，

家庭裁判所にその価額で購入してくれる候補者を申し出て，株式の売却処分をさせることによって正当な株主となるべき者を選出することができることとなる。

② 特別受益者としての請求

所定の手続を経て相続人が存在しないことが明らかになった場合，家庭裁判所は被相続人と生計を同じくしていた者，被相続人の療養看護に努めた者，その他被相続人と特別な縁故があった者の請求によって，相当と認める時，これらの特別縁故者に清算後残存すべき相続財産の全部又は一部を与えることができる（民958条の3）。従って，上記の要件を満たす者がいた場合には，会社は特別縁故者と協議して，家庭裁判所に対して同じく相続財産管理人の選任を申し立て，特別縁故者として相続させるという方法を採ることができる。

③ 株式の競売

株式会社は株主に対してする通知又は催告が5年以上継続して到達しない場合又はその株式の株主が継続して5年間剰余金の配当を受領しなかった場合には，該当する株式を競売し，かつその代金をその株式の株主に交付することができる（会196条，197条1項）。また，株式会社はこの競売に代えて，市場価値のある株式については市場価格として法務省令で定める方法により算定される額をもって，市場価値のない株式については裁判所の許可を得て競売以外の方法によりこれを売却することができる。この場合において当該許可の申立は取締役が2人以上ある時はその全員の同意を必要とする（会197条2項）。株式会社は，この方法により売却する株式の全部又は一部を買い取ることができるが，この場合でも取締役会の決議を得て買い取る株式の数（種類株式にあっては株式の種類及び種類ごとの数）及び対価の金銭の総額を決定しなければならない（会197条3項・4項）。

株式会社は前記の競売もしくはその他の方法による売却をする場合，当該株式の株主その他の利害関係人が3か月を下ることができない一定の期間内に，異議を述べることができる旨等を公告し，かつ当該株式の株主及びその登録株式管理者に各別にこれを催告しなければならない（会198条

1項)。この当該株式の株主に対する催告は株主名簿に記載し又は当該株主及び登録管理者の住所(当該株主又は登録管理者が別に通知又は催告を受ける場所又は連絡先を当該株式会社に通知した場合にあってはその場所又は連絡先を含む。)にあてて発しなければならない(会198条2項)。

　本件の場合には，株主が存在しなくなるのであるから，通知及び催告は当然到達しないし，また剰余金の配当も受領しないこととなる。そこで会社は株式の競売等の方法で株式を売却し又は自らこれを取得し，取得した者を株主とすることができる。

　④　その他の方法

　上記①，②，③の手続が原則であるが，上記①，②の方法の場合，株式会社は相続財産管理人の報酬を予納しなければならず，上記②，③の方法では5年間の期間を要することとなる。更に言えば，上場している株式会社の株式であればともかく，一般に未上場の会社の株式の正確な評価は難しく，また株主である被相続人の相続人らは当該株式の価値を評価せずに，相続を放棄した場合がほとんどであり，結局当該株式の株主となるべき相続人は全て相続を放棄しており，相続財産の内容に触れることさえ嫌がるといった状況になっていることが多い。当該株式の保有について利害関係があり関心があるのは，その株式の会社だけであることも多いと考えられる。すると，会社とすれば，当該被相続人の意思を十分に考慮し，被相続人の当該株式処理についての意思を表明した書面等の証拠があればこれを広く解釈し，当該被相続人の意思に沿った処理をすることにも十分合理性があると考えられる。

第2編
中小企業の株式管理対策編

第11章 特別支配株主の株式等売渡請求

1 特別支配株主の株式等売渡請求の概要

(1) 会社法改正：特別支配株主の株式等売渡請求制定の背景

　会社法改正法案が平成26年6月20日に国会を通過し，同27日に公布された。この会社法改正は，平成18年会社法制定時の積み残しの課題や国際化に伴う投資環境の整備の必要性から，主として会社法制の企業統治のあり方や親子会社に関する規律の見直しの要請のもと行われたものである。その内容は，企業不祥事への予防策として，社外取締役の機能の積極的な活用促進や社外取締役を置かない場合の規律[1]など大会社向きの改正が多い印象があるが，実は中小企業について適用のある規定も意外と多い。そのうち株主の権利義務に関する重要な改正が，「特別支配株主の株式等売渡請求」規定の新設である。

　改正前会社法においては，支配力がある株主が少数派株主の株式を，その少数派株主の承諾を得ることなく，直截に金銭を対価として取得してしまう手法として，現金対価の吸収合併，株式交換，全部取得条項付種類株式の取得（会171条）など，いわゆるキャッシュアウトの手法があり，実務としてはそのうち全部取得条項付種類株式の取得を用いることが通常であった。ところが，これらの手法は本来の特定の目的を持つ手法を少数派株主の締め出し目的に転用するのであるから法の趣旨による手段の目的と，これを利用する目的との間にズレがある上，吸収合併，株式交換，全部取得条項付種類株式の取得のいずれの手法においても株主総会の特別決議を要する。つまり，多数派株主が少数派株主を締め出したいだけであるから，

---

1) 監査等委員会設置会社制度の新設や監査役会設置会社（公開会社であり，かつ大会社であるもの）であって有価証券報告書を提出しなければならないものに限って適用がある社外取締役を置いていない理由を株主総会で説明しなければならない。

本来であれば多数派株主が少数派株式を直接的に取得する方法を採りたいのであるが，改正前の方法では当該株式の発行会社という介在物の株主総会決議という本来不要の手続を経なければならない。まして全部取得条項付種類株式においては，もともと総額減資・資本入替えのために開発された手法であって，種類株式を発行可能にするための定款変更，既存株式の内容を全部取得条項付種類株式に変更，全部取得条項付種類株式の取得決議の3段階においてそれぞれ株主総会の特別決議を要する（詳細については，第9章「株主権をめぐる闘争」を参照されたい）。なんとも不必要にして煩雑な手続を踏まねばならない。いずれも少数派株主の締出しのために用いるにしては迂遠な道である。もっと直截に，時間的にも手早く少数派の株式を買い取ってしまう方法はないか，改正法が導入した特別支配株主による株式等買取請求制度はこの目的を遂行する合理的手段として導入されたと言われている。

　改正法では，多数派株主による機動的な少数派株式の強制買取を可能とするため，株式会社の総株主の議決権の10分の9以上を直接または子会社によって間接的に有する株主（特別支配株主）が，当該株式会社（対象会社）の株主総会決議を要することなく，他の株主の全員に対し，その有する株式の全部を売り渡すことを請求することができるという株式売渡請求の制度を創設している（改正法179条1項）。また，特別支配株主が，株式売渡請求と併せて，対象会社の新株予約権や新株予約権付社債についても売渡請求をすることができることとしており（同条2項・3項），これらの請求を総称して「株式等売渡請求」と呼ぶこととしている（改正法179条の3第1項）。

(2) 株式等売渡請求の手続（書式1）

　上述したとおり，特別支配株主の株式等売渡請求は，少数派株主のキャッシュアウトを目的として創設された制度であり，少数派株主の株式が特別支配株主に直接移転する効果が生じるものとして，改正前からのキャッシュアウトとは大きく異なるしくみである。具体的な手続としては，

次のとおりである。

　ア　対象会社間に対する売渡請求する旨の通知

　特別支配株主は，株式等売渡請求をしようとするときは，対象会社に対し，株式売渡請求をする旨（併せて新株予約権売渡請求をするときは，その旨），及び次の事項を通知する（改正会社法179条の2・179条の3）。

① 特別支配株主完全子法人[2]に対して株式売渡請求をしないこととするときは，その旨，及び当該特別支配株主完全子法人の名称
② 売り渡す株主（以下「売渡株主」という。）に当該売渡株式の対価として交付する金額又はその算定方法
③ 売渡株主に対する金銭の割当に関する事項
④ 株式売渡請求に併せて新株予約権売渡請求をするときは，その旨及び，イ）特別支配株主完全子法人に対して新株予約権売渡請求をしないこととするときは，その旨，及び当該特別支配株主完全子法人の名称，ロ）新株予約権を売り渡す新株予約権者（以下「売渡新株予約権者」という。）に当該新株予約権の対価として交付する金額又はその算定方法，ハ）売渡新株予約権者に対する金銭の割当に関する事項，ニ）法務省令で定める事項
⑤ 株式を取得する取得日
⑥ 法務省令（改正会施則33条の5）で定める事項

　なお，対象会社が種類株式発行会社である場合には，特別支配株主は，対象会社の発行する種類の株式の内容に応じ，売渡株主に対する対価として交付される金銭の割当に関する事項について，売渡株主の種類ごとに異なる取り扱いを行う旨及び当該異なる取り扱いの内容を定めることができる。

---

[2] 当別支配株主が発行済株式の全部を有する株式会社その他にこれに準ずるものとして法務省令で定める法人

書式1　株式等売渡請求に関する通知及び承認請求書

株式等売渡請求に関する通知及び承認請求書

山田商事株式会社　御中

平成○○年○○月○○日

住　　　所		
氏名又は名称		㊞
所有株式数	普通株式　　　　　株	

　拝啓　○○の候、時下ますますご清祥の段、お慶び申し上げます。日頃は大変お世話になっております。
　さて、貴社の特別支配株主に該当する私は、貴社の発行する株式につきまして、会社法第179条乃至第179条の2の規定に基づき、私以外の株主全員に対して株式を売り渡すことを請求したいので下記の事項につき通知いたします。
　また、当該通知事項につきまして、会社法第179条の3に基づき貴社の承認を請求いたしますので、平成○○年○○月○○日までに承認・不承認の決定をお願いします。

敬具

記

　株式等売渡請求に関する決定事項
1．特別支配株主子法人に対して売渡請求をいたしません
　　当該売渡請求をしない特別支配株主子法人の名称：

1．株式売渡請求の対象となる売渡株主に対して対価として交付する金銭の額（又はその算定方法）：
　　普通株式1株につき

金　[　　　　　　]　円

1．株式売渡請求の対象となる売渡株主に対する上記金銭の割当に関する事項
　　下記の売渡株式等の取得日に、普通株式を有する株主全員に対し、上

記金銭の額を持株数で乗じた金銭を交付いたします。
 １．売渡株式等を取得する日：　平成〇〇年〇〇月〇〇日
 １．法務省令で定める事項
　　① 　株式売渡対価の支払のための資金を確保する方法　自己資金
　　② 　株式等売渡請求に係る取引条件　　　　　　　　　なし
　　　　　　　　　　　　　　　　　　　　　　　　　　　以上

イ　対象会社による承認

　特別支配株主は，株式等売渡請求につき対象会社の承認を受けなければならない。対象会社が取締役会設置会社である場合は，承認するか否かの決定は取締役会の決議により（改正法179条の３），取締役会非設置会社である場合は，取締役の過半数（会348条２項）をもって決定しなければならない。

　この場合，対象会社の承認について，法務省の担当者が法律雑誌に公表している見解では，「対象会社の取締役は，②〔編注：株式等売渡請求〕の承認に当たって，売渡株主等の利益に配慮して，対価の相当性や対価の交付の見込み等を検討する必要がある」としている（NBL1032号，14頁）が，対象会社の取締役は90％以上の株式を掌握している特別支配株主の意向に逆らえるはずがなく甚だ疑問が残る（詳細は後に述べることにする）。

　なお，種類株式発行会社においては，ある種類の株式の種類株主に損害を及ぼすおそれがあるときは，対象会社の株式等売渡請求の承認は，当該種類の株式の種類株主を構成員とする種類株主総会の決議がなければ，その効力を生じない（改正法322条１項１号の２）。ここで，「ある種類の株式の種類株主に損害を及ぼすおそれがあるとき」といえる場合は，具体的にどのような事由かが問題となる。たとえば，株主全員の株式が，同じ割合でもって特別支配株主に強制的に移転取得するのであるから，一般論として，売渡請求の実施だけをもって，種類株主だけが損害を及ぼされるものとは言い難く，当該事由に該当することはないとも考えられる。しかしながら，種類株式発行会社において，売渡株主の種類ごとに異なる取り扱いを行う場合（改正法179条の２第２項），また，拒否権付株式（黄金株）や株

主ごとに異なる取り扱い（属人的株式，会109条2項）など，経営権に影響を及ぼす内容の特殊な種類株式等を発行している場合においては，「ある種類の株式の種類株主に損害を及ぼすおそれがあるとき」に該当すると考えるべきであろう。もっとも，この場合であっても，定款で会社法第322条第1項の種類株主総会不要の定めがある場合には，そもそも種類株主総会の承認決議は要しないことになってしまうので，留意しなければならない（定款記載例1）。

定款記載例1

> **会社法第322条第1項の種類株主総会不要の定め**
>   当会社が，会社法第322条第1項第1号の2から第13号に掲げる行為をする場合には，第1種優先株主を構成員とする種類株主総会の決議を要しない。

ウ 売渡株主等に対する通知・公告（書式2・3）

対象会社は，特別支配株主の株式等売渡請求を承認をしたときは，取得日の20日前までに，売渡株主（売渡新株予約権者，登録質権者）に対し，次の事項を通知しなければならない（改正法179条の4）。

㈠ 当該承認をした旨
㈡ 特別支配株主の氏名又は名称及び住所
㈢ 株式等売渡請求決定事項（改正法179条の2第1項1号から5号に掲げる事項その他法務省令（改正会施則33条の5）で定める事項）

社債，株式等の振替に関する法律（以下「振替法」）上の振替株式の売渡株主及び登録質権者[3]に対しては，通知に代えて公告が要求される（振替法161条2項）。

対象会社が，上場会社でない場合，売渡株主に対しては，必ず通知を行う必要があるが，売渡新株予約権者，登録質権者に対しては通知に代えて公告をもってすることができる（改正法179条の4第2項）。

---

3) 社債，株式等の振替に関する法律上の振替株式の売渡株主（売渡新株予約権者，登録質権者）とは，対象会社が上場会社の場合である。

さらに，対象会社が通知・公告をしたときは，特別支配株主から売渡株主（売渡新株予約権者，登録質権者）に対し，売渡請求がされたものとみなされる（改正法179条の4第3項）。法の趣旨からすると，通知漏れがあった場合は，全てにつき売渡の効果は無効となるであろうが，なんとも対象会社と特別支配株主の一蓮托生的な手続である。
　なお，当該通知又は公告の費用は，特別支配株主が負担する（改正法179条の4第4項）。

書式2　株式売渡請求承認決定通知書

株式売渡請求承認決定通知書

平成〇〇年〇〇月〇〇日

【特別支配株主】

住　　所	
氏名又は名称	

　　　　　　　　　　　　　殿

　　　　　　　東京都南北区山川町一丁目2番3号
　　　　　　　　山　田　商　事　株　式　会　社
　　　　　　　　代表取締役　山田太郎　㊞

　拝啓　〇〇の候，時下ますますご清祥の段，お慶び申し上げます。日頃は大変お世話になっております。
　さて，貴殿から請求がありました会社法第179条の株式等売渡請求につきまして，
　平成〇〇年〇〇月〇〇日付取締役会（株主総会）の決議にて承認されましたので，同法第179条の3に基づき通知いたします。

　　　　　　　　　　　　　　　　　　　　　　　　　　　　以上

書式3　株式売渡請求承認決定のお知らせ

株式売渡請求承認決定のお知らせ

平成○○年○○月○○日

【売渡株主】

住　　　所	
氏名又は名称	

　　　　　　　　　　　　　　　　　　　　　　　　殿

東京都南北区山川町一丁目2番3号
山　田　商　事　株　式　会　社
代表取締役　山田太郎　㊞

　拝啓　○○の候　時下ますますご清祥の段，お慶び申し上げます。
　さて，この度，当会社の特別支配株主（当会社の総株主の議決権の10分の9以上を有する株主）様から，下記のとおり会社法第179条の株式等売渡請求がなされ，当会社としてはこの請求につき承認する決定をしましたので，同法第179条の4に基づきお知らせいたします。
　この株式等売渡請求は，会社法により認められた手続きであり，平成○○年○○月○○日（取得日）に貴殿の株式は，特別支配株主に強制的に取得され，貴殿には下記の要領に従った金銭が支払われることになります。
　なお，会社法第179条の4第3項に基づき，当会社がこの通知をしたときに，特別支配株主様から貴殿に対し，株式等売渡請求がされたものとみなされますので，ご了承願います。

敬具

記

株式等売渡請求に関する決定事項
1．特別支配株主子法人に対して売渡請求をいたしません。
　　当該売渡請求をしない特別支配株主子法人の名称：

1．株式売渡請求の対象となる売渡株主に対して対価として交付する金銭の額（又はその算定方法）：
　　普通株式1株につき
　　　　　金　[　　　　　]　円

1．株式売渡請求の対象となる売渡株主に対する上記金銭の割当に関する事項
　　下記の売渡株式等の取得日に，普通株式を有する株主全員に対し，上記金銭の額を持株数で乗じた金銭を交付いたします。
1．売渡株式等を特別支配株主が取得する日（取得日）：
　　　平成〇〇年〇〇月〇〇日
1．法務省令で定める事項
　　① 株式売渡対価の支払のための資金を確保する方法　自己資金
　　② 株式等売渡請求に係る取引条件　　　　　　　　　なし

　なお，この当該手続に対しまして貴殿に不服がある場合には，会社法第179条の7に基づき，特別支配株主に対し売渡株式等の取得をやめることの請求をするか，同法第179条の8に基づき取得日の20日前の日から前日までの間に，裁判所に対し売渡株式の売買価格の決定の申立てができますことを申し添えます。

　　　　　　　　　　　　　　　　　　　　　　　　　　　　　以上

エ　株券の提出に関する公告等（株券発行会社）

　株券発行会社は，売渡株式等の取得日までに，対象会社に対して売渡株式に係る株券を提出しなければならない旨を，取得日の1か月前までに，公告し，かつ当該株式の株主及びその登録株式質権者には各別に通知しなければならない（改正法219条1項4号の2）。

　また，株券提出日までに，対象会社に対して株券を提出しない売渡株主については，特別支配株主は，当該株券の提出があるまでの間，売渡株式の対価となる金銭の支払いを拒むことができるとされている（改正法219条2項）。

　なお，当該通知又は公告に要する費用は，特別支配株主が負担する（改正法219条4項）。

オ　事前情報開示

　対象会社は，売渡株主への通知の日又は公告の日のいずれか早い日から，非公開会社である場合には取得日後1年，公開会社の場合には取得日後6か月を経過するまでの間，㈠特別支配株主の氏名又は名称及び住所，㈡株

式等売渡請求決定事項（会179条の2第1項各号に掲げる事項），㈢株式等売渡請求の承認をした旨，㈣その他法務省令で定める事項，を記載した書面（記録した電磁的記録）を本店に備置き，売渡株主（売渡新株予約権者）による閲覧等のために供さなければならない（改正法179条の5）。

　カ　特別支配株主による売渡株式等の取得

　特別支配株主は，取得日に，売渡株式（売渡新株予約権）の全部を取得する（改正法179条の9）。売渡株式の対価である金銭は，その日に売渡株主に交付しなければならないが，売渡株主に対価が支払われないときは，株式売買に伴う債務不履行の問題となる。しかし，特別支配株主の株式等売渡請求は，完全子会社化にするために創設された制度であるから，この制度目的の実行性と多数の売渡株主等への影響に鑑みるから，法的安定性の確保の要請ゆえに，売渡株主は特別支配株主に対して，支払いの督促はできるものの，売買契約の個別解除はできず，売渡株式等の取得の無効の訴え（会846条の2第1項）によることになる。

　なお，特別支配株主が取得した売渡株式（売渡新株予約権）が，譲渡制限株式（譲渡制限新株予約権）の場合，対象会社は，当該特別支配株主が当該売渡請求等をしたことについて，株式（新株予約権）譲渡の承認をする旨の決定をしたものとみなされる（改正法179条の9第2項）。

　キ　事後情報開示

　対象会社は，取得日後遅滞なく，特別支配株主が取得した売渡株式（売渡新株予約権）の数その他株式等売渡請求に係る売渡株式等の取得に関する事項として，法務省令（会施則33条の8）で定める事項を記載した書面（記録した電磁的記録）を作成し，取得日から非公開会社である場合には1年間，公開会社の場合には取得日から6か月間，本店に備置き，売渡株主（売渡新株予約権者）であった者による閲覧等のために供さなければならない（改正法179条の10）。

(3)　撤　回

　特別支配株主は，株式等売渡請求について対象会社の承認を受けた後は，

取得日の前日までに対象会社の承諾を得た場合に限って，売渡株式（売渡新株予約権）の全部について，株式等売渡請求の撤回をすることができる（改正法179条の6第1項）。対象会社の撤回に関する承諾は，対象会社が取締役会設置会社である場合は，取締役会の決議により（改正法179条の6第2項），取締役会非設置会社である場合は，取締役の過半数（会348条2項）をもって決定しなければならない。

　対象会社が，撤回の承諾をしたときは，遅滞なく，売渡株主（売渡新株予約権者）に対し，当該撤回の承諾をした旨を通知又は公告しなければならない（改正法179条の6第4項・5項）。そして，対象会社がこの通知又は公告をしたとき，株式等売渡請求は，売渡株式（売渡新株予約権）の全部について撤回されたものとみなされる（改正法179条の6第6項）。

　なお，当該通知又は公告の費用は，特別支配株主が負担する（改正法179条の6第7項）。

　株式等売渡請求は，個々の株式譲渡売買契約としているものの，会社法上の行為としての性質があることから，撤回についても対象会社の承諾を要するとし，少数派株主の保護を考慮しようとのことであろうが，ここでも，対象会社の取締役は90％以上の支配権を掌握している特別支配株主の意向に逆らえるはずがなく，少数派株主の利益のために機能するのか甚だ疑問が残る。

(4) 売渡株主等の救済制度

　売渡株主等の保護のための制度としては，①対価が対象会社の財産の状況などに照らし著しく不当である場合の差止請求（改正法179条の7），②取得日の20日前の日から取得日の前日までの間に裁判所に売買価格の決定の申立てができること（改正法179条の8），③売渡株式等の取得の無効の訴え（改正法846条の2～846条の9）ができることなどを規定している。しかしながら，非公開会社の場合に，株式等売渡請求が悪用され少数派株主が締め出されるような場合，救済制度としてどの程度機能するかは甚だ疑問が残るところである。

ア　取得に関する差し止め請求（書式4）

　改正会社法は売渡株主が不利益を受けるおそれがあるときは，特別支配株主に対し売渡株式の全部の取得をやめることを請求できると規定している（改正法179条の7）。一種の差し止め請求である。この差し止め請求は，かならずしも裁判でしなければならないわけではない。しかし，特別支配株主に対して，口頭又は文書で要求すればやめてくれるわけでもないであろうから，（後に述べる売渡株式等の取得の無効の訴えを本案として）仮処分を裁判所に申請しなければならないであろう。対象会社が特別支配株主による株式売渡請求を承認した日から取得日の20日前までに売渡株主に承認した旨を通知する定めであるから，差し止め請求をするといっても準備期間と裁判所の審査の時間を合わせて20日しかない。そのうえ，少数派株主から見て，自己が所有する株式を無理やり奪われること自体を，裁判所は「不利益を受ける」とは認定しないであろう。また，この差し止め請求の理由は，「不利益を受ける」場合のほかは，売渡請求が法令に違反した場合，対象会社が取得日の20日前までに売渡株主に特別支配株主による株式等売渡請求を承認したことなどの通知手続の違背，特別支配株主が交付するとしている金銭の額が対象会社の財産状況に照らして不当である場合に限定されているから，特別支配株主がよほどの悪質であると認められない限り，裁判所は売渡株主に有利な判断はしないであろう。

書式4　株式売渡請求の取得をやめることの請求

　　　　　　株式売渡請求の取得をやめることの請求

　　　　　　　　　　　　　　　　　　　平成〇〇年〇〇月〇〇日

【特別支配株主】
　横浜市港区桃桜町三丁目3番3号
　　北山　櫻子　　殿
　　　　　　　　　【株主】

　　　　　　　　　住所　東京都港区山田山三丁目３番５号
　　　　　　　　　　　　インペリアルマンション1105号
　　　　　　　　　氏名　野々山　昇　　　　　　　㊞

　拝啓　○○の候　時下ますますご清祥の段，お慶び申し上げます。
　さて，この度，山川商事株式会社（以下「会社」という。）より，会社法第179条の３に基づく特別支配株主の売渡請求を承認した旨の通知を受けましたが，私は，下記の理由に該当すると認められるため，同法第179条の７に基づき，株式等売渡請求にかかる売渡株式等全部の取得をやめることを請求いたします。
　　　　　　　　　　　　　　　　　　　　　　　　　　　　敬具
　　　　　　　　　　　　　　記

　□　株式売渡請求が法令に違反している。

　□　会社が，会社法第179条の４第１項第１号（売渡株主に対する通知に係る部分に限る）又は第179条の５の規定に違反している。

　☑　第179条の２第１項第２号又は第３号に掲げる事項が，会社の財産の状況その他の事情に照らして著しく不当である。

　　　　　　　　　　　　　　　　　　　　　　　　　　　　以上

イ　売買価格の決定の申し立て

　株式等売渡請求があった場合には，売渡株主（売渡新株予約権者）は，取得日の20日前の日から取得日までの間に，裁判所に対し，その有する売渡株式（売渡新株予約権）の売買価格の決定の申立てをすることができる（改正法179条の８）。
　「売買価格」という，いかにも売買であるかのような言葉を用いてはいるが本件は，財物と対価とが当事者の自由意思に基づいて交換される法律上の売買ではありえない。株主権の譲渡による権利の移転が発生するのではないからである。売渡請求は一種の形成権であり，当該権利の行使により，売渡株主の株主権は消滅し，同時に特別支配株主に株主権が原始取得

されるとしか考えられない。また，土地収用法に規定する強制収用に類似の法現象である。それにもかかわらず「売買」という用語を法文に使用することは立法者の意図的なものなのか，又は誤りなのか，疑問を感じざるを得ない。注意すべきことは，当事者の合意による売買ではないにもかかわらず，税法上は，売買と同様に譲渡所得が発生すると考えられる（所得税法施行令95条）。租税特別措置法第33条以下では，資産の収用による対価補償金を譲渡所得の収入金額としている。株主権が特別支配株主に発生する取得日よりも対価の支払いが遅れる場合があることを考えると，売渡株主は，税の面でも不当に不利益な扱いを強制される可能性があるといえる。

取得日の前日前までに価格決定の申し立てをしても，当然裁判所の手続には時間がかかり，その間に「取得日」が到来してしまうことは確実である。

いずれにせよ，価格決定の裁判所に対する申し立てが少数派株主にとって有効な対抗策になるとはいえないだろう。

ウ　売渡株式等の取得の無効訴え

もう一つ，売渡株式等の取得の無効の訴えが規定されている（改正法846条の2）。取得日において売渡株主（売渡新株予約権者）であった者が原告となり，特別支配株主を被告とする本訴である。無効原因は特に規定されていない。過去の判例を検討すると，この種類の，相手方の意思もきかず，意見も求めないで，無理やり相手の持っている権利を奪取する行為が，裁判上，合法であると認められるためには，通常，それなりの「合理的理由」とそうしなければならない「必要性」が要求されている。特別支配株主は会社の総株主の議決権の90％以上を所有ないしは支配しているのであるから，定款変更，組織再編，重要財産を含む事業全部の譲渡など，会社法上規定のある重要な資産，組織の組み換えなど，なんでも単独で決定できるはずである。それにもかかわらず10％未満の株式を強制的に手に入れる合理的理由や必要性が認められる場合とは，グループ内部で無税で資産を移転するためグループ法人税の適用を受けるための準備であるとか，子会社の合併など無対価組織再編をしなければならない場合とか，親会社の

意向,指示を受けて,その意向,指示通りに動く子会社を必要とするときか,あるいは対象会社を第三者に売却する場合ぐらいしか考えられない。

当該株式等売渡請求が,10％未満の株式を強制的に手に入れる合理的理由や必要性が認められない場合であれば,この売渡株式等の取得の無効の訴えを提起すべきであろう。

しかし,この訴え提起には裁判所から悪意で訴訟を始めるものと思われると担保を積むよう原告が要求されることもあり（改正法846条の5）,原告が敗訴し,原告に悪意または重大な過失があると認定されたときは原告が被告に損害賠償を支払わなければならないなど,リスクがある訴訟であるから無効理由を慎重に検討する必要がある。

図表　売渡株式等の取得の無効の訴え

原　　　告	取得日において売渡株主（売渡新株予約権者）であった者。取得日において対象会社の取締役（監査役設置会社にあっては取締役又は監査役）であった者又は対象会社の取締役若しくは清算人
被　　　告	特別支配株主
提訴期間	非公開会社：取得日から1年以内 公開会社：取得日から6か月以内
無効訴えの内容	株式等売渡請求による売渡株式の全部の取得の無効（一部の無効は不可）
管　　　轄	対象会社の本店の所在地を管轄する地方裁判所
効　　　果	判決の確定により,対世効が認められる

2　特別支配株主の株式等売渡請求への対抗策

(1)　立法矛盾と株式管理における問題点

この「特別支配株主の株式等売渡請求」制度にはさまざまな問題をはらんでいる。経済界からの要請により,合理的なキャッシュアウトの方法を必要とする趣旨は分からないわけではないが,第一に,株主平等の原則を基本理念とし,少数株主権を認めながら一方で少数派株主の締め出しを容易に行えるようにしようというものであり,会社法上の立法矛盾である。

第二に，株式は，財産権であるところ，憲法第29条第1項の「財産権は，これを侵してはならない。」に反し，特別支配株主が強制的に他人の財産を収用する制度であり，憲法の趣旨に違反するのではなかろうか，という点である。第三に，株式に流動性がなく，財産権よりも共益権としての比重が強い同族企業である非公開会社においても，この制度の適応を認めている点は，共益権に影響を与える拒否権付株式や株主ごとに異なる取り扱いにより，中小企業に定款自治の柔軟性を広く認めた趣旨にも反するものである。

立法として前後矛盾し，憲法違反の疑いがぬぐえないとしても，改正会社法施行により現実問題として，株式管理の観点から，早急に対応策をとらなければならない中小企業も存在することから，その対応策について，この章にて検討することにする。

(2) 定款による規定
　ア　特別支配株主の要件の加重

特別支配株主株式等売渡請求は，「総株主の議決権の10分の9（これを上回る割合を当該株式会社の定款で定めた場合にあっては，その割合）以上」がすることができると規定されている（改正法179条）。そこで，定款で，特別支配株主の要件を，10分の9を上回る割合，たとえば，10000分の9999などと定めることで，株式等売渡請求を行使するハードルを高くすることが考えられる。しかしながら，株主総会の特別決議の可決を単独で可能なものとする株式数を保有する者であれば，資本多数決の原則により容易に　定款変更も増資等により特別支配株主と定義され得るだけの議決権も手に入れることができるのであるから，完全な防衛策とは言い難い。

　イ　特別支配株主の株式等売渡請求の禁止条項（定款記載例2）

会社法の株主平等の原則の趣旨は，資本多数決の原則により，支配株主の権利濫用等から，少数株主を保護する意義がある。そこで，定款によって，特別支配株主の株式等売渡請求を禁止する旨の定めを設けることが考えられる。

この場合，会社法の規定の適用を除外する旨の定款の定めではあるが，支配株主による権利の濫用ともいえる行為を，株主平等の原則に即して適用しないとの定めであるから，必ずしも会社法違反とはならないものと思われる。さらに，同時に，定款を変更して，適用除外する旨を削除する場合には，株主総会の特別決議では足りず，総株主の同意を要する旨を定めておくことで，支配株主による容易な手続の着手を阻止することができる。

定款記載例2

> （特別支配株主の株式等売渡請求の不適用）
> 第○条　当会社の株主は，会社法第179条乃至第179条の10に規定する特別支配株主の株式等売渡請求をすることができない。
> 　② 　当会社は，株主が，会社法第179条の請求（特別支配株主の株式等売渡請求）をしたときは，これを承認することができない。
> 　③ 　定款を変更し，前二項の規定を削除する場合には，株主全員の同意を要するものとする。

(3)　**株主間契約（投資契約）**

　株主間契約とは，株主間又は株主と会社の間で締結される民法上の契約である（詳細については第13章「株主間契約」を参照されたい）。ここで，投資をする際などに，あらかじめ，特別支配株主による株式等売渡請求の禁止に関する誓約を内容とする株主間契約の締結をすることにより，特別支配株主による株式等売渡請求を阻止しようとするものである。

　株主間契約は，ある意味，紳士協定にすぎない側面もあるが，たとえば，公正証書にて作成するなどして，容易に当該売渡請求に着手できない状況に置くことができるし，株主間契約の中に違約金の定めを置くことができれば，その有効性を確保できるであろう。また，仮に売渡請求を行使されて紛争になった際には，売渡株式等の取得の無効訴え等の証拠資料となり得るだろう。

(4) 黄金株式，株主ごとに異なる取り扱い

　特別支配株主が株式等売渡請求をするときは，株式等売渡請求につき対象会社の承認を受けなければならないことは上述したが，種類株式発行会社においては，ある種類の株式の種類株主に損害を及ぼすおそれがあるときは，対象会社の株式等売渡請求の承認は，当該種類の株式の種類株主を構成員とする種類株主総会の決議がなければ，その効力を生じないとされている（改正法322条1項1号の2）。そこで，特に，共益権の比重を高めた，つまり，少数株であっても，会社の経営に大きな影響を及ぼすことができる拒否権付株式（黄金株）や株主ごとに異なる取り扱い（属人的株式，会109条2項）などを発行している種類株式発行会社等は，ある種類の株式の種類株主による種類株主総会の承認がなければ，株式等売渡請求ができないことになる（定款記載例3）。

　したがって，あらかじめ，このような種類株式を発行しておくことにより，特別支配株主の株式等売渡請求を阻止することができる。

　ただし，定款に会社法第322条第1項の種類株主総会不要の定めが置かれている場合には，当該株式等売渡請求に関する種類株主総会を不要とする解釈となる場合があるので，留意されたい。

定款記載例3

（種類株主総会の決議を要する事項に関する定め（拒否権））
第○条　当会社が，次に定める事項を法令又は本定款で定める決定機関で決議するときは，当該決議のほか，A種類株式を有する株主を構成員とする種類株主総会の決議を要する。
　(1)　合併，会社分割，株式交換，株式移転
　(2)　事業譲渡
　(3)　特別支配株主による株式等売渡請求

Column サムライの一刀両断！
特別支配株主の株式等売渡請求について

(1) 憲法違反の疑い

　この「特別支配株主株式等売渡請求」制度にはさまざまな疑問が湧きます。この制度は法律上有効なのでしょうか，憲法に違反するのではないでしょうか，という点です。

　その第一は，この制度は特別支配株主による一方的な，かつ強引きわまる取得であるにも関わらず，少数派株主から特別支配株主に対する「売渡」がされた（つまり，少数派株主の自由意思による譲渡がなされた）という構成をとっていることです。第二に，譲渡制限株式についても適用がある（改正法179条の9）ことに関する疑問です。特別支配株主が一方的に設定した取得日に当該少数派株式を取得したときは，譲渡制限株式について譲渡により取得した者からなされる会社に対する取得したことについての承認請求を要することなく，会社は承認する旨の決定をしたものとみなされている（改正法179条の9第2項）ことです。このため，中小企業にとっても株式管理の観点から慎重な検討を要することになります。

① 特別支配株主は売渡請求をするにあたって，少数派株主に対して売渡請求をする構成ではなく，対象会社に対し売渡請求をする旨を通知し，その承認を求める構成であることです。特別支配株主は少数派株主に事前に相談するわけでもなく，一方的に売渡価格と取得日を決め，それを対象会社に通知し，その承認を求めるだけです。少数派株主は売渡請求がなされたことを知るのは，対象会社から売渡請求を承認したという通知を受けたとき（又は公告）です。このような構成でありながら，なぜ特別支配株主は一方的に少数派株主の全部の株式を取得できるのでしょうか。法理論上，いかなる法理で取得が認められるのでしょうか。

　改正法条文は，「売渡」，「売渡請求」とか「売渡株主」とかの表現を多用しているが，上記の構成では売買ではなく，「売渡」は法律用語として誤りであることを確認しなければなりません。売買は，「当事者の一方がある財産権を相手方に移転することを約し，相手方がこれに対してその代金を支払うことを約することによって，その効力を生ずる」ものと定義されています（民555条）。財産移転の約と対価支払いの約とが対価関係にあることを必須の要件としています。上記

構成では対価関係にある財産権移転の約も対価支払いの約も存在しません。
② 自分ではない者が有している財産権を当該権利者の承諾を得ないで取得する法的方法はごくごく限られています。死後認知請求訴訟勝訴原告の相続による取得，取消権や解除権など形成権の行使による取得，強制収用ぐらいしかありません。形成権の行使であれば，形成要件（形成権成立の要件）が法定されていなければなりません。本件において形成権成立要件が規定されているといえるでしょうか。形成要件らしき事項は，発行済株式の10分の9以上をすでに直接間接所有していること，10分の1未満の少数派株式を取得したい旨を対象会社に通知し，その承認を求めたこと，対象会社が承認を決定したこと，対象会社は取得日の20日前までに売渡株主にその旨を通知したことだけです。株式売渡対価の金額の決定について第三者の承認などが要件とされているわけでもなく，対価の交付は要件でもなく，対価の供託が要件であるわけでもありません。「売渡」のもっとも重要な要件であるはずの対価の支払いは株式の取得と同時履行ではなく，後払いになっています。万が一，株式の権利を取得した特別支配株主が対価を支払わないで倒産するか，株式を第三者に（自分が従前から所有していた株式と一緒に）売却した場合の対応策（例えば，担保の提供，供託など）などの規定はありません。

　法務省の担当者が法律雑誌に公表している見解では，「対象会社の取締役は，②〔編注：株式等売渡請求〕の承認に当たって，売渡株主等の利益に配慮して，対価の相当性や対価の交付の見込み等を検討する必要がある」としています（NBL1032号，14頁）。しかし，対象会社の取締役は90％以上の株式を掌握している特別支配株主の意向に逆らえるはずがありません。対象会社の取締役に少数派株主の護民官の役割を期待すると言ってみても，そもそも取締役は会社に対して忠実義務（会355条）を負う存在であり，株主の利益を保護する義務を負う存在ではありません。
③ 仮に，上記の法定されている事項が，仮に，形成要件であると認められるとしても，形成権の行使の効力は，講学上の（相手方のない単独行為と区別される）相手方ある単独行為である意思表示の効力です。形成権の行使である点で争いのない取消権，予約完結権，解除権，相殺権，建物買取請求権（借地借家法13条），造作買取請求権（借地借家法33条），地代等増減請求権（借地借家法32条），遺留分減殺請求権（民1031条）など，そのいずれにおいても，当該形成権を行使すれば

法的不利益を負う相手方があるし，その形成権の行使は当該相手方に向かって意思表示されることによって法律上の効力が与えられると観念されるものです。したがって形成効は単独の意思表示の効力として理解されます。ところが本件においては売渡請求は対象会社にむかってなされる構成であって，売渡株主に対する意思表示ではありません。対象会社が売渡株主に，承認した旨を「通知（又は公告）をしたときは，特別支配株主から売渡株主等に対し，株式等売渡請求がされたものとみなす」（改正法179条の4第3項）規定に過ぎません。つまり，意思表示の効力ではありません。「売渡請求の意思表示がないのに売渡請求の意思表示がされたものとみなす」ということは，法理論上，法律の力によって，特別支配株主による通知（又は公告）によって，少数派株主（売渡株主）が所有していた株主権が消滅し，特別支配株主に株主権が発生することになる，ということと同義です。

④　仮に，形成権の行使としての意思表示の効力ではなくても，法律が「みなす」と規定しているのだから，法律の効力によって特別支配株主に少数派株主が所有していた株主権が消滅し，特別支配株主に同株主権が発生すると強弁されるとしても，私権である株主権を会社法の規定によって消滅させ，同時に特別支配株主に同株主権を発生させることが認められるとすれば，それは土地収用法上の強制収用類似の法律行為であることになります。そうだとすれば憲法第29条との関係では，「正当な補償の下に，公共のために用いる」場合でなければなりません。本件は株式交換，吸収合併，全部取得条項付種類株式の取得による金銭対価による株式取得では株主総会を開き特別決議を得なければならない時間的，手続コストの削減のために導入された規定であるから「公共性」が備わるはずはありません。したがって，本件特別支配株主による株式等売渡請求は憲法第29条に違反する疑いがあります。

(2)　**立法矛盾**

①　特別支配株主株式等売渡請求制度のもっとも主要な要件は，特別支配株主が株式会社の総議決権の10分の9（定款でこれ以上の割合を定めたときは，その割合）以上を当該株式会社以外の者及びその者の100％子会社その他法務省令で定める法人（法務省令第6号第33条の4が定める特定完全子法人）が有している場合における当該者であることです。つまり発行済株式の90％以上を支配する株主に他の10％未満の株主の株主権を「買い取り」会社から締め出す制度です（英米法のDrag along権：支配株主が少数株主を引き連れて会社を売ってしまう権利。強制的連動株式

売却権に少し似ている)。この新しい法制度は、10％未満の株式議決権は会社法上重要な意味を持たないという特異な思想の上に立っていると考えられます。ところが会社法は、少数派株主にさまざまな権限を認める法制度を規定しています。それは、少数株主権、黄金株（拒否権株）、非公開会社株式の不平等株（属人株式）です。

② 少数株主権

100分の10より、はるかに少ない株式を有する株主に、さまざまな共益権が与えられています。少数株主権については、第1章「株式総論」図表6「非公開会社の株主の権利」にまとめてあるので参照されたい（注：ただし、少数株主権の要件については非公開会社の者であることに注意）。

今回の会社法改正ではこれら少数株主権を定める条項について、なんら触れるところがありません。このため会社法上は、特別支配株主株式等売渡請求と少数株主権とは両立することになります。しかしながら、共益権として規定された少数株主権制度は条文上は存在していても特別支配株主株式等売渡請求によって存在意義を簡単に奪うことができることになります。今回の会社法改正は、少なくとも機能として、現行法と整合性を欠けるところがあるといわねばなりません。

第12章 全部取得条項付種類株式と同時会社分割

1 同時会社分割と全部取得条項付種類株式の買取

(1) 人的分割の廃止と代替手続

　平成18年会社法施行により，旧商法下で規定されていた「人的分割」[1]は廃止され，すべて「物的分割」[2]となったが，これは複雑化していた商法時代の規定を「物的分割」に一本化することにより規定のシンプル化を図ったものと理解される。

　また，大半の会社が税務上分社型と呼ばれる「物的分割」を利用し，人的分割はあまり利用されなかったためと思われる。

　しかし，人的分割と同様の効果を得る方法として，以下の方法が考えられる。

　a．物的分割＋剰余金の配当

　　通常の物的分割をして，承継会社等の株式を一旦，分割会社へ交付した後，剰余金の配当として承継会社の株式を分割会社の株主に交付する方法（会758条1項8号ロ，763条1項12号ロ）

　b．物的分割＋全部取得条項付種類株式

　　分割会社に承継会社の株式を交付した後，分割会社の株主が有する全部取得条項付種類株式を会社が取得，その対価として承継会社の株式を交付する方法（会758条1項8号イ，763条1項12号イ）。

　なお，両者とも財源規制はかからない（会792条）。

---

[1]・[2] 旧商法において，会社分割は，①人的分割と②物的分割に区別されていた。①人的分割は，分割会社の株主が，承継させる資産等の対価として，承継会社から株式や金銭など（以下「分割対価」という。）を受け取り，②物的分割は，分割会社自らが分割対価を受けとるものをいう。なお，税務上は，人的分割を「分割型分割」，物的分割を「分社型分割」とよんでいる。

(2) 分割会社の株主の存在

　上記(1)のｂの手法を採用した場合，実質的に債務超過に陥った会社の良好な事業の部分（株価が成立する）を会社分割により承継会社に移転した場合，結果的にその承継会社の株式を分割会社の株主に交付し，従来の分割会社の株式を分割会社に全部取得された場合，その分割会社の議決権を有する株主は何処に行くのであろうか。また，その株主はいきなり債務超過の株式保有から価値ある株式の保有者となるのであろうか。

　さらに，分割会社に全部取得された株式を消却した場合どうなるのであろうか。

　確かに会社法第171条は，全部取得条項付種類株式の取得について「取得対価」につき，次に掲げる事項を定めなければならない旨を規定している。

会社法171条1項1号

「全部取得条項付種類株式を取得するのと引換えに金銭等を交付するときは，当該金銭等（以下この条において「取得対価」という。）についての次に掲げる事項」を株主総会の特別決議によって定めなければならない。

イ　当該取得対価が当該株式会社の株式であるときは，当該株式の種類及び種類ごとの数又はその数の算定方法

ロ　当該取得対価が当該株式会社の社債（新株予約権付社債についてのものを除く）であるときは，当該社債の種類及び種類ごとの各社債の金額の合計額又はその算定方法

ハ　当該取得対価が当該株式会社の新株予約権（新株予約権付社債に付されたものを除く）であるときは，当該新株予約権の内容及び数又はその算定方法

ニ　当該取得対価が当該株式会社の新株予約権付社債であるときは，当該新株予約権付社債についてのロに規定する事項及び当該新株予約権付社債に付された新株予約権についてのハに規定する事項

ホ　当該取得対価が当該株式会社の株式等以外の財産であるときは，当該財産の内容及び数若しくは額又はこれらの算定方法

標題の「同時会社分割と全部取得条項付種類株式の買取」の場面において，分割会社の株主に交付する承継会社の株式の交付は上記ホにより予定はされているが，税務的，会計的な説明は合併あるいは三角合併の場合と違って難しいと言わざるをえない。

一見，税務的には適格会社分割のように思えるが，分割会社の株主の不存在の状況を会社法は許すのであろうか。

新たに新株を発行するのか…果たしてその価値はどうなるのであろうか？

(3) 債権者の保護と株主の地位の法的安定性

会社分割は事業の再構築の手法の一つとして広く行われているが，実質的に債務超過に陥った会社の再生手法として会社分割により，事業を承継会社に移管するとともに既存の会社を債務管理会社とする手法も用いられている。

改正前会社法において，このような場合に債権者の利益保護をはかるため，①吸収分割会社又は新設分割会社（以下「分割会社」という。）の債権者のうち，会社分割後に分割会社に対し債務の履行を請求できなくなる債権者，②分割会社が分割対価を株主に分配する会社分割（結果的に人的分割の効果とする場合，分割型分割）における分割会社の債権者，③吸収分割承継会社（以下「承継会社」という。）の債権者に対して，債権者異議手続制度が定められている（会789条1項2号，799条1項2号，810条1項2号）。

また，改正会社法では，詐害的な会社分割の濫用を防止し，会社分割時の債権者の利益保護をさらに充実させるため，分割会社が承継会社に承継されない債務の債権者（以下「残存債権者」という。）を害することを知っていて会社分割を行った場合，残存債権者は承継会社に対して承継した財産の額を限度に当該債務の履行を請求できるものとしている（改正法759条4項～7項，764条4項～7項）。

ただし，吸収分割の際に承継会社が残存債権者を害する事実を知らなかったときは，免責される（改正法759条4項ただし書）。なお，新設分割の

場合には，その設立日に，新設分割の効力が生じ，承継会社が設立し，残存債権者を害する認識の有無を議論する余地もないことから，承継会社の悪意は要件とされていない。

至極当然のように思えるが，残存債権者を害することを知っていたあるいは知らなかった事をどう立証するのか。外形的に見て判断するのであろうか，または，結果的に見て判断するのであろうか。

分割契約あるいは分割計画時における債権者個別催告の時点で異議がなかった会社分割が(1)のbのような手法で行われた場合，既に株主は分割会社の株主のもとを離れてなくなり，承継会社の株主として存在することになる。会社分割の無効判断となるのか，損害賠償請求としての判断になるのか，株主としての地位は何処に存在するものとなるのか。いずれにしても(2)で述べたように債務超過の会社の株式を有する者が全部取得条項付種類株式の取得の代替として承継会社の価値ある株式を有することになった場合の課税の問題は避けて通ることは困難であろう。

2 全部取得条項付種類株式の取得の限界

全部取得条項付種類株式は取得条項付株式と異なり，取得事由があらかじめ定款で定められておらず，取得の時期や対価の具体的内容は株主総会の決議にゆだねられている。また，全部取得条項付種類株式以外の種類株式が発行されている場合には，種類株主間の利害対立があり得るが，種類株主総会決議は必ずしも必要とされていない。

また，全部取得条項付種類株式は，もともと想定されていた100％減資の手段としての利用以外にも，株式交換類似の完全子会社化の手段，敵対的買収防衛策の手段，少数株主の締出しの手段など，様々な手段として利用される可能性があり，無制限に取得を認めてよいかという問題がある。そこで，

① 取得のためには正当な理由や正当な事業目的が存在することが必要であるとし，これらを欠く決議は瑕疵があるとする見解。

② 多数派株主が存在し，対価が不相当な場合や，濫用的なMBOの場合には，「著しく不当な決議」（会831条1項3号）として，決議取消しの対象になるとする見解。

などが主張されている。

　また，買収防衛策として利用する場合には，買収防衛策としての妥当性を検討する必要があるとされている。

　また，実務上，全部取得条項付種類株式の取得による少数株主の締出しが適法と認められるためには，その直前の時点で，支配株主が対象会社の総株主の議決権の90％以上を支配していることが必要であるとの見解もあるが，その法律上の根拠は必ずしも明らかではない。

〈事例〉

「親会社の完全子会社となることを目的として，子会社が行った，当該子会社を種類株式発行会社とする定款変更決議，当該子会社の普通株式に全部取得条項を付すること等を内容とする定款変更決議及び全部取得条項付種類株式に変更される株式を当該子会社が取得する決議につき，特別利害関係のある親会社の議決権行使により著しく不当な決議がなされたこと等を理由として株主総会決議取消請求がなされた事例につき，裁判所は，決議が著しく不当であるというためには，単に会社側に少数株主を排除する目的があるだけでは足りず，少なくとも少数株主に交付される予定の金員が，当該会社の株式の公正な価格に比して著しく低廉であることを要するとしたうえで，少数株主に交付される予定の金額が株主総会前の1株当たり純資産額を上回ること等を理由に，著しく低廉であるとまではいえない等として株主の請求を棄却した（東京地判平成22・9・6判タ1334号117頁）」（江頭憲治郎，中村直人『論点体系　会社法　第二巻』7頁～8頁（第一法規，2012））。

3 全部取得条項付種類株式の発動と株主の税務問題

(1) 全部取得条項付種類株式とみなし配当

　全部取得条項付種類株式の発動により自らが保有する株式を当該会社に譲渡し，その対価として当該会社の新株を取得した場合，株主は当該会社の株式を譲渡しているため，譲渡損益を認識するかどうか，また，自己株式の取得に該当するため「みなし配当」を認識するかどうかが論点となる。これについては，

① 交付を受けた株式が譲渡をした株式の価額とおおむね同額となっていること

② 譲渡をした株式の対価として，その取得をする法人の株式以外の資産が交付されないことを条件に，譲渡損益の認識もみなし配当の課税もされない（法法61条の２第13項３号，所得税法57条の４第３項３号，法法24条１項４号，所得税法25条１項４号）

　なお，端数株の処理にあたり，金銭が交付される場合は，譲渡損益の認識（法人税基本通達２-３-25，所得税基本通達57-４-２）はあるが，みなし配当の適用からは除外される（法法24条１項４号，法法令23条３項９号，所得税法25条１項４号，所得税法施行令61条１項９号）。

(2) 全部取得条項付種類株式の取得の価格の決定の申立てをした場合

　全部取得条項を発動させる株主総会に先立って，その全部取得条項付種類株式の取得に反対し，裁判所に「全部取得条項付種類株式の取得の価格の決定」を申し立てた株主が，その決定により当該会社の株式を譲渡した場合は「自己株式の取得」ではあるものの，みなし配当の適用事由から除外され（法法24条１項４号，法法令23条３項10号，所得税法25条１項４号，所得税法施行令61条１項10号），譲渡損益のみを認識される。

(3) 反対株主として買取請求を行った場合

　全部取得条項を付す定款変更に際し，これに反対し，その保有する株式を会社に買取請求（会116条1項2号）し，買取りが行われた株主には，みなし配当が発生し，対価からみなし配当を差し引いた残りの部分と取得価額との差額で譲渡損益が認識される。

4　株式の評価と裁判所の限界

　上場株式であれば，証券取引所において多数の市場参加者の取引の集積を通じて，その時々の適正な株価が形成される（もっとも，上場株式についても合併，分割，株式交換，株式公開買付の場面等では，会社の支配権や当事会社間の事業のシナジー等の評価に関連してその株価についても争いは生じる）。

　これに対し，未公開株式の場合，

① 　投資家が新たに株主として出資をする場面（第三者割当増資）
② 　株式を譲渡する場面
③ 　株式を相続する場面
④ 　複数当事者による共同事業を解消する際に株式を引き取る場面
⑤ 　株式譲渡制限会社において，会社が当該譲渡を不承認とした際に，株主が株式買取請求権を行使する場面
⑥ 　合併，株式交換等に反対した株主が会社法の規定に基づき株式買取請求権を行使する場面

等，いろいろな場面でその株価が問題となる。

　また，未公開株式を巡る詐欺等のトラブルが後を絶たない。これも未公開株式の株価が判然としないことに一因があるといえる。

　では，未公開株式の株価の算定はどのように行われるのであろうか。会社法上は，上記⑤の株式譲渡制限会社において会社が譲渡を不承認とした際に，株主が株式買取請求権を行使した場合，その買取価格を裁判所が決定するときは，「承認請求の時における株式会社の資産状態その他一切の事業を考慮しなければならない」（会144条3項）と定められている。

また，会社法上，上記⑥の合併，株式交換等に反対した株主が株式買取請求権を行使した場合の買取価格は「公正な価格」（会785条1項，806条1項）と定められている。ちなみにこの「公正な価格」とは単に決議がなければ有したであろう株式の価値のみならず，当該組織再編等によって生じるシナジーをも少数株主等に対して分配することが求められるものと解される。

参考までに会社法上裁判所に対する株式等の買取価格決定申立てに関する条文を「公正な価格」と「会社の資産状態その他一切の事情」に分けて列挙する。

なお，全部取得条項付種類株式の「取得の価格」（会172条）は後述する。

図表1

	会社法（条文）	「公正な価格」		
		協議	申立の主体	申立期間
定款変更等反対株主の株式の価格の決定の申立	117条2項	効力発生日から30日以内	株主又は株式会社	協議期間満了の日後30日以内
定款変更等反対新株予約権者の新株予約権の価格の決定の申立	119条2項	定款変更日から30日以内	新株予約権者又は株式会社	協議期間満了の日後30日以内
事業譲渡等反対株主の株式の価格の決定の申立	470条2項	効力発生日から30日以内	株主又は株式会社	協議期間満了の日後30日以内
組織変更反対新株予約権者の新予約権の価格の決定の申立	778条2項	効力発生日から30日以内	新株予約権者又は組織変更後持分会社	協議期間満了の日後30日以内
吸収合併等反対株主の株式の価格の決定の申立	786条2項	効力発生日から30日以内	株主又は消滅株式会社等	協議期間満了の日後30日以内
吸収合併等にかかる消滅株式会社等の新株予約権の価格の決定の申立	788条2項	効力発生日から30日以内	新株予約権者又は消滅株式会社等	協議期間満了の日後30日以内
吸収合併等反対株主の株式の価格の決定の申立	798条2項	効力発生日から30日以内	株主又は存続株式会社等	協議期間満了の日後30日以内
新設合併等反対株主の株式の価格の決定の申立	807条2項	設立の日から30日以内	株主又は消滅株式会社等	協議期間満了の日後30日以内
新設合併等にかかる消滅株式会社等の新株予約権の価格の決定の申立	809条2項	設立の日から30日以内	新株予約権者又は消滅株式会社等	協議期間満了の日後30日以内

図表2

	会社法(条文)	協議	「会社の資産状態その他一切の事情」	
			申立の主体	申立期間
譲渡制限株式の売買価格の決定の申立	144条2項・3項	定めなし	株式会社又は譲渡承認請求者	141条1項の通知があった日から20日以内
相続人等に対する株式の売買の価格の決定の申立	177条2項・3項	定めなし	株式会社又は売渡を請求された者	176条1項の請求があった日から20日以内
単元未満株主の買取請求にかかる単元未満株式の価格の決定の申立	193条2項・3項	定めなし	単元未満株主又は株式会社	192条1項の請求をした日から20日以内
単元未満株式売渡請求にかかる単元未満自己株式の価格の決定の申立	194条	定めなし	単元未満株主又は株式会社	単元未満売渡請求をした日から20日以内

　以上により，「公正な価格」とは，定款変更等多数派株主の総会決議に反対する株主が当該会社に対し，その株式の買取を請求することを選択する場合についての価格決定の基準である。つまり，株式買取請求権行使の局面に関する規定である。それゆえ，会社との30日間の協議が必ず予定されており，協議が調わない場合は，株主又は株式会社が裁判所にその価格の決定を申し立てることができるという構成である。

　これに対して「会社の資産状態その他一切の事情を考慮し」た価格とは，会社法第144条でもみてとれるように，会社側に当該株式についての買取義務が成立する場面，つまり閉鎖的であると同時に換金可能性の確保を念頭に，裁判所が守るべき判断基準を定めたものであると言える。

　それでは全部取得条項付種類株式（会172条）の「取得の価格」について何故「公正な価格」や「会社の資産状態その他一切の事情を考慮し」た価格という文言が含まれないのであろうか。

　株式買取請求に係る買取りの効果は，同請求に係る株式の代金支払時に生ずるとされ（会117条5項），株式買取請求がなされたことにより，定款変更や全部取得の効果自体が妨げられるという法的構成にはなっていないため，仮に株式買取請求権を行使しても，全部取得条項付種類株式の会社による取得日までの価格についての協議が調わない場合には，その取得日

以降は買取請求の対象となる株式が存在しなくなり，株式買取請求権はその申立適格を失うものとされている。

よって，全部取得条項付種類株式の取得対価に不満のある株主による現在の実務上の対応は，ほぼ全て取得価格決定申立権の行使により行われていると言ってもよい。実質的にも全部取得条項付種類株式による取得価格決定申立権の場合には，株主はその株式を取得されてしまうことが（そのことが許されるかどうかは別として）確定しているのだから，株式の買取りを請求するのではなく，対価について争うのが本筋であろう。

その点において先のレックス・ホールディング事件（省略）における裁判所の判断はあまりに「公正な価格」に偏りすぎた価格決定と言わざるを得ない。中小企業の株式は，経営権と財産権を有していることから，それに伴って生じる株主権の紛争が生じた場合の対応について，例えば法務，税務，評価の視点からアドバイスできる紛争解決機関である「事業承継ＡＤＲ」（平成24年4月17日法務省認可）の利用を是非すすめたい。

〈参考文献〉
・江頭憲治郎，中村直人『論点体系　会社法　第一巻，第二巻』（第一法規，2012）
・税理士　金子雅実『徹底解説　種類株式法務・税務の取扱いと事業承継における活用』（清文社，2010，初版）
・金子登志雄，富田太郎『募集株式と種類株式の実務』（中央経済社第2版，2014）
・弁護士　松本真輔『新会社法・新証取法下における敵対的買収と防衛策』（税務経理協会，2005）
・弁護士　後藤孝典「MBOにおける「取得の価格」と「公正な価格」をめぐる誤解（上）（下）」ビジネス法務2010年8月，12月
・相澤哲『一問一答　新・会社法改訂版』（商事法務，2007）
・プライスウォーターハウスクーパーズ　税理士　駒井栄次朗「スクイーズ・アウト（少数株主排除）における税務上の取扱い及び留意点」（ZEimuQA2011.4）

第13章 株主間契約

1 株主間契約とは何か

(1) 株主間契約の意義

　株主間契約というのは、会社の株主が相互の間で締結する契約であるという理解が一般的である。しかし、このような理解では必ずしも株主間契約の実態は明らかにされない。ここではより実体的・帰納的に考えて「同一株式会社の株主間において結ばれる契約であって、会社の存立を意図しつつ株主が共同してみずからの利益のためにその会社を利用することを目的として結ぶものであり、とりわけ会社法に縛られずに、会社の運営等をアレンジすることを目的とする契約」であると規定することとする（田邉真敏『株主間契約と定款自治の法理』5頁（九州大学出版会, 2010））。

　なお、本書では、上記のような同一会社の株主間の契約だけではなく、会社と株主間の契約も必要に応じて述べることとする。

　また、本書では、小規模企業、中規模企業の為の株式管理を解説するが、株主間契約について述べる場合、同族経営的閉鎖会社だけでなくベンチャー企業における株主間契約にも触れないわけにはいかない。ここで言うベンチャー企業とは「成長意欲の強い企業家に率いられたリスクを恐れない若い企業で、製品や商品の独創性、事業の独立性、社会性、更には国際性を持ったなんらかの新規性のある企業」と表現される（前掲田邉59～60頁）。ベンチャー企業は一般中小企業と同様、比較的少数の株主から構成される閉鎖（非公開）会社であるが、企業金融に頼る一般中小企業とは異なり、ベンチャーキャピタルなど、専門の投資家からも出資を仰ぎ、最終的には株式を公開して一般投資家から資金を集めるところにたどり着くという点において中小閉鎖会社とは様相を異にする。そして、優れた技術やノウハウを有しながら、近い将来証券市場において株式を公開する意思

を有しながらそれまでは経営権を保持しようとするベンチャー起業家と資金力に乏しい起業家を育てつつ，将来のリターンを期待して，多くの資金を提供しつつ会社を支配せずに経営を支援する出資者との関係には多くの株主間契約が発生する素地が存在する。株主間契約について述べる場合はこうしたベンチャー企業についての出資等の問題を避けて通ることはできないので，ベンチャー企業における株主間契約についても必要な限度で述べることとする。

(2) 株主間契約締結の自由

　会社法（平成17年法律第86号）は会社法制の現代化という大きなテーマを掲げて立法作業がなされたが，この現代化の一環として，規制緩和，市場重視の経済思想を背景として，起業の妨げとなる規制の撤廃，定款自治による多様化・自由化という法規制緩和を目的の一つとした。

　この結果，従来，株主間契約で処理せざるを得なかった株式の種類及び機関構成について大幅な定款自治が明文で認められることとなった（会108条等参照）。さらに，会社法第29条は旧商法になかった規定として第27条各条（絶対的記載事項）及び前条各号（変態設立事項）に掲げる事項のほか株式会社の定款にはこの法律の規定により定款の定めがなければその効力を生じない事項及びその他の事項でこの法律に違反しないものを記載し，又は記録することができると定めることとなった。この規定の解釈としては，「定款に別段の定めのある場合はこの限りでない」等の文言がない場合には，会社法の規定について定款による修正を認めないという趣旨であるとする見解（相澤哲他『新会社法の解説(1)』16頁「旬刊商事法務」1737号）もあるが，これに比して定款自治の範囲をより広く認めるべきであるとする見解もあり，いずれにせよ本改正により定款によって定められる事項は格段に広くなることになった。

　ところで，このように定款自治が広く認められ，会社法改正以前よりは多くの合意が定款で認められることとなったとしても，株主間契約の重要性はいささかも減じるところがない。それは定款による定めと株主間契約

では以下に述べるように差異があり，株主間契約では定款による定めではカバーできない多様な合意が可能だからである。

定款による定めと株主間契約の比較

	定　款	株主間契約
当　事　者	現在及び将来の株主全員	契約当事者のみ
公示の有無	一部は会社謄本に記載　定款は備え付ける義務があり，閲覧可能	公示されない
合意の対象	制限がある	基本的に自由
効　　　力	絶対的	相対的
違反決議の効果	決議取消請求	場合によっては損害賠償請求が可能か

　株主間契約において定められる合意は基本的に自由であると考えられる。株式会社には公開会社，公開会社予備軍，地場の有力企業，大企業同士の合弁企業，ベンチャー企業，同族企業，ほぼ一人の経営者からなる小企業等，多様な実態がある。こうした実態を一つの会社法という枠組みで全て律することは不可能であり，株主当事者間の合意を会社活動の基本ルールとして認めざるを得ないのである。とりわけ中規模・小規模の会社では会社の活動は会社法の規定により決定されるというよりは，株主間の合意で決定されることが多く，紛争が発生して初めて会社法のルールが姿を現すというケースも多い。いずれにせよ株主間契約の有効性を過小評価してはならない。

(3)　株主間契約締結の自由の限界

ア　定款による定めの限界

　会社法は定款自治を一定の限度で認めるが，他方においてその限界も規定している。以下会社法が画している限界を明らかにする。

(ア)　剰余金配当・残余財産分配に関する定め

　会社法第105条第2項は株主に剰余金の配当を受ける権利及び残余財産

の分配を受ける権利の全部を与えない旨の定款の定めはその効力を有しないとする。この規定は会社の営利性を間接的に定めたものであり，その最低ラインとして配当請求権または残余財産分配請求権のいずれかが株主に与えられなければならないとしているのである。他方，この限界を守る以上，公開会社以外の会社においては，配当請求権及び残余財産分配請求権について株主ごとに異なる取扱いを行う旨の定めを定款に設けることができるとしている（会109条2項）。

　(イ)　複数議決権株式

　会社法第308条第1項は，株主は株主総会においてその有する株式1個につき1個の議決権を有することを定めている。したがって，議決権はあるかないかのいずれかの方式しか認められず，原則として，1株について議決権を0.7とか2とかなどと定めることは認められないとされている（神田秀樹「会社法」75頁（弘文堂，第8版））。

　ただし，非公開会社においては，会社法第109条第2項の株主ごとに異なる取扱いにより，議決権に関して，複数議決権など柔軟な属人的定めが認められている。

　(ウ)　株式譲渡制限株式の価格決定の定め

　会社法第108条第1項第4号は非公開会社について譲渡制限を定めることを認め，譲渡承認機関としては取締役会設置会社では取締役会，それ以外の会社では株主総会の決議を要するとし，定款で別段の定めをすることができることとした（会139条）。他方，譲渡制限株式の株主は会社に対して譲渡承認請求をすることが認められ（会136条），会社に先買権が認められ，その価格については協議によるほか，裁判所の決定により定めることができるとされている（会140条から144条）。この場合，裁判所による価格の決定を排除する定款の規定は認められないとされている。

　(エ)　株主総会の権限

　会社法の規定により株主総会の決議を必要とする事項について，取締役，執行役，取締役会その他株主総会以外の機関が決定することができることを内容とする定款の定めは無効である（会295条3項）。

イ　株主間契約による定めの限界

　株主間契約による定めにはこのような限界は認められない。例えば，株主間で議決権，剰余金配当請求権，残余財産分配請求権を全て認めないとする合意をすることも可能であると考えられる。しかしながら，株主間契約による定めであっても以下のような場合はその内容に制限を受けると考えるべきである。

① 　上記3基本権のほか，全ての少数株主権も認めないという合意をした場合，その合意の効力を認めることには疑問がある。株主権を実質的に全て否定することとなり，株主権が存在しないことと同視されるからである。

② 　株主間契約ではなく株主と会社間の契約についてはこのような許容性を認めるべきではない。会社と株主間では株主平等原則が適応され（会109条），会社はこの原則に反する行為は許されないこととなる。

ウ　株主間契約の効力の限界

　株主間契約は株主間において紳士協定として成立していることが多く，むしろ法的問題として出現することは少ないと考えられる。問題はこうした紳士協定としての合意が明示的に破られた場合，株主間契約が成立したことが認められたとしても，これを強制する方法がかなり限定的にならざるを得ないことにある。例えば，次に述べるように株主間契約で議決権を拘束したとしても，株主総会では議決という社団的行為が別途要求され，この議決行為を無効であると認定することは困難であるため，議決自体は有効となる。したがって，この場合株主間契約を強制することはかなり困難となる。他方，こうした株主間契約についても債権的権利は認められ，損害賠償請求の対象となる。しかし，こうした損害賠償請求の対象となるとされていても，その損害の立証は困難である場合もあり，株主間契約の内容によって個別に検討する必要がある。

2 株主間契約における議決権拘束条項

(1) 定款による議決権拘束条項

　株式会社は「株主総会において議決権を行使することができる事項」について異なる定めをした内容の異なる2以上の種類株式を発行することができる（会108条1項3号）。例えば，株式会社は，当該種類株式の種類株主を構成員とする種類株主総会において，一定数の取締役及び監査役を選任することができる（契約条項記載例1）。また，逆に当該種類の種類株式について，議決権を制限する内容の定めを設けることも可能である。

　また，公開会社でない株式会社は株主の平等の規定にもかかわらず，議決権について，株主ごとに異なる取扱いを行う旨を定款で定めることができ（会109条2項），したがって，定款で一定の株主の議決権を拘束する内容を定めることも可能である。しかしながら，こうした議決権の拘束は定款によって一括して行わなければならず，かつ，この内容を公示しなければならないので（会911条3項7号），定款によって議決権の拘束を定めることは消極的に考えられることも多い。さらには，定款の自治規範的な性格から，定款に規定すべき内容として馴染まないとの理由で消極的に扱われたり，原始定款を作成する場合，これに関する公証人の了解をなかなか得られないという現実的な懸念も存在する。

(2) 株主間契約における議決権拘束条項（契約条項記載例2・3）

　中企業，小企業では，株主間において議決権の行使について一定の合意が存在したり，一定の条件の下に議決権の行使について拘束されることは常態であると考えられる。むしろこうした会社では一定の人間関係により，株主がそれぞれの自己の判断による自由意思によって，議決権を行使するという原則自体が成り立ちにくいのが通例である。そして，議決権の拘束は明文による合意なく，あるいは，明確な合意すらなく，いわば紳士条項的に行われていることも多いと考えられる。

　しかしながら，株式会社も多様化し，規制緩和が図られており，このよ

うな株主間契約も明文化されたりあるいは合意として明確にされる場合も存在してきており、近時、株主間契約に関する需要は増大してきていると言ってよい。

契約条項記載例1

> （取締役等選任に関する定め）
> 第○条　株主Ａは、発行会社の取締役○名を指名することができる。株主Ａが本項に基づき指名した取締役については、本契約当事者間において株主Ａのみが、その解任に関する決定を行うことができるものとする。
> ②　株主Ａは、株主Ａの指名した取締役につき欠員が生じた場合（死亡、辞任、解任その他いかなる理由によるかは問わない。）又は、当該取締役を他の者と交代させる必要があると判断した場合には、取締役を補充するために別の者を指名する権利を有する。
> ③　発行会社及び株主Ｂは、株主Ａが前各項の規定に基づき、発行会社の取締役の指名又は解任の決定を行った場合、自己の指名した取締役をして、かかる取締役の選任又は解任を行うために、法令等及び発行会社の定款その他の社内規程上必要とされる措置を速やかに行わせるものとし、株主Ｂ及び株主Ａは、取締役の選任又は解任を決議する発行会社の株主総会において、上記取締役の選任又は解任に、賛成の議決権を行使するものとする。

契約条項記載例2

> （議決権拘束条項）
> 第○条　株主Ｂ及び株主Ｃは、発行会社の株主総会において、株主Ａの指示に従いその議決権を行使するものとする。ただし、ある事業年度において剰余金の配当にかかる議案が定時株主総会に提出されないときはその定時株主総会開催日より、その議案が定時株主総会において否決されたときは定時株主総会の終結の時より、剰余金の配当を受ける旨の株主総会決議がある時まで、株主Ｂ及び株主Ｃは、次に掲げる事項につき、自らの意思により議決権を行使することができるものとする。
> 　(1)　計算書類の承認
> 　(2)　剰余金の処分

(3) 役員賞与の支給
(4) 取締役の報酬額の決定

契約条項記載例3

(株主総会の代理行使)
第○条　株主Bは，株主Aを代理人と定め，株式会社甲の株主総会において議決権を行使する一切の権限を委任するものとする。
②　株主Bは，前項の規定に基づき，株式会社甲の株主総会ごとに株主Aを代理人とする委任状を株式会社甲に提出又は株主Aに交付するものとする。

(3) **議決権拘束条項の有効性**

　株主間における合意において議決権を拘束する条項を設けることについて通説はこれを有効であると考えている。契約自由の原則に基づくもので妥当な結論である。ただし，この議決権拘束条項に違反する議決行為がなされた場合，この議決行為の結果についてどのように扱うかについては別途検討が必要である。以下，いくつかの場面に分けて議決権拘束条項の効力について検討することとする。

　ア　議決権拘束契約に違反する議決権行使がなされた場合，総会決議の瑕疵となり得るのか。

　一般的には，上記のような場合でもそのような議決権行使は有効であって，議決権の瑕疵は生じないとされている。議決権拘束契約は債権的契約に過ぎず，当事者間において効力を有するにとどまり，会社に対する効力を持たないことを理由とする。これに対し，全株主による議決権拘束契約がある場合など，一定の事由がある場合には決議取消事由となる可能性も存在し得るという見解もある（前掲田邉264頁）。しかしながら，株主総会において議決行為という社団的行為がなされ，これに基づいて株主総会の決議がなされた以上，この議決行為に反する合意が存在したとしても，決議取消事由となるとは考えられない。したがって，一般的な見解が支持さ

れるべきである。

 イ 議決権拘束条項に違反する議決権行使がなされた場合，損害賠償請求の対象となり得るか

　議決権拘束条項が有効であり，この合意の債権的効力が認められる以上，これに違反した行為については債務不履行による損害賠償の請求の対象となり得る。問題はこの場合の損害賠償の金額の算定方法である。例えば，株主Aと株主Bが取締役Cを選任する旨の合意をしていたが，株主Bはこの合意に反して取締役Dを選任する旨の議決行為を行い，その結果取締役Dが選任され，会社はDの経営の失敗により損失を被り，Aもまた株式の価値を毀損した場合を考えよう。このような場合でも，Cを選任しても同じ結果になったかもしれず，またDの経営の結果ではなくその他の要因により会社は損失を被ったのかもしれない。したがって，契約違反行為とその結果の違反行為をされた株主の損失との因果関係を立証するのはかなり困難であり，現実的に損害賠償請求が認められる場合というのは例外的な事例に限られる。

　したがって，一般的に損害賠償義務を定めてもこうした規定により実効的な損害賠償請求を期待することは困難である。

 ウ 議決権拘束条項に違反する議決権行使がなされた場合，損害賠償の予定が定められている場合はどうか

　このような規定が設けられた場合，損害賠償の予定の約定も有効であると考えられる。しかしながら，損害額の定めにまったく合理性がない場合，裁判所がこの規定をそのまま有効とするかは疑問がある。損害額の予定の定め方にも一定の合理性が要求されると考えられる。例えば，一定期間後の会社の純資産の減少額を基準とすることなどが考えられる。

 エ 議決権拘束条項に違反する議決権行使がなされた場合，離脱条項を定めることは可能か

　このような規定が設けられた場合，その離脱条項の約定も有効であると考えられる。議決権拘束条項に違反した場合，約定に反した相手方に株式の買取義務を負わせることには十分合理性があると考えられる。

3 ベンチャー企業における株主間契約

(1) ベンチャー企業出資契約の特殊性

ア ベンチャーキャピタルとしての出資

　ベンチャー企業の経営者にとって最も大きな課題がファイナンスである。ベンチャー企業は，ファイナンス力が弱く，金融機関からの借入はほぼ困難である。すると必然的にベンチャー企業の起業家は，自らベンチャー企業の事業内容を理解し，事業評価を正確に行い，自らもしくは第三者をして事業の投資を行う投資家を募集することとなる。他方，投資家はその会社の経営に積極的に関与し，その結果，ハイリターンの回収を求めることになる。こうした場合，必要な資金を求めるベンチャー企業家と投資家は，企業が成長した場合にはできるだけ高いリターンを求めるベンチャーキャピタル間で投資の内容，経営関与の内容，回収の内容について十分な協議を行うこととなり，詳細な出資契約を締結することが必要となる。

イ 事業パートナーとしての出資

　既存の企業がベンチャー企業と提携し，今後ベンチャー企業と共同して事業を展開しようとしてベンチャー企業に出資する場合もある。ベンチャーキャピタルとの相違は，ベンチャーキャピタルが主として高いリターンを目的とするのに対し，事業パートナーとしての出資は，今後の事業の展開にある。技術が高度化し，その進歩がますます加速化している現代において，大企業といえども全ての分野の研究開発を行うことは困難であり，外部の力を借りて共同開発を行おうとするインセンティブが働く。他方，優れた少数のエンジニアや研究者の研究開発成果を基に設立されたベンチャー企業は，既存企業に囲い込まれることを望まないが，研究開発に多大な資金を必要とする。したがって，ベンチャー企業と事業パートナーとの関係の主眼は，共同研究開発等の事業そのものの協力関係であり，例えば，共同研究開発の場合，両者は，その条件である技術情報の開示，研究開発行為の分担，費用の負担，人的資源の分担，研究開発成果の帰属，知的所有権の取り扱い，相手方に帰属する成果についての使用許諾といっ

た項目を中心に詳細な出資契約を締結することが必要となる。
　ウ　ベンチャー企業における株主間契約の必要性
　したがって，ベンチャー企業では上記アの場合でもイの場合でも，いずれにせよ詳細な株主間契約を締結し，今後発生し得る多くの事態に備えることが多いのである。ベンチャー企業の株主間では多様な株主間契約が必要とされているのである。

(2)　ベンチャー企業出資契約の一般的構成

　ベンチャー企業の資金需要は，研究開発の進行状況によって変更される。ベンチャー企業にとっては，今後の研究開発の資金を確保することを期待するし，出資者としては，研究開発の進行状況を見極めながら今後の追加出資を行うかどうかの選択権を留保することを期待する。このような観点から，数年間の期間を設け，その期間を何段階かに分けてベンチャー企業に投資するのが通例である。その段階分けは，アーリーステージ，レイターステージ，ブリッジ又はメザニンの3段階と呼ばれている。その時期や各回の新株発行の方法・価額は，ベンチャー企業と出資者との間で協議し，合意して株主間契約を締結し実施することとなる。アーリーステージでは，ベンチャー企業の起業家とベンチャーキャピタルとの契約が中心であるが，研究開発が進むにつれて事業上関係のある第三者（取引先，共同開発の相手方，流通，マーケティングの提携先）が加わることがある。

　ベンチャーキャピタル等によるベンチャー企業の出資は，一般に，優先株式購入契約（Preferred Stock Purchase Agreement）により締結される。これに加えて，以下のような株主間契約が締結されることがある。
　　①　出資者権利契約書（Investor's Rights Agreement）
　　②　議決権行使契約書（Voting Agreement）
　　③　共同売却契約書（Co-Sale Agreement）

(3)　経営支配権に関する株主間契約

　ベンチャー企業の起業家とベンチャーキャピタル間で，ベンチャー企業

の経営の決定に関し，種々の株主間契約を締結することが多い。ベンチャーキャピタルによる経営支援，経営指導を伴う出資は，ハンズオンと呼ばれ，出資のみを行い，経営指導を行わないものをハンズオフというが，ハンズオンに伴い種々の株主間契約が締結される。これは，以下のような条項を含む合意で形成される。

① 取締役会の構成についての合意条項
② 取締役会の議決権の行使についての合意条項
③ 取締役会付議事項の追加条項
④ 少数株主選任取締役の拒否権条項
⑤ 希釈化防止条項
⑥ 先買権条項
⑦ 情報請求権条項

(4) 出資の解消に関する株主間契約

　ベンチャー企業の研究開発が一定の段階に達した時，起業家がベンチャー企業自体を第三者に売却してしまうことを決断する時もある。このような場合，株主間契約で，ベンチャーキャピタルが出資した株式をどのように扱うかについて予め決定しておくことも多い。これは，以下のような条項により行われる。

① Co-Sale Rights（Tag-Along Rights）条項（共同売却権）

　Co-Sale Rights とは，いずれかの株主が所有する株式を第三者に譲渡しようとする時に，他の株主がその株式譲渡に参加できる権利である。Co-Sale Rights は，典型的にはベンチャー企業の起業家が所有する株式を譲渡する場合に，他の投資家が保有比率に応じて，その譲渡に参加できるという形で取り決められる。

　創業者が多数派株主を形成している場合は，創業者から株式を買い取ろうとする第三者は，多数派株主の地位にプレミアムを払うことに同意する可能性があるが，Co-Sale Rights は，少数派株主に，このプレミアムの分配を受ける権利を与える効果がある。さらに，実務的には，第三者買主に

全株式を買い取るインセンティブを与える。

② Drag-Along条項

Drag-Along権（株式強制連動売却権）とは，ある株主が自己の株式を売却する際に，他の株主にも参加させて一緒に売却することを要求できる権利である。当該会社のM&Aを左右する強力な権利であるため，実務上，この権利が与えられるのは，資金面でマジョリティを構成するような大株主に限られる。Drag-Along権を有する株主としては，少数株主を抱えた状態で会社を売却するのは，相手方との売却価格交渉上も有利でない。そこで，少数株主を締め出して一括して株式を売却することを可能にする条項として定められる。

(5) その他の条項

その他ベンチャー企業起業家とベンチャーキャピタル間で優先配当権や株式上場を請求する権利など多様な権利の設定が可能である。ベンチャー企業の出資契約には従来の株主間契約の議論では考えられない詳細かつ多様な条項が含まれているのである。

4 会社と株主間の契約

(1) 会社と株主間契約の存在と株主平等原則

会社の株主相互間の契約の概要について述べてきたが，株主同士の契約ではなく，会社と，ある特定の株主又は株主群もしくは全株主において，特定の契約が締結されることが考えられる。この点について，会社法は，会社法の原則として「株式会社は，株主を，その有する株式の内容及び数に応じて，平等に取り扱わなければならない」（会109条1項）と規定し，例外として，公開会社でない株式会社は定款で定めれば配当，議決権行使についても平等以外の取扱いを認めるという方法をとった（同条2項）。

旧法下の判例でもあるが，分配可能額を計上できなくなった会社が，一般株主に対しては無配としながら特定の大株主に対して無配となる直前の

配当金額に相当する金額を報酬名義及び中元歳暮名義で支払う旨の贈与契約は，当該株主を特別に有利に待遇し，利益を与えるものであるとして，株主平等原則に反して無効であるとした最高裁判例（最判昭45.11.24民集24-12-1963）もある。

(2) 株主の権利の行使に関する利益の供与

　株式会社は何人に対しても株主の権利の行使に関し，財産上の利益の供与（当該株式会社またはその子会社の計算においてするものに限る）をしてはならない（会120条1項）。株式会社が特定の株主に対して無償で財産上の利益の供与をしたときは，当該株式会社は株主の権利の行使に関し財産上の利益の供与をしたものと推定する。株式会社が特定の株主に対して有償で財産上の利益の供与をした場合において，当該株式会社またはその子会社の受けた利益が当該財産上の利益に比して著しく少ないときも同様とする（同条2項）。この規定の違反については罰則規定がある（会970条）。

　本規定は沿革上総会屋対策としての意義から設けられたものであるが，会社財産の浪費の防止という意義も有すると考えられている。したがって，与党総会屋（会社の若干の株式を所有してその会社の依頼に応じて職業的にその会社の議事進行役を務め，車馬賃等の名目で金品を受領する者）や野党総会屋（株主総会に臨んで株主たる地位を濫用して会社幹部の営業上の失敗ないし手落ちを攻撃し，議場を混乱させて議事の進行を妨害し，自己の存在を会社に認識させて，威迫を用いてその会社から金品を獲得しようとする者）はもちろんその対象となるが，グリーンメイラー（取得した株式の高値買取を狙う買収者）からの自己株式の取得なども本条違反の対象となり得ることに注意を要する。

(3) 会社と株主間契約締結の自由

　会社と株主間の契約も上記(1)，(2)に反しない限り基本的に自由に締結できる。会社法は会社と株主間で当該会社の自己株式を買い取る契約についても一定の手続の下に認めている（会156条から165条）。したがって，会社

と株主間の契約については多様な契約が発生し得ることになり、現に多様な契約・合意が発生している。これらの会社と株主間の契約の中には、以下のような形態の契約・合意も含まれる。

① 株主優待制度
② 従業員持株制度と奨励金の支給
③ 会社株主間の自己株式買取制度
④ 会社株主間の配当合意

これらの契約の締結は基本的には自由であるが、後述するように③については手続規制と財源規制がある。また、これらの契約の中にも本来の制度の趣旨を潜脱しているのではないか、あるいは会社が特定の株主に不当な利益を供与しているのではないかと考えられる可能性があるものもある。このような場合には、当該契約の法的有効性について、

① 会社と株主間の契約の締結目的
② 各種の規制趣旨からの逸脱の程度
③ 手続が正当に行われたか
④ 発生した結果の相当性・妥当性

等を検討し、慎重に判断しなければならない。

5 会社と株主間の自己株式取得契約

(1) 会社と株主間の合意による取得の弊害

会社が自己の発行済株式を株主との合意により取得することは論理的に可能である。しかし、会社による自己株式の取得は弊害を生じるおそれがある。弊害の内容は以下の4点に集約される。

①	資本の維持	株主への出資払戻と同様の結果を生じ、会社債権者を害する。
②	株主相互間の公平	一部の株主のみから取得すると、株主相互間に投下資本回収の機会の不平等を生じさせる。

| ③ | 会社支配の公正 | 反対派株主から株式を取得することにより，現取締役が会社支配を維持するための手段となる。 |
| ④ | 証券市場の公正 | 株価操縦や内部者取引に利用される可能性がある。 |

　他方で，特に上場会社の財務戦略上の視点等から自己株式の取得規制の緩和を主張する意思が強く，平成13年改正法は自己株式の取得を原則自由として上記の弊害については以下のような規制を施した。

①	資　本　の　維　持	財源規制	会461号1項2号・3号
②	株主相互間の公平	手続規制	会156条～164条
③	会社支配の公正	不正な取得規制	会963条5項1号
④	証券市場の公正	証券取引上の規制	金融商品取引法

(2) 会社が株主との合意により自己株式を取得する方法

　会社が株主との合意により自己株式を取得する方法は，以下の4種類に限られる。

ア　市場において行う取引

　上場株式を金融商品取引所において取引する場合，または取扱有価証券である株式を金融商品取引業者を通じて取得する方法である（金商165条1項）。ただし，金融商品取引法上の規制がある。

イ　株券の公開買付

　上場株式を「発行者による上場株券等の公開買付」（金商27条の22の2第1項1号）により取得する方法である。

ウ　株主（取得対象種類株式の株主）全員に譲渡の勧誘をする方法

　上記ア及びイ以外の方法による取得の場合には，会社（取締役会設置会社においては取締役会の決議（会157条2項），その他の会社においては株主総会決議（会462条1項2号イ）を要する）は取得の都度，①取得する株式の種類・数，②株式1株を取得するのと引換えに交付する金銭等の内容・数額（またはその算定方法），③株式を取得するのと引換えに交付する金銭等

の総額，④株式の譲渡しの申込みの期日を定め（会157条1項・3項），株主（取得対象種類株式の株主）に対し，当該事項を通知しなければならない（会158条）。その通知を受けた株主は，その有する株式の譲渡しの申込みをしようとするときは，会社に対し，その申込みに係る株式の種類・数を明らかにすることを要し（会159条1項），会社は，④の期日に，当該株主が申込みをなした株式の譲受けを承諾したものとみなされる（会159条2項）。これは，閉鎖型のタイプの会社における自己株式取得を公平に行うための方法であって（上場株式につきこの方法によることはできない（金商27条の22の2第1項）），株主の申込株式の総数が①の数を超えるときは，会社は，各株主に対し按分比例で株式の譲受けを承諾したものとみなされる（会159条2項）。

エ 株主総会で決議した特定の株主からの相対取得

会社が自己株式を特定の株主から取得する場合には，上記ウ①～④の事項のほか，その株主の氏名（名称）も決議することを要する（会160条1項，309条2項2号〔特別決議〕）。その決議をする場合には，上記ウ①～④の事項を取締役会が定める旨を定款上定めた会社も，株主総会決議をしなければならない（会459条1項1号）。特定の株主から取得する手続が厳格なのは，換金困難な株式の売却機会の平等を図る必要があり，また，グリーンメイラーからの高値の取得を阻止する等の必要があるからである。そして，会社からの通知（会160条2項，会施則28条）により事前に当該決議内容を知った他の株主は，換金困難な株式の売却機会の平等を図る趣旨から，会社に対し，原則として総会日の5日前までに，議案を，特定の株主（売主）として自己をも加えたものに変更するよう請求することができる（会160条3項，会施則29条。ただし，会161条～164条〔適用除外〕）。

(3) 取得財源規制，期末の財産状況の予測からの制約

自己株式を取得するのと引換えに交付する金銭等の総額は，当該行為（当該取得）がその効力を生ずる日における分配可能額を超えてはならない（会461条1項2号・3号）という財源規制が存在する。

効力発生日における分配可能額を超過する自己株式取得がなされた場合には，自己株式の譲渡人，その取得行為を行った会社の業務執行者，株主総会・取締役会の議案提案者（会社計算規則159条2号・3号，160条，161条）が，会社に対し，連帯して，自己株式の譲渡人が交付を受けた金銭等の帳簿価額に相当する金銭の支払義務を負う（会462条1項1号・2号）。

自己株式の取得をした日の属する事業年度（その事業年度の直前の事業年度が最終事業年度（会2条24号）でないときは，その事業年度の直前の事業年度）末に係る計算書類において，分配可能額（会461条2項）がマイナスになるおそれがあるときには，会社は，当該自己株式の取得をしてはならず，もしそのマイナスが生じた場合には，当該取得を行った業務執行者（会社計算規則159条2号・3号）は，会社に対し，連帯して，当該マイナス額と当該取得により株主に対して交付した金銭等の総額とのいずれか少ない額を支払う義務を負う（会465条1項2号・3号）。

さらに，何人の名義をもってすることを問わず，会社の計算において不正に自己株式を取得したときは，取締役，会社参与，監査役，執行役，支配人，事業に関するある種類又は特定の事項の委任を受けた使用人は会社財産を危うくする罪を犯した者として刑事罰の対象となる（会963条5項1号）。

6 会社と従業員株主間契約

(1) 売渡強制規定の有効性

従業員が従業員の資格を失う場合に，従業員が会社に対して当該株式を売却する義務を負う規定（以下「売渡強制規定」という。）を含む従業員持株制度において，かかる売渡強制規定は有効か。

契約自由の原則があるため，私人間でどのような合意をしても，強行法規に抵触しない限りは有効であるが，場合によっては公序良俗違反（民90条）として無効とされる余地がある。

なお，売渡強制規定の有効性が問題となる事例では，会社は閉鎖型会社であることがほとんどであるため，以下では閉鎖型会社を想定して論じる

こととする。

　(なお，株式譲渡自由の原則（会127条）との関係の有効性も一応問題となり得る。もっとも，株式譲渡自由の原則は，株主の投下資本回収の機会を保障するための原則であるところ，売渡強制規定は投下資本回収の機会を奪うものではない。したがって，株式譲渡自由の原則には違反しないものと考えられる。）

(2) 契約の性質について

　まず，前提として，売渡強制規定を含む従業員持株制度の合意の性質について検討する。

　売渡強制規定を含む従業員持株制度の合意は，会社が従業員に対し，退職時に株式を会社に売却することを義務付けるものであり，民法上は再売買の予約，あるいは，条件付売買契約であると考えることができる。

　再売買の予約と考えた場合，予約完結権は会社にあり，従業員が退職する際に会社から当該従業員に対して予約完結権を行使することにより，会社と従業員との間で株式の売買の効果が生じるものと考えられる。

　一方，条件付売買契約と考えた場合には，従業員が退職したことにより条件が成就し，当然に株式の売買の効果が生じるものと考えられる。

　再売買の予約と考えた場合には，予約完結権は10年の時効にかかるため，会社側としては時効管理を行う必要がある。また，再売買と考えると，従業員の退職後，会社が従業員に対して予約完結権を行使しなければならない。

　これらの手間を考えると，条件付売買契約と考えたほうが会社にとって有利であろう。会社側としては，当該従業員持株制度の合意が，条件付売買契約の性質のものであることを，持株会の規約等によって明らかにしておくことが有用である。

書式　停止条件付株式持分譲渡契約書

停止条件付株式持分譲渡契約書

　甲山花子（以下「甲」という）及びA株式会社従業員持株会理事長（以

下「乙」という）は，甲がA株式会社従業員持株会（以下「当会」という）に入会するにあたって，次のとおり停止条件付株式持分譲渡契約（以下「本契約」という）を締結する。
（譲渡の合意）
第1条　甲は，甲が当会を退会するときは，退会時において，当会名義のA株式会社（以下「発行会社」という）の株式に対して甲が有する共有持分の全部（以下「本件株式」という）を乙に売渡，乙はこれを買い受けるものとする。
（売買代金）
第2条　第1条の売買代金は，次の第1号乃至第3号に定める金額のうち最も高い金額を下限として，当事者間の協議のうえ決定する。ただし，これには，甲がA株式会社から交付された奨励金は含まないものとする。
　(1)　甲の拠出金額の総額
　(2)　甲の退会申出日における直近の取引事例の単価により算出した甲の共有持分相当額
　(3)　甲の退出申出日の直前の事業年度の決算に基づき算出された時価相当額の単価により算出された甲の共有持分相当額。ただし，株式評価方法については純資産方式を除くものとする。
（株式移転日）
第3条　第1条の譲渡は，甲の当会の退会日に効力が発生し，株式の共有持分権は甲から乙に移転するものとする。
　②　乙は，甲に対して，株式移転日から1週間以内に，甲の指定する金融機関口座に振り込む方法により売却代金を支払うものとする。この場合の振り込み手数料は，乙の負担とする。
（買主の地位の移転）
第4条　乙は，必要と認めるときは，第1条に定める譲渡の買主の地位を，任意の第三者に移転することができるものとする。
（共有持分の譲渡及び質入の禁止）
第5条　甲は，本株式持分を第三者に譲渡し，又は質入してはならない。
（その他事項）
第6条　本件契約に定めのない事項及び本件契約の内容解釈に相違のある事項については，本件契約の趣旨にしたがい，甲及び乙が協議のうえ，これを定める。
（以下省略）

(3) 売渡強制規定の有効性の判決

閉鎖型会社における売渡強制規定の有効性を検討するに際しては，名古屋高等裁判所平成3年5月30日判決が参考になる（なお，最高裁判所第三小法廷平成21年2月17日判決でも閉鎖型タイプの会社における従業員持株制度の合意に関する判示がなされたが，これは日刊新聞の発行を目的とする会社の事案で，特別法によりその株式の譲受人は事業に関係のある者に限定されていた事案であったため，やや特殊なケースである。）。

同判決は，閉鎖型タイプの会社において，従業員が額面金額で会社の株式を取得できるが，従業員が従業員の資格を失う場合に，従業員が取締役会の指定する者に当該株式を売却する義務を負う合意がなされた事案で，同合意の有効性が問題になったものである。なお，会社による買取価格も取得価額と同様額面額であった。

同判決は，以下の理由により，同合意を有効と判断した。すなわち，①従業員持株制度は，会社にとって，持株従業員に対して会社の発展に対する寄与を期待できるという利益があるとともに，持株従業員にとっても，会社の株式をその時価にかかわりなく一律に額面額で簡便に取得することができるほか，相当程度の利益配当を受けることができるものであって，それなりに持株従業員の財産形成に寄与するものである，②譲渡価格が額面額に固定されているが，取得価格も額面額であるし，非上場株式について持株従業員の退職の都度個別的に譲渡価格を定めることは実際上困難であるから，持株従業員の投下資本の回収を著しく制限する不合理なものとまでは断ずることができない，③従業員持株制度の制度の目的及び株式取得の手続，経緯等に鑑みると，すべての点において一般の株式投資と同列に論じることはできず，その投下資本の回収についてもある程度の制約を受けることも性質上やむを得ない，といった理由を挙げている。

同判決の判示するところは妥当なものと考える。一般論として，従業員持株制度は，従業員に会社を成長させることのインセンティブを与える効果があるし，株式の拡散を防止して安定的な経営をしたいという経営者のニーズにも応えるもので，制度設計そのものは合理的なものである。この

制度自体が公序良俗に反するとは，およそ考えがたい。問題があるとすれば，会社の買取金額や配当の有無の関係上持株従業員が不合理な経済的不利益を被る場合や，従業員が事実上持株従業員となることを強制されるような場合であろう。

(4) 第三者に譲渡された場合

　会社と従業員との間で従業員が株式を会社に売り渡すことを合意していたとしても，かかる合意の効力を第三者に対抗することはできない。そのため，従業員が，かかる合意に反して株式を第三者に売り渡した場合には，かかる売り渡しの効力は従業員と第三者との間では有効となる。

　もっとも，本論において想定しているのは閉鎖型会社であるから，株式を譲り受けた第三者は，直ちに会社との関係で株主権を行使することはできない。当該第三者は，会社に対して譲渡承認の請求をなし（会137条1項），会社はかかる譲渡を承認することなく，対象株式を買い取ることが可能である（会140条1項）。

　ここで問題となるのが，会社は対象株式をいくらで買い取るのか，ということである。会社法第144条第1項では，売買価格は会社と譲渡等承認請求者の協議によって定めるとされており，さらに会社又は譲渡等承認請求者は，裁判所に売買価格の決定の申立をすることができる（会144条2項）。

　裁判所が売買価格を決定することになれば，会社が従業員との間で額面額での買取を合意していたとしても，裁判所によってそれ以上の価格が決定されてしまう可能性があろう。

　かかる事態を回避するために必要な方策としては，まず，従業員持株制度の合意を，前述したように条件付売買契約の性質を有するものであることを明確にしておくことである。そして，条件成就の事由として，従業員が退職した場合のほか，従業員が株式を第三者に売り渡す合意をなした場合も規定しておくことが有用である。このような規定を入れておけば，従業員が株式を第三者に売り渡す合意をなした瞬間に条件が成就し，株式の売買契約が有効となって，株式は二重譲渡の状態となる。そして，会社が

会社自身を株主として株主名簿の記載を書き替えれば（会132条1項2号），会社のほうが自己株式の取得を第三者に対抗することが可能となる。

(5) その他手続について

会社と従業員との間で会社の株式の売買を合意したとしても，会社からみればそれは自己株式の取得となる。

そのため，会社が自己株式を有効に取得するためには別途会社法上の手続を履践しなければならないので，その点注意が必要である。

7 会社と出資予定株主間契約

(1) はじめに

会社に対して新規に出資を予定している者との間で株主間契約が締結されることがある。例えば，オーナー企業やベンチャー企業が出資を受ける場合に，資金調達をしたい者（会社）と，経営方針等について一定の影響力を確保したい者（出資者）との間で，出資条件についての協議を経た上で株主間契約が締結される場合があるし，経営方針等に関与する権限は求めないが他の株主よりも高い配当を求めたいと欲する出資者との間で株主間契約が締結される場合もあるだろう。また，合弁会社を設立する際に，出資を予定している当事者間で株主間契約が締結される場合もある。

以下では，出資予定株主との間で締結される株主間契約に見られる一般的な条項について概説した上で，やや特殊な事例として，将来会社が増資する際に株式を引き受ける義務を負う旨の契約条項を盛り込んだ場合，特に，会社が債務超過に陥った場合に増資に応じる義務を負う旨の条項を設けた場合の問題点について検討する。

(2) 一般的な条項の概説

出資予定株主との間で締結される株主間契約の内容として盛り込まれることが多い一般的な条項を以下に掲げる。ただし，株主間契約は多種多様

であり，定型的な雛型を提示することは困難であるから，以下の各条項は，あくまで参考に留まるものである。なお，以下の各条項について，その意味内容に照らして分類すれば，アからオまでは株式の取扱いに関する条項，カからケまでは会社運営に関する条項，コ以下はその他の条項と整理することができるだろう。

ア　同意条項

同意条項とは，他の当事者の同意なしに株式を譲渡することを禁止する条項である。一定期間又は一定事由が生ずるまでの間は，株式の譲渡その他の移転ができない旨の限定を付することもある。

> （経営株主の株式譲渡制限）
> 第○条　経営株主は，経営株主が本契約の締結前及び有効期間内に取得した発行会社の株式を，発行会社の株式公開まで継続して保有するものとし，その保有する発行会社の株式の全部又は一部を第三者に譲渡又は担保に供してはならない。但し，事前に投資者の承諾を得た場合にはこの限りではない。

イ　先買権条項

先買権条項とは，当事者が第三者に株式を譲渡しようとするときは，他の当事者に対して事前に通知することを要し，通知を受けた当事者は，一定期間優先的に株式を買い取ることのできる権利（先買権）を有するものとし，その期間内に他の当事者が先買権を行使しなかった場合に限り，当初の譲受人に対して株式を譲渡することができるとする条項である。

なお，先買権が行使された場合の価格の算定方法，評価者の選定方法，評価者が算出した価格を争う方法などについての条項も併せて設けられることがある。

> （投資者の先買権）
> 第○条　投資者は，経営株主が，その保有する株式の全部又は一部を第三者に譲渡する場合，譲渡の対象となる株式の全部又は一部を，同一の条

> 件で自ら買い取ることを請求することができるものとする。

ウ　売渡強制条項

売渡強制条項とは，契約違反や当事者の信用不安など当事者間の信頼関係の継続を困難にする一定の事由が生じたときは，該当当事者は，他の当事者に対して株式を売り渡す義務が発生する旨を定めた条項である。

エ　買取強制条項

買取強制条項とは，一方当事者が他の当事者に対し，自己の保有する株式の買い受けを強制することのできる権利を定めた条項である。経営に関与していない少数株主が，会社経営が悪化した場合に備えて，離脱する手法として用いられるのが通常である。

オ　希薄化防止条項

希薄化防止条項とは，将来の増資の際に，一定比率の下，優先的に新株の割り当てを受けられる旨を定めた条項である。具体的には，当事者に対して引き受けの意思を確認し，引き受けの意思がない場合に第三者に新株を割り当てるという内容とすることがある。

資金需要が大きいベンチャー企業などの場合，出資した後で更なる資金調達を行うことが多いため，会社が自由に新株発行できるとすれば，出資者側は持株比率の低下を余儀なくされてしまう。これを防止し，会社に対する影響力を維持する趣旨で設けられることが多い。

> （投資者の新株等引受権）
> 第○条　投資者は，発行会社が新株等を発行，処分又は付与する場合には，その持株比率及び議決権比率のいずれにおいても，新株等を発行，処分又は付与する直前の比率を維持することのできる最低限の比率の引受権を有する。

カ　取締役の選任条項（議決権拘束条項）

　当事者の指名する者を取締役に選任させることを約する旨の条項である。当事者が複数存在する場合には，各当事者から何名の取締役を選出するかを定めることもある。

　もっとも，取締役の選任は株主総会の専権事項であるため，会社との間で取締役の選任条項を設けても，意中の人物が必ずしも取締役に選任されるとは限らない。そこで，実効性を確保するため，会社の他の株主との間でも同様の合意を行っておく場合もある。

（発行会社の取締役及び監査役）

第○条　投資者は，発行会社の取締役及び監査役を各1名を指名することができる。投資者が本項に基づき指名した取締役及び監査役（以下「指名役員等」という）については，本契約当事者間において投資者のみが，その解任に関する決定を行うことができる。

②　投資者は，指名役員等につき欠員が生じた場合又は，指名役員等を他の者と交代させる必要があると判断した場合には，指名役員等を補充するために別の者を指名する権利を有する。

③　発行会社及び経営株主は，投資者が前各項の規定に基づき，発行会社の指名役員等の指名又は解任の決定を行った場合，自己の指名した取締役をして，かかる指名役員等の選任又は解任を行うために，法令等及び発行会社の定款その他の規定上必要とされる措置を速やかに行わせるものとし，経営株主及び投資者は，役員の選任又は解任を決議する発行会社の株主総会において，指名役員等の選任又は解任に，賛成の議決権を行使するものとする。

④　発行会社は，指名役員等につき，発行会社の費用により，その責任を填補する役員賠償責任保険に加入させるものとする。

⑤　投資者は，指名役員等を指名する義務を負うものではなく，指名役員等を指名したこと又は指名しないことを理由として，いかなる不利益も被らず，かつ，発行会社又は経営株主に対し，いかなる責任も負わない。

キ　拒否権条項

　拒否権条項とは，会社が一定の行為を行う場合には，当事者の事前の承諾を得なければならない等の定めを設けることにより，当事者に拒否権を付与する条項である。当事者が議決権の過半数を有さない場合や取締役の過半数を選任できない場合に，対象会社に対して一定の影響力を確保するために設定されることがある。

　もっとも，会社法上，拒否権付種類株式（会108条1項8号）が認められていることから，実効性の確保の観点からは，当該種類株式を発行する方が有効であると言えるだろう。

ク　取締役会決議事項条項

　これも拒否権条項の一種であるが，取締役会の決議事項のうち一定の重要な事項については，少数派株主から選出される取締役の同意が得られない限り行うことができない旨の条項である。ベンチャーキャピタルが出資を行う際に，起業家経営陣の独走を牽制できるように，金額基準など細かな条件区分を設定して拒否権条項が設計されることがある。

ケ　デッドロック条項

　デッドロック条項とは，当事者間で意見の相違があり，会社としての意思決定がなされなくなる場合に備えて，あらかじめその決着方法を定める条項である。

コ　情報請求権条項

　情報請求権条項とは，会社に対し，会社の財務状態や経営状態に関する情報を開示するよう要求できる旨の条項である。例えば，法令上株主に対して開示義務を負っている財務情報等に加え，四半期毎の財務情報や予算に関する情報を適時に投資家に開示するという約束がなされることもある。

サ　取締役不退任条項

　取締役不退任条項とは，主としてオーナー社長について，一定期間は取締役を退任せず，現状のまま変更しない旨を定める条項である。ワンマン経営の会社の場合，オーナー社長のカリスマ性が事業に多大な影響力を有することがあるため，この様な条項を設けることがある。

(取締役の辞任・退任)
第○条　経営株主は，発行会社の株式公開が実現するまでの間，法令等の制限を受ける場合を除き，投資者の事前の承諾なくして，発行会社の取締役を任期満了前に辞任しないものとし，また，任期満了前に発行会社の取締役として再任されることを拒否しないものとする。

シ　競合禁止条項

競合禁止条項とは，出資者が対象会社と同じ事業を営まないことを約束する条項であり，利害の衝突を回避するために設けられることがある。

ス　解除条項

解除条項とは，一定の事由が生じたときに，自動的に株主間契約が解除されることを定める条項である。

(3) 将来会社が増資する際に株式を引き受ける義務を負う契約条項について

以下では，やや特殊な事例として，株主間契約において，将来会社が増資する際に株式を引き受ける義務を負う条項が設けられている場合，特に，会社が債務超過に陥った場合に増資に応じる義務を負う旨の条項が設けられている場合の問題点について検討する。

ア　希薄化防止条項との違い

上記のとおり，株主間契約において，将来の増資の際に，一定比率の下，優先的に新株の割り当てを受けられる旨を定めた希薄化防止条項が設けられることは一般的に見られることである。会社が将来の資金ニーズに伴い第三者割当増資を行えば，結果的に出資者の持株比率は低下し，会社に対する発言権も自ずと低下してしまう。そこで，これを防止するために，出資者の権利を確保する趣旨で希薄化防止条項が設けられるのである。

これに対し，ここで検討する条項は，将来会社が増資する際に株式を引き受ける義務を出資者に負わせる内容のものであり，専ら会社の資金調達の便宜を意図したものである。会社の権利を確保する趣旨で設けられた条

項であり，この点において希薄化防止条項とは正反対の意味合いを持つものと言える。

　　イ　当該条項の有効性
　そもそも当該条項は法的に有効と言えるだろうか。株主の間接有限責任に反し，無効ではないのか。あるいは，会社側に一方的に都合の良い内容を定めるものとして一般法理によって無効とされることはないのか。
　　　㋐　間接有限責任との関係
　間接有限責任とは，株主は，会社に対して，その有する株式の引受価額を限度とする有限の義務を負うだけで，会社債権者に対して何らの責任を負わないという制度であり，所有と経営の分離がなされた株式会社における本質的要請であると言われる大原則である。この原則を定めた会社法第104条は強行法規であるとされている。このため，株主の追加的義務を定める定款条項は，原始定款であろうと，総株主の同意の下で定款変更したものであろうと，株式会社の本質に相容れないものとして全て無効であると一般的に理解されていると言って差し支えないだろう。
　そこで，株主に対して追加出資義務を定める当該条項も，株主の間接有限責任に抵触するものとして無効とされてしまうようにも思われる。
　しかし，強行法規といっても，あらゆる事案に対して一律に適用しなければならないという程に硬直的ではなく，特に会社法のように，個人企業から上場企業まで極めて幅広い会社という組織を一つの法律でカバーしているという，ある意味特殊な法分野においては，個別具体的な状況に応じて柔軟に解釈することも必要であると考えられる。
　この点，会社が債権者に対して負担した債務について株主が連帯保証することはごく当たり前のように行われており（会社の金融債務について，大株主である代表取締役が連帯保証することはよく見られることである。），この連帯保証契約が株主有限責任に反して無効であると唱える者はいないであろう。ここでは，当該連帯保証契約は，あくまで一株主と債権者との間の個別的な契約であることや，経営者と株主の利害関係が一致している（分離していない）ということが考慮されているように思われる。

ベンチャー企業に対する出資者との間の株主間契約においても，一定期間を経過した時あるいは一定条件を満たしたときに，段階的に出資額を増やしていく旨の契約を締結することはあり得る。このような契約も，あくまで一株主との間の個別的な契約であることや，経営者と株主とが互いに自由な意思の下で合意した内容であるという場合には，無効とする必要はないものと考えられる。

　　(イ)　契約の一般原則による制限
　株主間契約は様々な内容の取り決めができるとしても，そこで取り決められた内容が無制限に有効となるものではなく，私法上の契約としての一般原則に従わなければならない。すなわち，①契約の内容が実現可能であること，②契約の内容が確定できること，③契約の内容が強行規定や公序良俗に反しないことという各要件を満たすことが必要である。
　よって，当該条項も，上記①から③の各要件を満たす内容という制限の中で設計される必要がある。例えば，出資者に対して漠然と何らの制限なしに増資の引き受け義務を課す内容のものとしてしまうと，上記②の契約内容の確定性の点で問題が生じ得るものと考えられる。また，会社が債務超過に陥った場合に増資に応じる義務を負わせる内容のものとした場合，会社の利益の下で出資者に著しく不利益な内容を定めるものとして，上記③の点で公序良俗違反で無効とされる余地がないとは言えないと考えられる。もっとも，対等な当事者間で締結される契約については基本的に契約自由の原則が妥当するため，個別具体的な事情を踏まえて検討しなければならないが，両当事者の自由意思で合意が形成されたといえる場合には，あえて無効と判断するまでの必要はないのではなかろうか。

　　ウ　当該条項の履行担保方法
　次に，当該条項が有効だとしても，出資者がこれに従わず，出資義務を履行しなかった場合，契約違反の効果としてどのような手段を講じることができるだろうか。
　この点，契約の本旨に従った履行を求めることが原則だとしても，株主間契約は当事者間において債権的な拘束力を有するに過ぎず，出資の履行

を強制することはできないと考えられる。会社法上も,「募集株式の引受人は,出資の履行をしないときは,当該出資の履行をすることにより募集株式の株主となる権利を失う。」(会208条5項)と定めており,出資の履行は任意で行われることが前提とされている。

　そこで,代替的な措置として,出資義務違反の債務不履行に基づく損害賠償責任を追及することが考えられる。ただし,この場合に会社に生じた損害とは何かが必ずしも判然としないだろうから,株主間契約の中に,予め損害賠償額の予定を定めておくことが望ましいだろう。このような条項を置いておくことは,損害賠償請求の可能性を確保すると共に,当事者に対して事実上の履行強制力を持たせることにもなると考えられる。

第14章 種類株式と定款

1 種類株式の可能性

　種類株式は，経済的利益や経営支配権など，多様化した株主のニーズを反映する形で，株主平等の原則の例外として，会社法が認めた制度である。

　種類株式についての一般的な説明に関する書籍は多数出版されているが，事例的な書籍は少ないように思われる。本章では，より具体的かつ実践的な事業承継や資本政策などの中小企業の経営課題を解決するプランを提案することを目的として種類株式の可能性を探りたい。

図表1　非公開会社の種類株式

株式の内容 （株主にメリット）	普通株式	株式の内容 （会社にメリット）
優先 配当につき普通株式に優先する	剰余金の配当	劣後 配当につき普通株式に劣後する
拒否権 株主に承諾権が与えられる	議決権	制限・無議決権 株主総会で決議する事項に制限（無議決権）を設ける
役員選任権 役員を選任する権利が付与		
優先 残余財産につき普通株式に優先する	残余財産	劣後 残余財産につき普通株式に劣後する
取得請求 株主の要請で会社に戻る		取得条項 会社の要請により会社に戻る
		全部取得条項 （非常事態）

◎株式の内容をそれぞれのニーズにより，組み合わせて，オーダーメードで種類株式を設計していく

2 事業承継解決スキーム

(1) 事業承継における論点

　現在の我が国における中小企業の事業承継の現場を想定すると，創業者が昭和30，40年代の高度経済成長の中，がむしゃらに働き順調に企業規模を大きくしたあと，バブル崩壊・リーマンショックなどの荒波の中を資金繰りに奔走し，なんとか乗り越えてきたときに自身を顧みると歳をとり，今すぐに経営能力に問題はなく，身体もすぐにどうこうということはないが持病もあり年齢には逆らえないと感じている。

　また時代の流れが加速する中で将来の経営判断に不安を覚える瞬間も出てきた。

　後ろを振り返ると後継者がなかなか育っていないという現実に，どうしたらよいものかと悩んでいるという事業経営者が多いのではないだろうか。

　事業承継にあたっては様々な論点があると思うが，概ね下記の論点に集約されるであろう。

① 　後継者の育成，選抜
② 　経営権の委譲時期
③ 　経営権の委譲方法
④ 　創業者の相続における税金対策

　事業承継と一言で述べても，大枠二つの承継がある。経営自体の承継と財産（自社株）の承継である。

　どちらかというと経営自体の承継が困難な課題であろう。こちらについてはここで議論することを省略する。なぜなら個々の企業の業態，創業者一族の家族形態，後継者候補，年齢などなど様々な要因に応じて検討しなければならず，個別的対応を必要とするためである。

　したがって，本書では財産の承継について述べるに限るが，その提案に際しておそらく創業者が望むであろう経営権に関する議決権の集中，将来

の経営者の選抜，事業承継者以外の親族への配慮，相続税対策などを含めて考えたい。

(2) 種類株式の利用による事業承継問題の解決例
ア　事例検討
実例ではないが想定され得る中小企業の事例をもとに考えてみたい。

```
事例
    機械製造会社：三友㈱　非公開会社　従業員150名
    発行済み株式　1,000株

    創業者一族の状況
    創 業 者 A　70歳　　　　　　　　　　　　　　600株
    妻　　　　B　62歳　　　　　　　　　　　　　　200株
    長　男　　C　50歳　（既婚，子供2人あり）　　50株
    長　女　　D　48歳　（サラリーマンの夫あり）　20株
    次　男　　E　40歳　（独身）　　　　　　　　　30株
    Aの実弟　F　62歳　（三友㈱取締役）　　　　　50株
    Aの姉　　G　73歳　（事業に関係なし）　　　　50株

    長男，次男ともに三友㈱に勤務している。長女Dは事業に関わっていない。
```

創業者Aは，会社というものは公器であり，経営能力のあるものがお客様，従業員のために経営すべきとの考え方を持っている。一方欲張るつもりはないが，自分たち創業家にも何らかの事業からの見返りとしての収入が入るようにならないかとの考えもまた持っている。

後継者候補としては長男Cのほか取締役H（親族外，60歳）のいずれかを考えている。

創業者Aからみて，長男Cは実力をつけてきてはいるが，もう一つ，二つ殻を破らなければ全権を任せるには時期尚早だろうと思われる。また，今後の事業展開を考えると長男Cに海外子会社の社長を経験させて国際ビジネスを学んで欲しいとも考えている。

それに対して取締役Hは営業畑を歩む中で，海外子会社の立ち上げから販売ルートの確保まで行い，海外における交渉の現場も踏み，子会社を黒字化する経営手腕も買われ，本社取締役として数年前に呼び寄せられた。さらに，部下の信頼も厚い。

これらの事情を勘案した結果，創業者Aは5～10年の間，取締役Hに社長として経営権を任せ，その間に長男Cに実力をつけてもらいバトンタッチしてもらうのが理想と考えている。

創業者Aが心身ともに健康でずっと議決権を持って監視していられれば，取締役Hを社長にすえても安心してみていられるのだが，やはり健康不安があるのが実情である。したがって，いつ何があっても大丈夫なように手を打っておきたい。

どのようにしたら理想にちかい承継ができるか考えたい。

イ　本事例の論点

まず，考えなければならないのが議決権である。創業者Aに万が一のことがあった場合に，いずれ経営権を握るべき長男Cが株式の大半を相続できるかは不明であるし，たとえ承継することになったとしても，一時的に相続争いが起こった場合には，経営に空白期間が生まれる可能性は否めない。また取締役Hが人望厚く，仕事もできることを考えると議決権行使に空白が生まれている間に，どのような事態が起こるかもわからない。

これらの不測の事態に備えるに，種類株式の利用を提案したい。

議決権をどのようにするか検討するに際してのポイントとしては，
① 　現在親族の中に経営権を持たせたいものはいない。現段階では取締役Hが後継者として適任である。
② 　5～10年後に長男Cが経営者の器になってくれていれば経営権を譲

りたい。

③ ②の考えはあるが，次男Eの成長によっては，その時の適任者が経営者として選ばれる環境であってほしい。

④ 自分が育ててきた会社が，誰かわからない人に支配され，事業に手を出されたくはない。

このようなポイントを考えたときに，種類株式の利用とともに第10章「株主権行使をめぐる諸問題」2 -(4)にあるように一般社団法人を利用するのはどうだろうか。ファイナンスなど諸問題が提議されているため，この問題を回避するための種類株式および属人的株式（実質的な性格から種類株式の一つと考えられる）の利用を提案したい。

具体的には下記のようなスキームである。

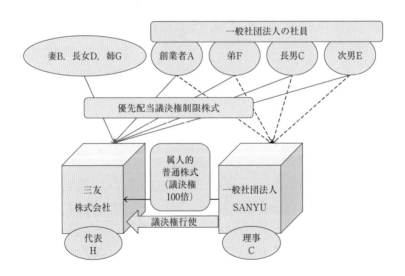

まず創業者Aなど事業に携わる親族（創業者A，長男C，次男E，弟F）が主体となり社員として一般社団法人を設立する。

この一般社団法人に創業者Aが保有する普通株式を1株譲渡（贈与又は売買）する。譲渡（贈与又は売買）についての論点は第10章「株主権行使

をめぐる諸問題」2-(4)を参照する。

　その後，株主総会の特殊決議（総株主の半数以上（定款において半数以上の割合を定めた場合にはその割合以上）かつ，総株主の議決権の4分の3以上（定款において4分の3以上の割合を定めた場合にはその割合以上））（会309条4項）により，**定款において「株主　一般社団法人SANYUは，当会社の株主総会において1株につき100個の議決権を有する」**など株主ごとに異なる取扱いをする旨の定めを置く。

　そして配当優先議決権制限株式を発行する旨の定款変更決議（特別決議）を行い，「種類株式発行会社」とし，一般社団法人が所有している1株以外の普通株式を配当優先議決権制限株式に転換することについて，全株主から文書による同意書を入手する。

　これにより，一般社団法人が議決権の全部又は大部分を掌握できるため一般社団法人の社員による議決権のコントロールが可能となる。

　したがって，一般社団法人の社員である創業家一族内での一定のルールのもとに理事が選定され，その理事のもと株式会社の代表者を選定することができる。

　本事例の場合，親族以外のHを代表者として選任し一定期間経営をまかせ，長男Cが成長した段階で代表者の変更を行うことができる。

　また，長男Cが何らかの事情により後継者候補からはずれた場合には，社員同士の合議制によりHを続投させるか，外部登用するか，はたまた次男Eを抜擢するなどの方法を検討することができる。

　もちろん可能性としては社員同士が揉めることもあり得るが，その対策として事業を永続的に続けるために経営者として最も適任者（適任をどのように規定するかも必要であろう）を抜擢することを根本指針として運営するとの定款を定めておくことが考えられる。この指針を守るためのインセンティブとして，優先配当議決権制限株式がある。事業がうまくいくことにより，優先配当議決権制限株式を所有している親族全員が配当を受け取り財産的なメリットを享受することができるのである。

　事業の永続が結果的にお客様にとってメリットとなり，創業家一族に

とっても，社員にとっても喜ばしいこととなる。

　ちなみに社員は自然人であるからいつかは亡くなるわけであるが，このスキームにおける社員はいわば経営者選抜委員のような重要な位置づけであるため，事業に深く関わる親族のうち私心のない者で構成していかなければならないと考える。

　社員の資格の得喪に関する規定は定款の必要的記載事項である（一般法人法11条1項5号）。この規定をどのようにするかが企業の未来の命運を決めることになるであろう。

　このスキームにより議決権の永続的な集中，経営者の選抜の自由度，創業家一族の財産的見返りの確保などが達成できると思われる。しかし一方創業者Aの財産（優先配当議決権制限株式）の承継は済んでいないわけだが，この株式には議決権は無い又はほぼ無いことから，事業承継者に多く相続させるなどの相続人間の財産の不平等を生まず相続人に均等に分けることができる。これにより遺留分の減殺請求のリスクもなくなる。

　相続税の納税資金がない相続人もいることを考えると，自己株式の買取りができるように取得請求権付としておくのも一つの手かもしれない。

　　ウ　株主ごとに異なる取扱い（属人的株式）（会109条2項）

　非公開会社においては，①剰余金の配当を受ける権利，②残余財産の分配を受ける権利，③株主総会における議決権，について株主ごとに異なる取扱いを行う旨を定款で定めることができることとされている（会109条2項，105条1項）。

　旧有限会社において，定款により，議決権や利益の配当または残余財産の分配について，社員ごとに異なる取扱いを定めることが可能であった。

　平成18年の会社法の施行により，有限会社が廃止されたのだが，この考え方が会社法に取り込まれたことにより閉鎖的な非公開会社においては，旧有限会社のような人的なつながりを重視した方が経営がスムーズに執行できることから株主ごとに特別な取扱いをすることができるような制度を認めているのである。

参考条文

> 会社法第109条　株式会社は，株主を，その有する株式の内容及び数に応じて，平等に取り扱わなければならない。
> ②　前項の規定にかかわらず，公開会社でない株式会社は，第105条第1項各号に掲げる権利に関する事項について，株主ごとに異なる取扱いを行う旨を定款で定めることができる。
> ③　前項の規定による定款の定めがある場合には，同項の株主が有する株式を同項の権利に関する事項について内容の異なる種類の株式とみなして，この編及び第5編の規定を適用する。

> 会社法第105条　株主は，その有する株式につき次に掲げる権利その他この法律の規定により認められた権利を有する。
> 　(1)　剰余金の配当を受ける権利
> 　(2)　残余財産の分配を受ける権利
> 　(3)　株主総会における議決権
> ②　株主に前項第一号及び第二号に掲げる権利の全部を与えない旨の定款の定めは，その効力を有しない。

エ　なぜ属人的株式を利用するのか

通常議決権を集めようとすると，多数の株式を贈与，売買しなければならず，第10章「株主権行使をめぐる諸問題」2-(4)に提議されたように贈与，譲渡所得，受贈益などの課税およびファイナンスの問題に悩まされる。

しかし，属人的株式を利用することにより，このスキームの組成時には1株しか移動しないため，贈与の場合は贈与税の対象となる額も低く，売買の場合には譲渡の対価のファイナンス及び譲渡所得税の負担も容易と考えられる点である。

また，種類株式では複数議決権は認められていない「議決権を普通株式の何倍にも設計できる」という特徴を活かし，経営権を集中させることができるという点が非常に魅力的である。

なお，属人的株式は，特定の株主に対して，特別な扱いを認めるもので

あるから，原則として，その特定の株主の株式譲受人は，その特別な扱いを享受することはできない。しかし，「株主A及び株主Aよりその所有する株式の譲渡を受けた者について」会社法第105条第1項各号に掲げる権利につき，株主ごとに異なる取扱いをする旨を定めることは，法の趣旨からしても認められ得るであろう。

オ　なぜ一般社団法人を利用するのか

属人的株式はその株主に対して特別な扱いをするものであるから，株主が変われば，特別な扱いも原則として消滅する。自然人に属人的株式を付与した場合に，その株主が亡くなった場合，譲渡した場合には，その特別な扱いの消滅により，本スキームの法的安定性が維持できなくなる可能性がある。

しかし，一般社団法人は法人格であるため自然人のように亡くなることはないため（もちろん譲渡すれば自然人と同様の取扱いとなる。），一般社団法人に**属人的株式**を保有させることにより永続的な議決権の集中が可能となるのである。

また複数の社員が合議に基づき議決権の行使をできる点も個人が保有する場合と異なる点と言える。

カ　属人的株式の税務上の評価

属人的株式についての相続・贈与などで取得した場合についての株式の評価については，国税庁からは特段明らかにされていない。

先に述べたとおりその株主の属する権利であって，株式そのものに権利が付随するものではないため，たとえば今回の事例の場合一般社団法人が誰かに保有株式1株を譲渡してしまうと，受け取った側はただの普通株式1株としての価値と権利しかないのである。

そのような事実から考えると普通株式と同様の取り扱いをすることで問題が生じるとは考えづらい。

また，属人的株式とは違うものの無議決権株式という種類株式については，原則として議決権の有無を考慮することなく，原則的には普通株式と同様の取り扱いをすることが国税庁から発表されている。

経済産業省

平成19・02・07中庁第1号
平成19年2月19日

国税庁課税部長　岡本　佳郎　殿

中小企業庁事業環境部長　近藤　賢二

相続等により取得した種類株式の評価について（照会）

　平成18年5月に施行された会社法（平成17年法律第86号をいう。以下同じ。）により多種多様な種類株式の発行が認められるようになりました。この会社法の下で活用幅が広がった種類株式は，中小企業の事業承継においてもその活用が期待されております。
　しかしながら，種類株式の相続税法上の評価方法については，不明確であるとの指摘があります。そこで，中小企業の事業承継において活用が想定される典型的な種類株式について，その類型を特定するとともに，適用される評価方法を整理しました。つきましては，下記の類型の種類株式について，平成19年1月1日以降に相続等（相続，遺贈又は贈与をいう。以下同じ。）により同族株主（いわゆる原則的評価方式が適用される同族株主等をいう。以下同じ。）が取得した場合には，その評価方法について下記の取扱いを認めていただきたく，照会します。
　なお，下記の類型の種類株式は，現時点で中小企業の事業承継目的での活用が期待されているものであり，今後，取引相場のない株式に係る原則的評価方式や下記の評価方法の単純な組合せによっては適正な時価が得られないと考えられる種類株式の活用が期待されることとなった場合には，その評価方法についても明確にすべく御検討いただけるものと理解していることを申し添えます。

記

1．種類株式の類型
　　事業承継目的での活用が期待される種類株式としては，次の3類型を想定している。
　　　第一類型　配当優先の無議決権株式
　　　第二類型　社債類似株式
　　　第三類型　拒否権付株式
2．配当優先の無議決権株式（第一類型）の評価の取扱い
　(1) 配当優先の株式の評価

同族株主が相続等により取得した配当（資本金等の額の減少に伴うものを除く。以下同じ。）優先の株式の価額については次により評価する。
　イ　類似業種比準方式により評価する場合
　　　財産評価基本通達183（評価会社の1株当たりの配当金額等の計算）の(1)に定める「1株当たりの配当金額」については、株式の種類ごとに計算して評価する。
　ロ　純資産価額方式により評価する場合
　　　配当優先の有無にかかわらず、財産評価基本通達185（純資産価額）の定めにより評価する。
(2)　無議決権株式の評価
　　　無議決権株式については、原則として、議決権の有無を考慮せずに評価することとなるが、議決権の有無によって株式の価値に差が生じるのではないかという考え方もあることを考慮し、同族株主が無議決権株式（次の3に掲げる社債類似株式を除く。）を相続又は遺贈により取得した場合には、次のすべての条件を満たす場合に限り、上記(1)又は原則的評価方式により評価した価額から、その価額に5パーセントを乗じて計算した金額を控除した金額により評価するとともに、当該控除した金額を当該相続又は遺贈により同族株主が取得した当該会社の議決権のある株式の価額に加算して申告することを選択することができることとする（以下、この方式による計算を「調整計算」という。）。
　　　なお、この場合の具体的な計算は次の算式のとおりとなる。

【条件】
　イ　当該会社の株式について、相続税の法定申告期限までに、遺産分割協議が確定していること。
　ロ　当該相続又は遺贈により、当該会社の株式を取得したすべての同族株主から、相続税の法定申告期限までに、当該相続又は遺贈により同族株主が取得した無議決権株式の価額について、調整計算前のその株式の評価額からその価額に5パーセントを乗じて計算した金額を控除した金額により評価するとともに、当該控除した金額を当該相続又は遺贈により同族株主が取得した当該会社の議決権のある株式の価額に加算して申告することについての届出書（別添（PDFファイル/58KB））が所轄税務署長に提出されていること。
　　（注）　無議決権株式を相続又は遺贈により取得した同族株主間及び議決権のある株式を相続又は遺贈により取得した同族株主間では、それぞれの株式の1株当たりの評価額は同一となる。

ハ 当該相続税の申告に当たり，「取引相場のない株式（出資）の評価明細書」に，次の算式に基づく無議決権株式及び議決権のある株式の評価額の算定根拠を適宜の様式に記載し，添付していること。

【算式】

$$\text{無議決権株式の評価額（単価）} = \left(A \times 0.95 \right)$$

$$\text{議決権のある株式への加算額} = \left(A \times \frac{\text{無議決権株式の株式総数（注1）}}{} \times 0.05 \right) = X$$

$$\text{議決権のある株式の評価額（単価）} = \left(B \times \text{議決権のある株式の株式総数（注1）} + X \right) \div \text{議決権のある株式の株式総数（注1）}$$

A…調整計算前の無議決権株式の1株当たりの評価額
B…調整計算前の議決権のある株式の1株当たりの評価額
（注1）「株式総数」は，同族株主が当該相続又は遺贈により取得した当該株式の総数をいう（配当還元方式により評価する株式及び下記3により評価する社債類似株式を除く。）。
（注2）「A」及び「B」の計算において，当該会社が社債類似株式を発行している場合は，下記3のなお書きにより，議決権のある株式及び無議決権株式を評価した後の評価額。

3．社債類似株式（第二類型）の評価の取扱い

次の条件を満たす株式（社債類似株式）については，その経済的実質が社債に類似していると認められることから，財産評価基本通達197―2（利付公社債の評価）の(3)に準じて，発行価額により評価するが，株式であることから，既経過利息に相当する配当金の加算は行わない。

なお，社債類似株式を発行している会社の社債類似株式以外の株式の評価に当たっては，社債類似株式を社債として計算する。

【条件】
イ 配当金については優先して分配する。
また，ある事業年度の配当金が優先配当金に達しないときは，その不足額は翌事業年度以降に累積することとするが，優先配当金を超えて配当しない。
ロ 残余財産の分配については，発行価額を超えて分配は行わない。
ハ 一定期日において，発行会社は本件株式の全部を発行価額で償還する。
ニ 議決権を有しない。
ホ 他の株式を対価とする取得請求権を有しない。

> 4．拒否権付株式（第三類型）の評価の取扱い
> 　拒否権付株式（会社法第108条第1項第8号に掲げる株式）については，拒否権を考慮せずに評価する。
>
> 　　　　　　　　　　　　　　　　　　　　　　　　　　　　以上

出典）　国税庁ホームページ（http://www.nta.go.jp/shiraberu/zeiho-kaishaku/bunshokaito/shotoku/070226/another.htm）

したがって，税務上の評価が明確でないことから，国税庁からのアナウンスにアンテナをはり，リスクを勘案・検討しながら使用されたい。

キ　優先配当議決権制限株式について

定款記載例1

> （発行する株式の種類）
> 第〇条　当会社は，普通株式，A種優先株式，B種優先株式を発行する。
> （発行可能種類株式の総数）
> 第〇条　当会社の発行可能株式数は，5000株とし，このうち3000株は普通株式，1000株はA種優先株式，1000株はB種優先株式とする。
> （種類株式の内容）
> 第〇条　A種優先株式，B種優先株式の内容は次のとおりとする。
> 　1　A種優先株式
> 　（1）優先配当金
> 　　　当会社は第〇条に定める剰余金の配当（期末配当）を行うときは，A種優先株式（以下「A種優先株式」という）を有する株主（以下「A種優先株主」という）に対し，普通株式を有する株主（以下「普通株主」という）に先立ち，A優先株式1株につき年40円の剰余金の配当（以下「A種優先配当金」という）を支払う。
> 　（2）累積条項
> 　　　当会社は，ある事業年度においてA種優先株主に対して支払う剰余金の配当の額が前項に定めるA種優先配当金の額に達しない場合は，その不足額を翌期以降に累積するもの（以下「累積未払配当金」という）とし，累積未払配当金は，優先配当金及び普通株主に対する剰余金の配当に先立って支払われるものとする。

(3) 参加条項

当会社は，ある事業年度において，Ａ種優先配当金が支払われた後に残余から普通株主に剰余金の配当を行うときは，Ａ種優先株主に対し同額の剰余金の配当を行う。

(4) 議決権

Ａ種優先株式を有する株主は，株主総会において次に定める事項についてのみ普通株主と同様に議決権を有する。
- イ　計算書類の承認
- ロ　剰余金の処分
- ハ　役員賞与の支給
- ニ　取締役の報酬額の決定
- ホ　取締役の選任

(5) 株式分割，株主割当等

（省略）

(6) 残余財産分配

当会社は，残余財産の分配を行うときは，Ａ種優先株主に対し，普通株主を有する株主に先立ち，Ａ種優先株式１株につき10万円の金銭を支払う。

2　Ｂ種優先株式

(1) 優先配当金

当会社は第○条に定める剰余金の配当（期末配当）を行うときは，Ｂ種優先株式（以下「Ｂ種優先株式」という）を有する株主（以下「Ｂ種優先株主」という）に対し，普通株式を有する株主（以下「普通株主」という）に先立ち，Ｂ優先株式１株につき年1000円の剰余金の配当（以下「Ｂ種優先配当金」という）を支払う。

(2) 非累積条項

当会社は，ある事業年度においてＢ種優先株主に対して支払う剰余金の配当の額が前項に定めるＢ種優先配当金の額に達しない場合であっても，その不足額を翌期以降に累積しない。

(3) 非参加条項

Ｂ種優先株主は，普通株主の受ける剰余金の配当が１株につき優先配当金を超えるときは，これを超える配当は受け取らない。

(4) 議決権

Ｂ種優先株主は，株主総会において議決権を有しない。ただし，Ｂ

種優先株主は，B種優先配当金を受ける旨の議案が定時株主総会に提出されないときはその総会より，その議案が定時株主総会において否決されたときはその総会の終結の時より，B種優先配当金を受ける旨の定時株主総会の決議のある時まで議決権を有する。
(5) 株式分割，株主割当等
　　（省略）
(6) 残余財産分配
　　当会社は，残余財産の分配を行うときは，B種優先株主に対し，普通株主を有する株主に先立ち，B種優先株式1株につき5万円の金銭を支払う。
3　優先順位
　　各種優先株式の配当金及び残余財産の支払順位は，A種優先株式とB種優先株式は同順位とする。

優先配当議決権制限株式については，下記の図表のように会社法で規定がされている。

図表2

配当の分配についての種類株式	会社法第108条第1項第1号，第2項第1号 ①　株式会社は，次に掲げる事項について異なる定めをした内容の異なる二以上の種類の株式を発行することができる。（省略） 　(1)　剰余金の配当 （省略） ②　株式会社は，次の各号に掲げる事項について内容の異なる2以上の種類の株式を発行する場合には，当該各号に定める事項及び発行可能種類株式総数を定款で定めなければならない。 　(1)　剰余金の配当　当該種類の株主に交付する配当財産の価額の決定の方法，剰余金の配当をする条件その他剰余金の配当に関する取扱いの内容
議決権制限株式	会社法第108条第1項第3号，第2項第3号 ①　株式会社は，次に掲げる事項について異なる定めをした内容の異なる二以上の種類の株式を発行することができる。（省略） 　(3)　株主総会において議決権を行使することができる事項

> ② 株式会社は，次の各号に掲げる事項について内容の異なる二以上の種類の株式を発行する場合には，当該各号に定める事項及び発行可能種類株式総数を定款で定めなければならない。
> (3) 株主総会において議決権を行使することができる事項　次に掲げる事項
> 　　イ　株主総会において議決権を行使することができる事項
> 　　ロ　当該種類の株式につき議決権の行使の条件を定めるときは，その条件

　優先配当の取り決めについては，具体的には参加型・非参加型，累積型・非累積型の区分がある。

　参加型・非参加型とは，優先配当を受けた後の残りの配当についても普通株式と一緒に配当の分配を受けられるかどうかの違いである。

　累積型・非累積型は，定款に定めたところによる優先配当の金額に達しなかった場合に，不足額を翌期以降において配当を受け取ることができるか，切り捨てされるかの違いである。

　議決権の制限については，株主総会において全ての事項について議決権を行使できない無議決権株式にもでき，一部の事項についてのみ議決権の行使のできる議決権制限株式にもできる。

　ク　優先配当議決権制限株式の税務上の評価

　国税庁からの発表によると基本的には普通株式と同様の評価として取り扱う旨が明らかにされている。

　相続などにおける種類株式についての評価の取扱いとして，財産評価基本通達188-4，5などの規定があり，無議決権株式については議決権の数を0として，議決権制限株式については議決権の数に含める旨が規定されている。

> （議決権を有しないこととされる株式がある場合の議決権総数等）
> 188-4　188《同族株主以外の株主等が取得した株式》の(1)から(4)までにおいて，評価会社の株主のうちに会社法第308条第1項の規定により評

価会社の株式につき議決権を有しないこととされる会社があるときは，当該会社の有する評価会社の議決権の数は0として計算した議決権の数をもって評価会社の議決権総数となることに留意する。

(種類株式がある場合の議決権総数等)
188-5　188《同族株主以外の株主等が取得した株式》の(1)から(4)までにおいて，評価会社が会社法第108条第1項に掲げる事項について内容の異なる種類の株式（以下この項において「種類株式」という。）を発行している場合における議決権の数又は議決権総数の判定に当たっては，種類株式のうち株主総会の一部の事項について議決権を行使できない株式に係る議決権の数を含めるものとする。

3 株主の管理・整理（安定株主対策）スキーム

(1) 株主の管理・整理（安定株主対策）における論点

会社の経営リスクをできる限り排除するために，株主を管理・整理等をする場面において，いかに安定した経営支配権を確保するかが一番の論点になろう。一般的に，安定株主対策とは，経営支配権につき安定性を求めることを意味するが，ここでは，会社経営に支障をきたす経営リスクを解決するための株主の管理・整理として論じることにする。

概ね，次の事項がポイントになる。

① 株式の分散化防止
② 後継者等への経営支配権の集中
③ 株式の評価額と譲渡に伴う資金捻出の問題

(2) 種類株式の利用による安定株主対策

次の事例を共通事項として説明するものとする。

> 飲食店経営：株式会社ABC：(以下ABC社) 非公開会社　従業員50名
> 発行済株式　　　　　　　1000株
> 創業者A　　　68歳　　　600株
> 妻　　B　　　62歳　　　200株
> 後継者長男C　45歳　　　100株
> その他相続人　D，E，F　100株

ア　隠居を考えている創業者のケース

(ア)　事例の論点

創業者Aは，親族の後継者にも恵まれており，自身も会社に固執せず，第二の穏やかな人生をスタートさせることを希望しているケースである。基本的に，後継者Cの安定経営のための株式集中とA相続時の株式の分散を防止することを考えればよいのだが，このようなタイプの中小企業は，超優良企業であることが多く，おおむね自社株式の評価が高いために，後継者に株式の集中が進まないことが多い。

(イ)　株式譲渡＋種類株式の利用

AからCへ経営権（株式）を承継させる手段としては，基本的に(i)売買，(ii)贈与，(iii)遺贈，(iv)相続（遺言）である。これらのうちCに株式を承継させる確実な手段は（後日，遺留分等で覆されることのないという意味），Cが適正な対価を負担する売買による株式譲渡である。しかし，株式売買代金の資金の捻出が困難なことから，

① 　Aの所有する株式の一部を経営支配権のない株式，たとえば「配当優先・議決権制限」とする内容の種類株式や「社債類似株式」にする。

② 　Cが経営支配権のある株式の一部又は全部をAから売買により取得する。

③ 　Cが保有する株式について，安定した経営支配権を得られる比率の複数議決権とするような「株主ごとに異なる取り扱い」（属人的株式）をするなどの手続を行う。

あわせて，Aは，経営支配権のない自社株式等についてB，D，E，F

らの遺留分にも配慮した遺言を作成すべきであろう。Aの株式を①で経営支配権のない種類株式とする理由としては，相続人の遺留分と財産承継の公平性に鑑み，会社経営に直接関与しない相続人らには，経営支配権を極力排除した株式を相続財産として相続させ，また，税負担の軽減の観点からも創業者一族の相続全体において最大限効果のある相続税控除等を利用するためでもある。

　これにより，発行済株式の総数にかかわらずCが所有する株式のみで，株主総会の議決権の確保を図ることができる。

　なお，Aの推定相続人がすでに所有する株式が支配権を有するものである場合，上記①と同様な種類株式に変更するか，株式の分散化を防止する対策（取得条項を付するか，停止条件付譲渡契約など）も折をみて行う必要がある。

　(ウ)　社債類似株式の利用（定款記載例2）

　社債類似株式とは，次の事項を満たす種類株式と定義され，その経済的実質が社債に類似していることから，財産評価基本通達197－2に準じて，発行価格により評価し，株式であることから既経過利息に相当する配当金の加算は行わないものとされている。

　①　配当優先，
　②　残余財産の分配につき，発行価格を超えて分配できない，
　③　一定期日において，会社が株式全部を発行価格で償還する，
　④　無議決権，
　⑤　他の株式を対価とする取得請求権を有しない。

（277頁以下経済産業省の照会に対する国税庁の回答を参照）

　この社債類似株式は，優良企業で株式の評価額が高く相続税の負担が心配される会社の場合，社債に準じて評価を固定することができるため，相続税対策にも利用することができる。

　また，償還される性質（ブーメラン機能）を利用し，たとえば中継ぎ社長やそれこそ安定株主として親族以外に株式を一定期間保有してもらう必要がある場合などに利用できよう。

定款記載例2

> （A種優先株式の内容（社債類似株式））
> 第○条　A種優先株式の内容は次のとおりとする。
>   1　優先配当金
>   当会社は，定款第○条に定める剰余金の配当を行うときは，A種優先株式を有する株主（以下「A種優先株主」という）に対し，普通株式を有する株主（以下「普通株主」という）に先立ち，1株につき年○○円の剰余金の配当金（以下「A種優先配当金」という）を支払う。
>   2　累積条項
>   当会社は，ある事業年度において，A種優先株主に対してA種優先配当金の全部又は一部を支払わないときは，その不足額は翌事業年度以降に累積し，累積した不足額についてはA種優先配当金及び普通株主に対する当該事業年度の剰余金の配当に先立ってA種優先株主に支払う。
>   3　非参加条項
>   A種優先株主に対しては，A種優先配当金を超えて剰余金の配当を行わない。
>   4　議決権
>   A種優先株主は，株主総会において議決権を有しない。
>   5　取得請求権がないことの定め
>   A種優先株主は，当会社に対し，取得請求権を有しない。
>   6　取得条項についての定め
>   当会社は，平成○年○月○日（償還期日）をもって，発行済A種優先株式は全て当会社が取得し，これと引き換えに，A種優先株式1株につきA種優先株式の発行価額（以下「A種優先株式発行価額」という）と同額の金銭を交付する。
>   7　残余財産分配
>   当会社は，残余財産の分配を行うときは，A種優先株主に対し，普通株主に先立ち，A種優先株式1株につきA種優先株式発行価額と同額の金銭を支払う。A種優先株主に対しては，このほか，A種優先株式発行価額を超えて残余財産の分配は行わない。

　(エ)　逆複数議決権

　上記(イ)と同様の効果を生むスキームとして，逆複数議決権スキームがあ

る。これは，Ｃの株式のみ普通株式とし，その他の株主が所有する株式の全てを無議決権化するものである。しかしながら，この方法は，ＣがＡらより先に死亡した場合に，会社の経営支配権は，血族親族ではないＣの妻方に承継されてしまうリスクや経営方針に関してＣの暴走を止められないリスクがあり，会社を取り巻く事情が変わった際に生じる大きなリスクも伴うため，いささか乱暴さを覚えざる得ない。

　㋔　種類株式＋その他スキーム

　その他，種類株式等と従業員・役員持株会，資産管理会社，持株会社（一般社団法人型スキームを含む）などを組み合わせることで，会社の置かれている背景に応じて，安定株式対策や相続税対策に資する仕組みをつくることが考えられる。

　なお，要件があてはまれば（要件のハードルが高いのがネックだが），「中小企業における経営の承継の円滑化に関する法律」（なお，平成27年度税制改正により，納税猶予につき，猶予対象部分が拡充されている。）による㊀民法（遺留分）の特例，㊁金融支援（自社株式買取資金の融資など），㊂自社株式等の納税猶予，なども一考すべきである。

　イ　院政型事業承継のケース

　　㋐　事例の論点

　創業者Ａとしては，対外的には後継者Ｃを代表にした方が良いと考えているものの，内心はＣの経営力に不安要素が拭えないため，当面の間，院政を敷きたいと考えている。親から見れば，子はいつまでたっても自分の加護下にある子でしかなく，子の経営能力を認めることも，もしかすると親の力量を超えているかもしれない子に対し親のプライドが邪魔をして素直には認められないのが人間なのかもしれない。

　このようなケースでは，端的に言えば，Ａが心身ともに健康でいる間は経営権の掌握はＡとし，Ａの判断能力の欠如とともに経営権は後継者に移行するようなスキームを考えればよい。これらは契約と種類株式等を組み合わせることで会社関係者の想いを実現することが可能になる。

　もっとも，このようなケースにおいて成功するパターンとは，Ａに後継

者育成という大義名分があってこその話であり，創業者が一定期間のみの院政を越して会社関係者を翻弄するのは，まさしく「老害」である。

そして，もう1点注意を要することは，たとえAが「ワシの目が黒いうちは」と考えていたとしても，Aが死亡する直前まで心身ともに健康であるとは限らないということである。特に大株主の判断能力の欠如は会社経営に支障をきたすおそれがある（第4章「株主の判断能力の欠如と諸問題」，第10章「株主権行使をめぐる諸問題」を参照されたい。）。

　（イ）　拒否権付株式の利用（定款記載例3・4）

Aが「院政を敷く」といっても，基本的には後継者Cに経営を任せるが，①会社の変革が生じるような重要な決断のみAが行うもの，②業務執行の全部につきAが行うものまで，様々なケースが想定できるであろう。

この場合，たとえば拒否権付株式を使い，「種類株主総会の決議を要する定め」として，Cの経営判断に対しAが承諾しないと先に進めない仕組みを作ることができる。

ただし，拒否権付株主の「決議を要する事項」が登記内容となり，ある意味「院政の度合い」を公示することになってしまうので，対外的な受け取られ方にも注意を要すべきである。

また，このような株式を有したままAの判断能力が欠如すると，それこそ大きな経営リスクになるので，取得条項を付するか，公正証書等による停止条件付譲渡契約を締結するかなどをあわせて行う必要があろう。

なお，同様の効果として，種類株式を使用せずに，株主間契約などにおいて特定の株主に事前承諾を必要とするなどの制約条項を設けることも考えられる（第13章「株主間契約」参照）。

定款記載例3

　1　種類株主総会の決議を要する定め
　　①　当会社は，次の事項を行うときは，当会社の株主総会の決議のほか，X種株式を有する株主で構成する種類株主総会の決議を要するものとする。

(1)　当会社の役員の選任・解任
　　(2)　事業譲渡
　　(3)　合併・会社分割・株式交換・株式移転
　　(4)　第三者割当による募集株式の発行
　②　当会社は，次の事項を行うときは，当会社の取締役会の決議のほか，X種株式を有する株主で構成する種類株主総会の決議を要するものとする。
　　(1)　株式譲渡等の承認の決定

定款記載例4

　2　種類株主総会の決議を要する定め
　　当会社は，当会社の取締役会において決議すべき事項のすべてにおいて，X種株式を有する株主で構成する種類株主総会の決議を要するものとする。

第15章 持株会

1 従業員持株会（民法上の組合の場合）の概要と株式管理の問題点

(1) 「本音の目的（節税）」と「本来の目的（福利厚生）」

　一般の中小企業における従業員持株会の目的は，**本音としては，「相続税の節税と事業承継対策」**がメインと言える。しかしその節税効果が，後述するように余りに劇的であるがゆえに，その**本来の目的である「従業員の福利厚生・財産形成」**がないがしろにされることが生じ易い。

　しかし，表がない紙に裏も存在しえ得ないように，元来が表裏一体のモノの片面が存在しないと，全てが崩壊してしまう。その要になるのが，従業員持株会による「株式管理」の如何によることが大きい。以下，この「株式管理」に重点を置いて述べていくことにする。

　まずは，基本となる相続税の節税の効果を簡単に眺めた後，従業員持株会の設立の仕方をふれつつ，まずは一般的な「株式管理」につき述べ，その後に特異な場合の「株式管理」として，幽霊持株会となる場合と，退会時の買戻し価額について平成24年2月16日竹中工務店事件平23(行コ)65号から「株式管理」の問題点を述べることにする。

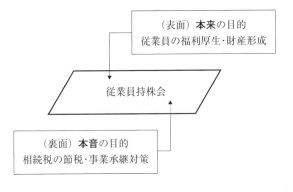

(2) **相続税の節税**

従業員持株会の最大メリットは，何と言っても「相続税の節税」があげられる。

しかも，従業員持株会の**組合の規約**を作れば直ぐにでもでき，組合であるため極端な場合では**登記さえ不要**で，通常は収益事業を行わないので**税務申告も不要**で済ませることができる。

では，「相続税の節税」は，どのように可能なのであろうか。ここでは，これを，簡単な例をもって述べることにする。

今，下図のように1,000株で20億円，すなわち1株200万円と評価される会社の株式を，全て社長が所有している会社があるとする。

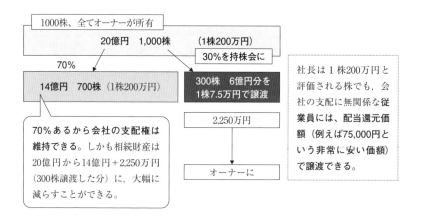

そのままでは相続税は10億円ほどになる。

簡単にするために50人の従業員とする。そこで従業員持株会を作り，社長から従業員持株会に対して，自社株の30％（この割合は規模や人数等で検討をする）を譲渡する。

さて，従業員持株会は**同族関係者ではない**ため，**税務上は配当還元価額**（例えば75,000円）で**譲渡**できる。だから従業員でも買える訳である。

すると，社長には300株の代金75,000円×300株＝2,250万円が入り，残る70％の株は14億円で，財産は20億円から14億2,250万円へと大幅減となる。この結果，相続税額は10億円から7億円になり3億円の節税ができる。しかも社長は議決権の3分の2以上を持つため，特別決議も単独で可能で，**会社の支配権はゆるがない**。それでも心配な場合には，従業員持株会の株**式は議決権制限株式という種類株式**にすれば全く問題がない。

　このように，従業員持株会の活用で相続財産を圧縮しながら議決権も確保することができるのである。

(3) 従業員持株会の設立方法と株式管理

　従業員持株会の設立方法には，概ね2つの方法がある。第一に，「**民法の組合による方法（証券会社方式）**」と第二に「任意団体による方法（信託会社方式）」がそれである。会員の権利等の**実質的内容は同じ**で，現実的には，前者がほとんどを占めるため，本稿では，民法上の組合による従業員持株会を前提として，これを設立する上での「株式管理」に関連する事柄を述べることにする。

　民法上の組合は，民法第667条第1項の規定に基づき設立される。

> 民法第667条第1項（組合契約）
> 　組合契約は，各当事者が出資をして共同の事業を営むことを約することによって，その効力を生ずる。

　そして，組合の保有する**株式の権利は，共有持分**となる。
　民法上の組合は，会社と異なり，**登記も不要で，定款認証なども不要，規約1本**あれば従業員が2人以上いることで簡単にできる。
　しかし相続税の節税等の「本音の目的」からは，少人数では従業員持株会に拠出する株数が少なく，効果が期待できない。また，実際に機能させ

るには，従業員持株会に供給される株式については配当優先株等とするため，定款変更と登記が必要となる。

　従業員持株会に割り当てる株式数は，**特別決議の承認に問題のない範囲**，つまり3分の1以下にして，オーナー側が3分の2を確保するのが一般的であるが，従業員持株会に対して渡す株式は，**無議決権株式**にする工夫の余地がある。

　組合を代表する者として理事長が必要となるが，その人事には，一般的には，総務部または人事部から人選するのが多いが，これは慎重に行う必要がある。会社やオーナーの意向に全くイエスマンと見られてしまうような人材では，従業員持株会の**独立性が問われかねる**ことになる。
　従業員持株会の独立性が確保されないと，**会社法上の子会社に該当**する可能性があるためである。**子会社は親会社の株式を保有できないから**（会135条）従業員持株会の**存亡に関わる問題**となり，**税務上も否認**の憂き目に合うことになる。

　役員の人数に法的な定めはないが，通常は，理事長，理事数名および監事1名で構成することが多い。
　監事は，組合の財産状態を検査し，従業員持株会が規約等を遵守して運営しているかを監査する（民673条）。
　理事会は，理事をもって構成し，規約の改正案の起草，規約の解釈の決定や増資払込手続，議決権の行使等を行う組織となる。決議は，出席理事の過半数をもって決定する（民670条2項）。

　事務の多くは会社側や事務委託会社が行うにしても，あくまで従業員持株会の事務局は会社内に存在しなければならない。事務局は，普通は総務部内等に置かれ，会員名簿の管理，入会退会の処理，口数変更等の事務を行う。

事務管理を委託した場合，持株会は会社と別個の団体ですが，福利厚生制度であるから，外部への事務代行手数料を会社が負担することは可能である。

従業員持株会の設立によって，株主構成が変化し，優先的に従業員持株会に配当されるため，主要株主には，根回しが必要となる。したがって，ここでも従業員持株会によって，生産性が向上し，結果的に配当財源が増える等の説得ができなければ，つまりオーナーの節税という「本音の目的」だけでは同意が得られないことになりかねない。

また株式の拠出を，**第三者割当による場合には株主総会の特別決議が必要**となるため，その他の株主の価値が希釈化する可能性がある。

労働組合がある場合にはその代表者などへ事前に制度の理解を図る必要もある。**従業員持株会に対する誤解**から反対運動を起こされては困るからでもある。

上記に先行して，従業員持株会規約を作成する必要がある。(ひな形は(6)参照)。

会の名称は，株式会社等の表示を外した社名又は愛称の後に従業員持株会と付ける。これは株式会社以外は，株式会社の文字を用いることができない会社法第7条による制限からである。

小規模の従業員持株会の場合は，設立前に，会員を募集し，会員全員で設立総会を開催するのもよい。

また，ある程度の規模の従業員持株会では，発起人会で設立しておいて，後で追加募集する方が事務処理的には無理がない。

株式の拠出において，オーナーの持株を従業員持株会用に，配当優先の議決権制限株式にするにも，第三者割当による場合にも，株主総会の特別

決議が必要である。

以上で，従業員持株会規約等は「案」の状態から正式な規約等になる。

また，理事長の印鑑を作って，従業員持株会名義の口座を開設しておく。

会社との契約は，通常の事務作業のほとんどを委託するための契約で，給与控除の準備等も欠かせない。

労働組合との契約は，給与及び賞与から従業員持株会の拠出金の天引き控除をする際に協定書を交わさねばならない（労働基準法24条）。

ここで重要なのは，後日トラブルになりやすいことを，事前にしっかりと書面で説明しておくことである。したがって，**退職時には取得価額で強制的に買い戻すので，キャピタル・ゲインを狙うものでなく，毎年の配当利回りが高いことを説明**する。

その上で，計画立案時点でシミュレーションした，**目標人数に達するように努力**しなければならない。

非公開会社では，普段から株式は自由に流通していないので，従業員持株会設立に合わせて，まとめて供給する株式の供給元は，オーナー自身や退職者などの株主からの拠出か，会社が行う新株発行あるいは自己株式の処分との2種類しかない。

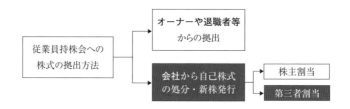

まず，オーナーからの拠出の場合は，オーナーが株式を譲渡することになり，通常は，譲渡制限株式のため，定款の規定に基づいて**取締役会等の承認**が必要になる。

また，オーナーの持株を従業員持株会用に，通常は**配当優先の議決権制**

限株式に変換するが，これには，事前に株主総会の特別決議が必要で，種類株式は登記もしなければならない。

　通常，従業員持株会に際して，オーナーから会社に対して譲渡することはない。なぜならば，オーナーから発行会社への譲渡により，会社が自己株式を取得する場合の税務上の適正な時価は，従業員持株会への譲渡との場合の配当還元価額という非常に安い価額ではなく，原則的評価という高い価額となるため，オーナーに高額な譲渡所得税や，相続後一定期間以外は，みなし配当課税が生じ，従業員持株会に譲渡する場合のような相続税の節税が図れないからである。

　そこで，**オーナーによる主体的・能動的な行動で従業員持株会への拠出**が行われることになる。この場合には，会社は売買当事者ではないため，配当可能利益の範囲内でしか取得できないこともなく，株主総会等の**複雑な会社法上の手続は不要**となる。
　オーナー等から従業員持株会へ譲渡するには，譲渡制限株式の譲渡承認を会社から得るだけで済む。しかも，**会社が認める従業員持株会への譲渡であるため，承認は当然受けられ，配当還元価額という非常に安い価額で譲渡できる**こととなる。

　次に，会社からの供給として，**第三者割当による方法もよく使われるが，これには，株主総会の特別決議が事前に必要**になる。
　会社からの新株発行等の場合は，既存株主に平等に割り当てる「**株主割当**」と，不均衡に割り当てる「**第三者割当**」がある。
　「株主割当」は，既存の株主にのみ割り当てられるため，新規に従業員持株会に割り当てることができないので，ここでは省略する。
　したがって，**会社からの供給として使えるのは，「第三者割当」のみ**である。

会社からの新株発行等の場合は，既存株主に平等に割り当てる「**株主割当**」と，不均衡に割り当てる「**第三者割当**」があることは，先述した。この根本には「株主平等の原則」がある。

> **会社法第109条第1項（株主の平等）**
>   株式会社は，株主を，その有する株式の内容及び数に応じて，平等に取り扱わなければならない。

したがって，既存の株主に新株を割り当てる時には，これまでの議決権なり，持株数の割合が，同じ種類の株式の株主間においては，平等になされなければならない。

また，既存株主以外に新規に割り当てる場合と，既存の株主に不均衡に割り当てる場合……つまり「第三者割当」の場合には，その**不均衡を払込額で調整しなければ，不平等**になる。

この**不平等**は，**会社法と税法の2つの面**がある。下図のように，会社法上は，「**有利発行**」となるため，株主総会の**特別決議**が必要になる。

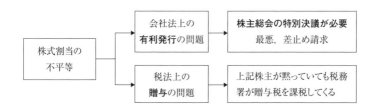

仮に，特別決議を得たとしても，最悪の場合には，会社法上は，不平等に扱われ損害を受ける株主から，その第三者割当の中止を求める「差止め請求」という問題にもなりかねない（通常，従業員持株会の設立では考えられないが）。

そのようなことはないとしても，税務上は，優待的に取り扱われた，今

回の第三者割当を受けたものに対して，贈与があったとして**贈与税**が課税される可能性がある。

なお，通常は問題ないと考えられるが，**中堅企業では稀に**起こることが予想され，しかも**過去2年以内**を通算して判断しなければならないので，注意しておく事柄が，金融商品取引法である。

株式の発行は，「有価証券の売り出し」に該当するため**金融商品取引法**による義務が発生する可能性がある。売出価格と対象者の数に応じて，下表のように，「有価証券届出書」や「有価証券通知書」を提出する義務が生じる。

勧誘人数（注1）	募集・売り出しの金額	
	1,000万円～1億円未満（注2）	1億円以上
50人未満	不要	有価証券通知書
50人以上	有価証券通知書	有価証券届出書

注1：**過去6か月通算**で50人以上になれば有価証券通知書の提出が必要。
注2：**過去2年以内**に同一種類の有価証券の**募集・売り出し**が行われている**場合**には，その2年以内と**今回**との合計で1億円以上となれば，有価証券通知書の提出が必要。

会員募集の状況をフォローし，勧誘を続け，所定の日付をもって，入会手続を締切り，会社に対して給与控除（天引き）の書類を提出する。

月々の給与控除された積立金は，これを従業員持株会の預金口座で管理する。

(4) 幽霊持株会となる場合……名義だけの従業員持株会

従業員持株会は上記(2)で述べたように，相続税の節税効果が高い上に(3)で述べたように，設立に当たっては会社主導，すなわちオーナー経営者の一存で発起され，設立準備されることが多いため，極端な場合には，従業員持株会の会員となる従業員の知らない内に，名義だけ従業員持株会に移

動させた，いわゆる「幽霊持株会」が生じ易い。

　正式に作った場合でも，本来の目的である，「従業員の財産形成・福利厚生・士気高揚」が本当に建前上の目的となってしまって，オーナーの「相続税の節税対策」という多くの場合，**本音の目的にかき消されてし**まっていることが多い。
　違法的な節税コンサルタントの中で，表面上の効果である節税を手っ取り早く実を挙げるために使われても同様の結果となる。
　「幽霊従業員持株会」とは，実体の無い従業員持株会のことである。税務調査でこういう従業員持株会を否認している事案は現実にも有る。たとえば，平成15年12月29日朝日新聞朝刊で「従業員持株会の実態がない」とみなされ，税務調査で否認された事件を報じている。

　上記の新聞報道では，社長が全て管理していて，株式の名義だけが従業員の名前にしていた。したがって記事のなかで国税局が指摘した項目として，従業員持株会への株式の移転手続は経営者の独断で行われ，従業員持株会の会員には一切通知も無く，総会招集もなかったということが判断に含まれていた。
　このような「幽霊持株会」にならないためには，(3)で述べてきた手続を実態として行い，真に「本来の目的」たる従業員福利や財産形成を目指すものであることが必要となろう。

(5)　**退会時の買戻し価額（竹中工務店事件から見る「株式管理」の問題点）**
　① 　**固定化する理由**
　退職時の買い戻しは従業員持株会の中でもっとも重要な問題とされる部分で，過去の裁判でもこれが最も多くの争点となっている。本稿で中心的に取り扱う従業員持株会は，株式公開は当面は考えず，従業員は，時価より大幅に低い価額で取得し，退職時には，その取得価額で従業員持株会が買い戻すことを規約で規定している標準的な非公開会社における従業員持

株会である。

　したがって，従業員にしてみれば，買い戻し時には，値上がり益や値下がり損である，キャピタル・ゲインやキャピタル・ロスが生じない，株式投資というよりは，貯蓄の性質に近いものと言える。

　この手の従業員持株会は，退職者からその持分である株式を買い戻す際には，従業員が取得した価額（通常，額面や配当還元価額に類似した，「純資産価額等を参酌して評価した価額」＝「取引時価」に比べて著しく安い価額）で買い取ることを，その規約に規定している。

　なぜそうするといえば，そうしないと，従業員持株会が成立しないからである。まず，従業員が持分を引き受けたときに拠出した金額は，株式の提供者であるオーナー（第三者割当増資なら会社）に交付しているため，従業員持株会は，会員の月掛け金以外は資金をほとんど持っていない。運営面から観察すれば，株式の分散防止のために退職時に強制的に従業員持株会が買い戻すにしても，その間に株価が値上がりしていると買い戻すことができなくなる。また買い取った株式を従業員持株会が持ち続けることはできないため，次の会員に譲渡する必要があるが，高値で買い取れば，その価額を拠出してもらわねばならなくなる結果，新しい会員の参加が困難となり，結果として従業員持株会が，循環的に運営できなくなるのである。

　例えば，会社が成長し，取引時価が倍になったときに従業員が退職した場合を考えて見よう。持分の株式の価値が倍になったからといって，その時価で買い戻すとしていては，従業員持株会にその買い戻す財源はない。

　仕方なく，従業員持株会は会社から借り入れをして支払うことになる。従業員持株会は返せる当ての無い借入金が，会社は回収見込みの立たない貸付金が残ったままとなる。従業員持株会を設立するような会社はある程度の中堅企業という場合が多いため，その金額が肥大化して放置すれば，会社からすれば，寄附金課税問題になりかねない。

　さらに昨今のように従業員の高齢化が進み退職者が増えたら，支払いも増える結果，会社は貸付金がどんどん大きくなり，貸付金利息も膨れ上が

るため放置できなくなった結果，従業員持株会から株式を買い取り，貸付金と相殺した末に起きたのが次の竹中工務店事件なのである。

② 竹中工務店事件が教えるもの

竹中工務店は，大手ゼネコン5社のうち，唯一の非上場会社で，サントリーと並ぶ二大非上場会社である。全国主要建築を施工し自社物件を「作品」と呼ぶことでも知られた優良会社である。

新聞報道によると，「団塊の世代」の大量退職で従業員持株会の退会に伴う，買い戻し支払額がかさんだため，会社からの借入れで応じていた。

会社は平成16年に約320億円になっていた従業員持株会への貸付金解消のため，会が退職者から買い取った自社株約790万株を，会社の簿価約500円より約3,500円高い1株約4,000円で会から取得し貸付金を相殺した。

これに対し国税局は，約3,500円の差額を，利益配当した「みなし配当」と認定。総額約280億円につき源泉徴収（20％）を対象とし約56億円の徴収漏れを指摘，不納付加算税等を含め約61億円を追徴……が事件結果の概要（平成19年2月7日読売新聞報道）だ。その内容は誠に身につまされるものである。

みなし配当とされたのは，非上場であるが故であった。上場会社なら従業員持株会が市場売却し，会社は市場から自己株式を取得したはずであり，従業員持株会は売買益を得ているはずで，みなし配当でないから会社側に源泉徴収義務は生じない。

ここで重要なのは，新聞報道はその根本原因を指摘していないが，同社

は社内規定で株価算定をし，その価額で従業員持株会が買い戻しをしていたため，価額が膨らんだということである。

このためにも，最低限，買い戻し価額は固定的であるべきである。この事件は提訴され，平成26年2月最高裁において会社側敗訴で確定している。

(6) 従業員持株会のひな形

サンプル　従業員持株会規約

＊注意　この規定は，従業員持株会の規約の概要は，参考程度に，できるだけ簡略化したものであるから，現実には，会社の経営計画・事業承継計画に沿ったものを作成すること。

(名称)
第1条　本会は○○従業員持株会（以下「会」という。）と称する。
(会の性格)
第2条　会は，民法上の組合とする。
(目的)
第3条　会は○○株式会社（以下「会社」という）の株式を取得することにより会員の財産形成に資することを目的とする。
(会員)
第4条　会員は，会社の従業員（以下「従業員」という。）とする。ただし，勤続年数1年未満の者は除く。
(入会および退会)
第5条　従業員は，この会に入会し，又は退会することができる。
②　会員が従業員でなくなった場合は，自動的に退会するものとする。
(配当金)
第6条　会の所有する理事長名義の株式に対する配当金は，会員に現金交付する。
(増資新株式の払込)
第7条　理事長名義の株式に割り当てられた増資新株式については，会員は各持分に応じてこれを払い込むものとする。

（貸付金）
第8条　会および会社は，会員に対して貸付の斡旋を行うことができる。
（株式の登録配分）
第9条　第7条により取得した新株式または無償交付その他原因により割当てられた株式は，割当日現在の会員の登録配分株数に応じて登録配分する。
（株式の管理および名義）
第10条　会員は，前条により自己に登録配分された株式を，理事長に管理させる目的をもって信託するものとする。
②　前項により理事長が受託する株式は，理事長名義に書き換えるものとする。
（議決権の行使）
第11条　理事長名義の株式の議決権は，理事長が行使するものとする。ただし，会員は各自の持分に相当する株式の議決権の行使について，理事長に対し各株主総会ごとに特別の指示を与えることができる。
（現物組入）
第12条　会員は，自己の保有する株式を会の持分に組み入れることができる。
（持分の一部引出し）
第13条　会員は登録配分された持分を配当還元価額を参酌した価額で会に譲渡し，その代金を受け取ることができる。ただし，株券での引き出しは認めない。
②　第8条により貸付を受けている場合は，前項にかかわらず，会員は，貸付に係る株式を引き出すことができない。
（処分の禁止）
第14条　会員は，登録配分された株式を他に譲渡しまたは担保に供することができない。
（退会の持分返還）
第15条　会員が退会したときは，当該会員に登録配分された株式（少数

第4位以下を切捨て）を，現金にて払戻しを受ける。

② 前項により払戻しを受けた株式の評価は，配当還元価額を参酌して行う。

（役員）

第16条　会の業務を執行するため理事2名（うち理事長1名）監事1名の役員をおく。

② 前項の役員は，会員総会で会員中から選任し，理事長は，理事の中から互選により選任する。

③ 理事長は，会を代表するものとする。ただし，理事長に事故ある時は，他の理事がこれにかわる。

④ 監事は，会の会計を監査しその結果を定時会員総会に報告するものとする。

（理事会）

第17条　理事長は毎年○月に定例理事会を招集し適宜に臨時会を招集する。

② 理事会は理事の過半数の出席で成立し，その過半数の賛成で議決する。

（会員総会）

第18条　規約改正その他の重要事項の議決および役員選任のため，毎年○月に定時会員総会を開催する。ただし，必要に応じ臨時会員総会を開催できる。

② 会員総会は，理事長が招集する。

③ 会員総会の議決は，出席会員の過半数をもって行う。ただし，会員は，書面をもって議決権の行使を委任することができる。

④ 会員は1個の議決権を有する。

（会員への報告）

第19条　理事長は毎年○月○日から○月○日までを計算期間とした会の決算報告書を定時会員総会で報告する。

② 各会員には，前項の期間内の個人別計算書を作成し送付するものと

する。

(通知)

第20条　会の通知は，原則として社内報又は社内掲示板によって行う。

(会の所在地)

第21条　会の所在地は，〇市〇町〇丁目〇番〇号〇〇株式会社内とする。

(事務の委託)

第22条　会の事務の一部は，〇〇株式会社に委託する。

(7) 一部引き出しの制限と価額

① 平時とは

　従業員の従業員持株会への拠出は，退会によって買戻しが強制的になされる。しかし会社から退職するのでもなく，また任意に従業員持株会から退会することもしない，いわゆる「平時」においてはどうか。

　平時においては，従業員持株会の性質上，従業員持株会側から，買戻を求めることはあり得ない。しかし，従業員側から，なんらかの資金需要のために，引き出したいとの要望が有り得る。この「退職までの間」，事実上，従業員持株会の持分を自由に処分ができないという事例が多く存在する。従業員持株会について，とかく問題となり訴訟になるのは退職時の買戻し強制だが，平時において紛争となる問題点は普段の引き出しや処分がままならないことである。

　この問題は，普段は会社と従業員という雇用関係での，強者と弱者の関係にあるため，あまり顕在化しない。しかしその関係の切れる退職の時点で噴出し，裁判沙汰に拡大していくものと思われる。

② 非公開会社の場合

　非公開会社では通常，従業員持株会の規約において「従業員持株会の決議に基づく指示があるまでは持分の分割は行わない」などと規定している例が多くみられる[1]。

---

1) 上場をしない，あるいは諦めた会社でも，その規約だけが残っている場合が見受けられる。

閉鎖的な会社特有の問題は，何よりも持分の分割を認めると，その譲渡は定款に譲渡制限の定めがあっても譲渡自体を拒むことはできない。したがって，承認を求められとき，それを拒否すれば買取請求権を行使され，結局は買い取らざるを得なくなる[2]。それを防ぐためにこそ，従業員持株会を作り，そこで枠をはめたいのが本音なのである。したがって，先の「指示があるまでは持分の分割を行わない」という規約は必守したいところであろう。

③ 民法第90条の公序良俗違反

そこで，どう考えるか？ 従業員持株会では，会社から援助を受けて取得した株式を，**全く自由に処分することを認めては制度の存続にも影響するから，ある程度，自由な処分を制限することはやむを得ないと考えられる**[3]。しかしながら，従業員持株会の規約は会社主導で行われるものである。あたかも生命保険契約の細かい約款を読むことなく契約する付合契約的なものであるといえる。そこで，この契約に，自由に処分することを制限するための強制力を認めるためには，制限の内容が合理的であることが要求されることになる。それがなければ，投下資本の回収を妨げる行為で，財産権の処分に対する不当な制限として**民法第90条の公序良俗に違反**することになる。

ここで，「制限の内容が合理的」とは，多くの場合は株式上場まではという内容であろう。すなわち，オーナーは会社の上場に向かって徐々に株式を放出して株主数を上場基準に定める数まで上げていかねばならない。しかし，放出し過ぎると，オーナーの持株比率が下がり，同時に上場に伴う創業者利得も減じることになる。そこでバランスを見つつ，同じく創業者利得を与えるならば，共に働いてきた従業員にその労をねぎらう意味も含めて従業員持株会を介して与えるように企画する。従業員持株会は安定

[2) 北沢正啓＝浜田道代編「従業員持株制度の問題点」111頁，増刊ジュリスト商法の争点1（有斐閣，1993）。
3) 新谷勝「新しい従業員持株制度──安定株主の確保・ESOP」199頁（税務経理協会，2008）。

株主としてオーナーの持株比率を支えることになってオーナーの意向にも沿うことになる。何よりも，従業員にとっては，上場により多くの場合，高額なキャピタル・ゲインである創業者利得が，転がり込む可能性がある。したがって「上場までは共有株式の分割しない」ことは従業員の財産形成上の目的にも資するものであることがいえる。しかし，あくまでもこれは上場準備として通常認められる範囲の比較的短期間の場合である[4]。

上場を目指すほとんどの会社では，証券会社の指導により，従業員持株会をその資本政策の一環として設立する。そして無事上場を果たせばこの規約は何ら問題となることがない。しかし上場崩れの場合は往々にして，その規約が放置され将来において問題化する可能性が潜むことになる。したがって上場を目指さない閉鎖会社にあっても，退会時に限らず，従業員が，ある制限の元で自由に処分できる制度でなければならならないことになる[5]。

④ 従業員持株会の方式による区分

従業員持株会の方式は，株式の取得形態からの区分では，月掛投資型と一時分譲型がある。上場企業のほとんどは前者で，先述したように毎月の給与から天引きして投資していくタイプである。

後者の，一時分譲型は主に非公開会社で用いられている。これは非上場会社では市場で株式が常に流動していないからで，オーナーが分譲するか新株発行で第三者割当する際に，一時に分譲せざるを得ないためである。

また，オーナーの従業員持株会の設立の本音からは，一時に行っても目的は達成されるという点からは，その後に面倒な毎月の天引きや買い付けなどの必要性を余り感じていない。しかし，非公開会社でも天引きし，月々の引き落とし額を中期国債ファンドなどで運用し，分譲や新株発行があるまで待つような中間のタイプもある[6]。先述のような「開かれた従業員

---

[4] 新谷勝・前掲注3）203-204頁。通常，この期間は2～3年程度であろう。
[5] 新谷勝・前掲注3）226頁。
[6] 積立金の管理は会社がする場合は過半数加入の労働組合又は労働者の過半数を代表する者と書面で協定し，労働基準監督署長に届け出なければならない（労働基準法18条2項，同規則6条）。この場合の「労働者の過半数を代表する者」に関しては厳格

持株会」であるときは、むしろこのような月掛投資型になることが多いと思われる。現に事業承継対策としても活用していく場合には、オーナーからの放出も多数となり、従業員等も一時には資金の手当てができないという重要な面がある。

さて、月掛投資型は、さらに間接投資方式と直接投資方式とに区分できる。前者の間接投資方式は、持株制度に参加する従業員全員で、民法上の組合である従業員持株会を組織する方法である[7]。後者の直接投資方式は、持株制度に参加する従業員全員が組合員となるのではなく、一部従業員で組織する方法である[8]。この直接投資方式は、さらにその共有物の分割制限の特約をつけることにしている[9]。特に**直接投資方式の場合、この特約が5年を越える契約は民法第256条に直ちに抵触するし、更新の際も5年を越えられない制限もある**[10]。したがって更新の手間を考えれば間接投資方式の方が、問題が少ないとも言えるが、これとて問題なしとも言えない。つまり、民法の組合の規定の趣旨からすると、組合はその「**目的事業の遂行上必要な財産**」を有する。だからこそ、その財産の一部を組合員に分割する

な規定のため閉鎖会社では実質的に経営側から労働組合の設立を仕向ける作用にもなりかねず、困難視されることもある。とすれば給与天引きはせず、一時分譲型に留めねばならない。

7) 全員会員方式とも呼ばれる。全員の毎月の天引き積立金と会社からの奨励金が従業員持株会に出資される。従業員持株会はその出資の総額で毎月自社の株式を購入、あるいは次回の株式の分譲等に備えて、中期国際ファンドなどに運用する。取得された株式は、民法第668条により、組合財産として、総組合員の共有に属する。この結果、組合員は出資額に応じた持分権を有することになる。その上で、各組合員はその持分を組合理事長に管理を信託することで、株式の名義は理事長となる。

8) その一部従業員が従業員持株会を民法上の組合として組織するので、少数会員方式とも呼ばれる。そして、持株制度に参加する全員の株式投資にかかる株券管理や口座管理事務などをこの一部の従業員が行う。この代行業務という労務提供が従業員持株会に対する出資となる。先の間接投資方式は、購入した株式が組合財産となるのに対して、直接投資方式では、参加従業員全員の共有となるのが異なる。そしてこの共有物である株券は、管理目的でもって、組合である従業員持株会に信託され、従業員持株会理事長の名義に書き換えられる。

9) この特約は間接投資方式にも付けることもある。

10) 民法第256条第1項「各共有者は、いつでも共有物の分割を請求することができる。ただし、5年を超えない期間内は分割をしない旨の契約をすることを妨げない。」第2項「前項ただし書の契約は、更新することができる。ただし、その期間は、更新の時から5年を超えることができない。」

と組合の事業遂行に差し障りが生じるので分割請求や持分の処分が禁じられている。

では従業員持株会はといえば，**従業員持株会自体に「固有の事業が在るわけではなく」，また目的それ自体でもない。ただ従業員が自社の株式を取得保有するための手段に過ぎない。したがって，分割制限は必要な範囲にとどめなければならないと解される**[11]。

多くの場合，上場会社に比べて投資対象として魅力のない非公開会社の株式を，持ち続けるのは特別な理由が無い限りは困難であろう。とはいえ，皆が自由に持分を分割して引き出すと，従業員持株会自体の存在が危うくなる。それは株式上場会社でも同じことであるにも拘らず，上場会社の従業員持株会では，取り付け騒ぎのようなことは通常は起こらない。

無論，非公開会社であっても通常は起こってはいない。会社への遠慮や恩義，経営者との人間関係をベースに，通常の預貯金よりも高い配当がこれまでの継続保有を促すものであるからである。これでかろうじて平時の均衡あるいは納得を得ている。しかしひとたび会社への忠誠心が揺らぐ退職の場合に，そのキャピタル・ゲインのないことも含めて，問題が噴出するのである。

⑤ 具体的な制限期間と引き出し対策

従業員持株制度が会社の奨励金を得て行われる以上，制度の趣旨からしてもある程度の処分制限はやむを得ないと考えられる。しかし退職時まで拘束するようなことは認められない。では，具体的にはどれほどの期間が適法なのであろうか。これについては市川兼三教授が具体的な提案をなされている。市川教授は民法第1条第2項の「信義則」を用いられている。すなわち従業員持株会は会社の経営政策の一環として行われ，そして「会社の信頼」に応えた従業員に対しては，キャピタル・ゲインを認めた持分の引き出しを認めるものとした（ここで市川教授はキャピタル・ゲインを認めた上としていることに注意）。そして，何をもって従業員が「会社の信頼」

---

11) 新谷勝・前掲注3) 201-202頁。

に応えることとするかについての基準を，一応の目処として，先述でも挙げた**民法第256条を参考に，取得後５年間在職し，保有継続をもって「信頼に応えた」と推定してよいとする基準**である。その「信頼に反した」場合，つまり５年間の在職又は５年間の株式継続保有に達しない引き出しあるいは退職による売戻しの際の価額は，ペナルティを用いる。すなわちキャピタル・ゲインを考慮せず，取得価額あるいは，これに近い約定した特定の価額で行うものである。

この場合の取得価額は，従業員が株式の取得に際して実際に負担した金額となる。こうすれば会社の負担した奨励金は従業員の定着と自社株への長期投資勧誘，つまり自主的な処分制限として有効に機能すると説かれる。

私見としては，**キャピタル・ゲインを付与していない実務**から，その場合においても，上記５年としても容認されると考える。また，事業承継に用いる場合の最低移行期間としても，ある程度は機能でき得る期間ではないかと考える。また，皆が自由に持分を分割して引き出すと，従業員持株会自体の存在が危うくなる旨の理解に務め，**より重要なのは，引き出しの起きない有利な配当を実現**させることであることは言うまでもない。

しかしながら，**事業承継上の後継者候補は，少なくとも引き出すことはないであろうから大局としては問題がない**とも考えられる。

(8) **株式取得奨励金**

従業員持株会に参加する従業員に対しては，会社からの株式取得に対する補助である奨励金を付与する場合がほとんどである。奨励金は税法上も会社法上も認められる。必ず支給しなければならないものでもないが，これにより**従業員福利目的であることを補強**することもあり，従業員の加入の促進となる。

一般的に適正な奨励金は，積立金として毎月あるいは臨時に拠出する金額に対して３％〜10％と言われる。この場合の「適正」とは，何を問題にしているかと言えば，無制限に支給すると**株主に対する利益供与**になる。

会社法では,「株主平等の原則」や「利益供与禁止規定」がある。しかし,他の株主との関係上,上記程度の奨励金であれば,通常問題ないと考えられている。

> 会社法第109条第1項（株主の平等）
> 　株式会社は,株主を,その有する株式の内容及び数に応じて,平等に取り扱わなければならない。

> 会社法第120条第1項・第2項（株主の権利の行使に関する利益の供与）
> 　株式会社は,何人に対しても,株主の権利の行使に関し,財産上の利益の供与（当該株式会社又はその子会社の計算においてするものに限る。以下この条において同じ。）をしてはならない。
> ②　株式会社が特定の株主に対して無償で財産上の利益の供与をしたときは,当該株式会社は,株主の権利の行使に関し,財産上の利益の供与をしたものと推定する。株式会社が特定の株主に対して有償で財産上の利益の供与をした場合において,当該株式会社又はその子会社の受けた利益が当該財産上の利益に比して著しく少ないときも,同様とする。

> 会社法第970条第1項（株主の権利の行使に関する利益供与の罪）
> 　第960条第1項第3号から第6号までに掲げる者又はその他の株式会社の使用人が,株主の権利の行使に関し,当該株式会社又はその子会社の計算において財産上の利益を供与したときは,3年以下の懲役又は300万円以下の罰金に処する。

　上記のように厳しい罰則規定があるため,毎月や臨時の積立（拠出）金でなく,**配当金に対する奨励金は,株主平等の原則から問題があるため絶対に支給しないこと**。

　一方,税務上は,従業員の所得税の計算上は非課税とならない。これは

従業員たる地位に基づいて支給を受けているため，毎月の給与と合算して源泉徴収が必要となる。また，年1回支給する奨励金であれば，賞与として源泉徴収を行うことになる。

〈奨励金の取扱い〉

	会　社	従　業　員
税　　務	損金となる	給与所得として源泉徴収の対象となる
労働保険	「賃金」に該当せず，時間外割り増し賃金のベースに算入されない
社会保険	社会保険料の算定基準上の「報酬」に該当しない
会　　計	福利厚生費	──

　しかしこの奨励金は労働基準法第11条の「賃金」に該当しないので，時間外割り増し賃金のベースにも算入されないし，社会保険料の算定基準の上での「報酬」にも該当しない。
　また，会社の経理処理上では，福利厚生費として会計処理されるため損金となる。

2 役員持株会と取引先持株会

(1) 役員持株会

　役員持株会は，**事業承継の上で，実質的に親族外承継の中心**になる存在として重要である。これは，会社の役員（子会社等の役員を含む。）が，当該会社の株式の取得を目的とする組織をいい，従業員持株会と同様，民法上の組合として，従業員持株会と**別個に設立**する。
　以下で述べる特則を除き，**従業員持株会規約を準用**して作成する。

　会の目的には，福祉目的はなくなり，代わりに**「経営者意識の高揚」**などになる。財産形成目的は，同様である。従業員持株会が存在している会社において，従業員は従業員持株会を通じて株主であるのに，役員は株主

でないというのも妙なものだからである。やはり，**役員として相応しいだけの自社株は持つのが当然**と言える。

しかし，**役員は従業員以上に不安定な立場**にある。すなわち，従業員は雇用関係で，社会法としての労働基準法等の労働法でしっかりと守られているが，役員にはそれがなく，会社法上の**委任契約**でしかない。株主総会等で簡単に解任になることがある。そうすると，従業員以上に退任・解任した場合の株式の買い戻しが重要になるため，役員持株会の必要性がある。また，こうして福祉目的ではなくなるため，**拠出金に対する会社からの奨励金は支給できない**。これも上記の委任関係から分かるように，従業員以上に短期間でその職を離れ，一般の株主になる可能性があるため，「株主平等の原則」に抵触しかねないため支給できないというのが通説的解釈である。

さらに，税法上の制限から，**同族関係者の役員は**，株式取引価額は高くなるので，非同族の役員と同一の持株会を形成するものとすると，組合はあくまで株式に対して「財産共有」の性質であるから，お互いに任意の処分性に対して強い拘束を受けることとなるから，それぞれが**別の役員持株会**を作ることになる。

この場合，規約の文言中，「配当還元価額」という部分は，例えば「純資産価額等」の文言に変わることになる。

(2) 取引先持株会

取引先持株会は，会社の取引関係者（その会社の指定する，その会社と取引関係にある者をいう。）がその会社の株式の取得を目的として運営する組織をいう。したがって会員は，**個人も法人もある**。

中小企業の場合には，これまでは滅多に作られることはないが，親族外承継を検討する上では，そのような持株会という考え方が存在し得て，どのような性格を持つものかを知っておく必要がある。

親族外承継では，役員持株会，従業員持株会が承継先（もちろん具体的にはその会員個人）となる可能性があり，いずれも，**他人という意味では，取引先とて同様**で，どれだけ近しい間柄かというだけの違いで，むしろ，企業内であるよりも，いわゆる「**同業友人**」で，会社によっては，取引先の特定の者との方が腹を割って話せるということも有り得る。

親族内承継	親族外承継		
	従業員	役員	取引先
企業外	企業内		企業外

MBOやEBOも役員や従業員へのM&Aで，内実を業界人として理解できる取引先がいれば，あるいは，取引先の非後継者である次男が中々見込みのある人物で，「彼を後継者に譲ってくれ」とか……様々な場面が想像される。

このような場合に取引先持株会を結成して，間接的に株主になり，万が一関係が思わしくなくなった折には，互いに，**後腐れなく投資額で買い戻すことができる**ことは，とても良い方法と言える。

取引先持株会は，役員持株会同様，従業員持株会に準じて民法上の組合として作られる。ただし目的は，「取引関係者による取得対象株式の取得により，**相互間の親睦関係の増進に寄与することを目的とする**」ことが多いであろう。

しかし，このような親睦目的とは違い，株式会社が業務の拡大目的のため，積極的に取引先を組合に組織化する場合がある。例えば，巨額投資を

必要とする木材加工工場（甲）を建設するに当たり，この加工工場に木材の加工を発注することが予想される小規模工務店（乙ら）を組合員として組織する事例である。甲は多数の乙らに各25％未満の投資をして小規模株主として扱うと同時に，甲の工場に発注してくれる乙らの発注回数が多くなれば，多くなるほど，当該乙の支払う加工賃を低額化する仕組みを導入するのである。このような仕組みはギブアンドテイクの仕組みの上に立つという意味でも興味がある。また株式会社制度と組合制度をともに組み入れた仕組みであるという意味でもきわめて興味深い。株式持ち株制度はこのような業務上の仕組みにまで発展していくことが予想されるが，本稿の範囲を超えるので，これ以上は論じない。

　取引先持株会で注意しなければならないのは「**優先的地位乱用**」と「**議決権の行使制限**」である。
　① **優先的地位乱用（えこひいき禁止）**
　　　実施会社は，取引先持株会への入会の有無又は，拠出金額の多寡等によって**取引関係において差別的な取扱いを行い又は，通常の条件と異なる不公正な条件を用いてはならない。**
　② **議決権の行使制限（25％ルール）**
　　　実施会社（その子会社を含む。）に**議決権の総数の25％以上を保有されている法人会員については，実施会社に対する議決権の行使が制限される**（つまり議決権がないものとみなされる）ことに注意しなければならない（会308条1項）。

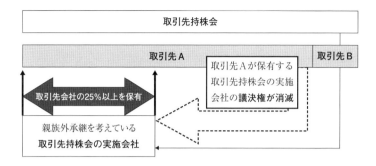

第3編
非上場株式に係る税務・評価

第16章 株式に係る税務

1 譲渡に係る税務

　非上場株式の「譲渡」に関する税務には常に「時価とは，いくらなのか？」という論点が付きまとう。そして，この「譲渡の場合の時価」には100％明確な計算方法はなく，相続や贈与があった場合の評価額を計算する際に使用する財産評価基本通達を「ベース」にして計算した価額（あくまでも，「ベース」であり，財産評価基本通達により計算した金額ではない）となることが多い。もちろん，非上場株式であっても，純然たる第三者間（取引先等の単なる第三者間ではない）におけるM&Aの場合は当事者間で合意された価額は適正な「時価」となり，特段の税務上の問題が発生する可能性は低い。

　しかし，一般的に税務上の問題が発生するケースの多くは親族間での売買や元役員や元従業員などから代表取締役が買い集める場合などのケースであり，これに関しては多くの否認された事例があり，納税者が敗訴している事例も多い。

　この譲渡の際の「時価」という問題に関しては，本テーマだけで1冊の書籍が成立する程のボリュームであるので，1冊の書籍の1パートだけで全てを解説するのは難しいため，ここでは譲渡の場合の時価の「基本的な」考え方についてのみ解説をしてみたい。

　まず，法人税における時価を考えてみたいが，法人税において，非上場株式の譲渡の時価について具体的に記載された部分はないが，非上場株式の評価損を計上する際の「時価」について言及された基本通達があるので，これを紹介したい。

　「一般的な」非上場株式の場合，譲渡の際の時価は「当該事業年度終了の日又は同日に最も近い日におけるその株式の発行法人の事業年度終了の

ときにおける1株当たりの純資産価額等を参酌して通常取引されると認められる価額」とされており（法人税基本通達9－1－13），これを受けて，法人税基本通達9－1－14では，課税上弊害がない限り，次によることを条件として，財産評価基本通達178から189－7までにより計算することが認められている。

---

(1) 当該株式の価額につき財産評価基本通達179の例により算定する場合（同通達189－3の(1)において同通達179に準じて算定する場合を含む。）において，当該法人が当該株式の発行会社にとって同通達188の(2)に定める「中心的な同族株主」に該当するときは，当該発行会社は常に同通達178に定める「小会社」に該当するものとしてその例によること。

(2) 当該株式の発行会社が土地（土地の上に存する権利を含む。）又は金融商品取引所に上場されている有価証券を有しているときは，財産評価基本通達185の本文に定める「1株当たりの純資産価額（相続税評価額によって計算した金額）」の計算に当たり，これらの資産については当該事業年度終了の時における価額によること。

(3) 財産評価基本通達185の本文に定める「1株当たりの純資産価額（相続税評価額によって計算した金額）」の計算に当たり，同通達186－2により計算した評価差額に対する法人税額等に相当する金額は控除しないこと。

ここで「中心的な同族株主」とは「課税時期において同族株主の1人並びにその株主の配偶者，直系血族，兄弟姉妹及び1親等の姻族（これらの者の同族関係者である会社のうち，これらの者が有する議決権の合計数がその会社の議決権総数の25％以上である会社を含む。）の有する議決権の合計数がその会社の議決権総数の25％以上である場合におけるその株主をいう。」

とされている（財産評価基本通達188）。また，ここでいう同族株主とは「課税時期における評価会社の株主のうち，株主の1人及びその同族関係者（法人税法施行令第4条《同族関係者の範囲》に規定する特殊の関係のある個人又は法人をいう。以下同じ。）の有する議決権の合計数がその会社の議決権総数の30％以上（その評価会社の株主のうち，株主の1人及びその同族関係者の有する議決権の合計数が最も多いグループの有する議決権の合計数が，その会社の議決権総数の50％超である会社にあっては，50％超）である場合におけるその株主及びその同族関係者をいう。」とされている（財産評価基本通達188）。また，上記(1)に言うところの小会社とは下記に該当する会社をいう（財産評価基本通達178）。

	業種	総資産価額（帳簿価額によって計算した金額）及び従業員数	直前期末以前1年間における取引金額
従業員数が100人未満の会社で右のいずれにも該当する会社	卸売業	7,000万円未満又は従業員数が5人以下	2億円未満
	小売・サービス業	4,000万円未満又は従業員数が5人以下	6,000万円未満
	卸売業，小売・サービス業以外	5,000万円未満又は従業員数が5人以下	8,000万円未満

次に，所得税における時価であるが，これに関しては，所得税基本通達23～35共-9に「株式等を取得する権利の価額」を前提とした記載があり，非上場株式の譲渡を前提にしたものではあるが，この中で「一般的な」非上場株式の時価については「権利行使日等又は権利行使日等に最も近い日におけるその株式の発行法人の1株又は1口当たりの純資産価額等を参酌して通常取引されると認められる価額」とされている。

なお，所得税における時価の注意点であるが，所得税法第59条において，法人に対して「著しく低い価額の対価として政令で定める額による譲渡」

をした場合には「その時における価額に相当する金額〔著者注：時価〕により，これらの資産の譲渡があつたものとみなす。」と規定されており，政令で定める額とは「譲渡の時における価額の２分の１に満たない金額」とされている（所得税法施行令169条）。

ただし，これを超えた金額での譲渡であっても，「時価の２分の１以上の対価による法人に対する譲渡であっても，その譲渡が法第157条《同族会社等の行為又は計算の否認》の規定に該当する場合には，同条の規定により，税務署長の認めるところによって，当該資産の時価に相当する金額により山林所得の金額，譲渡所得の金額又は雑所得の金額を計算することができる。」とされており（所得税基本通達59-3），税負担が不当に減少するケースにおいては，時価の１／２以上の譲渡であっても否認される可能性もあるので，注意が必要である。

2 相続・贈与に係る税務

相続，贈与があった場合の非上場会社株式の評価は財産評価基本通達により計算することが大半であり，その価額には純資産価額，類似業種比準価額，配当還元価額がある。

そして，純資産価額の計算方法は次のように定められている（財産評価基本通達185）。

> 179《取引相場のない株式の評価の原則》の「１株当たりの純資産価額（相続税評価額によって計算した金額）」は，課税時期における各資産をこの通達に定めるところにより評価した価額（この場合，評価会社が課税時期前３年以内に取得又は新築した土地及び土地の上に存する権利（以下「土地等」という。）並びに家屋及びその附属設備又は構築物（以下「家屋等」という。）の価額は，課税時期における通常の取引価額に相当する金額によって評価するものとし，当該土地等又は当該家屋等に係

る帳簿価額が課税時期における通常の取引価額に相当すると認められる場合には，当該帳簿価額に相当する金額によって評価することができるものとする。以下同じ。）の合計額から課税時期における各負債の金額の合計額及び186-2《評価差額に対する法人税額等に相当する金額》により計算した評価差額に対する法人税額等に相当する金額を控除した金額を課税時期における発行済株式数で除して計算した金額とする。

ただし，179《取引相場のない株式の評価の原則》の(2)の算式及び(3)の１株当たりの純資産価額（相続税評価額によって計算した金額）については，株式の取得者とその同族関係者（188《同族株主以外の株主等が取得した株式》の(1)に定める同族関係者をいう。）の有する議決権の合計数が評価会社の議決権総数の50％以下である場合においては，上記により計算した１株当たりの純資産価額（相続税評価額によって計算した金額）に100分の80を乗じて計算した金額とする。

（注）

1　１株当たりの純資産価額（相続税評価額によって計算した金額）の計算を行う場合の「発行済株式数」は，直前期末ではなく，課税時期における発行済株式数であることに留意する。

2　上記の「議決権の合計数」及び「議決権総数」には，188-5《種類株式がある場合の議決権総数等》の「株主総会の一部の事項について議決権を行使できない株式に係る議決権の数」を含めるものとする。

　この通達での注意事項は「この場合，評価会社が課税時期前３年以内に取得又は新築した土地及び土地の上に存する権利（以下「土地等」という。）並びに家屋及びその附属設備又は構築物（以下「家屋等」という。）の価額は，課税時期における通常の取引価額に相当する金額によって評価するものとし，当該土地等又は当該家屋等に係る帳簿価額が課税時期における通常の取引価額に相当すると認められる場合には，当該帳簿価額に相当する

金額によって評価することができるものとする。」という（　）書きの部分であり，株価評価をする非上場会社が「課税時期前3年以内」に土地等又は家屋等を取得等している場合は，その価額は路線価や固定資産税評価額ではなく，「通常の取引価額」により評価することになる。これが帳簿価額に相当するならば，これを採用することができるが，そうでない場合は不動産鑑定等による「通常の取引価格」を算定しなければならない。

次に，類似業種比準価額であるが，財産評価基本通達180において，次のように定められている。

180　前項の類似業種比準価額は，類似業種の株価並びに1株当たりの配当金額，年利益金額及び純資産価額（帳簿価額によって計算した金額）を基とし，次の算式によって計算した金額とする。この場合において，評価会社の直前期末における資本金等の額（法人税法第2条（(定義)）第16号に規定する資本金等の額をいう。以下同じ。）を直前期末における発行済株式数（自己株式（会社法第113条第4項に規定する自己株式をいう。以下同じ。）を有する場合には，当該自己株式の数を控除した株式数。以下同じ。）で除した金額（以下「1株当たりの資本金等の額」という。）が50円以外の金額であるときは，その計算した金額に，1株当たりの資本金等の額の50円に対する倍数を乗じて計算した金額とする。（昭44直資3－20・昭47直資3－16・昭58直評5外・平12課評2－4外・平18課評2－27外・平20課評2－5外改正）

$$A \times \left[\frac{\frac{Ⓑ}{B} + \frac{Ⓒ}{C} \times 3 + \frac{Ⓓ}{D}}{5} \right] \times 0.7$$

(1)　上記算式中の「A」，「Ⓑ」，「Ⓒ」，「Ⓓ」，「B」，「C」及び「D」は，それぞれ次による。
　　「A」＝類似業種の株価

「Ⓑ」＝評価会社の1株当たりの配当金額

「Ⓒ」＝評価会社の1株当たりの利益金額

「Ⓓ」＝評価会社の1株当たりの純資産価額（帳簿価額によって計算した金額）

「B」＝課税時期の属する年の類似業種の1株当たりの配当金額

「C」＝課税時期の属する年の類似業種の1株当たりの年利益金額

「D」＝課税時期の属する年の類似業種の1株当たりの純資産価額（帳簿価額によって計算した金額）

（注）　類似業種比準価額の計算に当たっては，及びの金額は183《評価会社の1株当たりの配当金額等の計算》により1株当たりの資本金等の額を50円とした場合の金額として計算することに留意する。

(2)　上記算式中の「0.7」は，178《取引相場のない株式の評価上の区分》に定める中会社の株式を評価する場合には「0.6」，同項に定める小会社の株式を評価する場合には「0.5」とする。

そして，会社規模に応じて，評価対象会社を大会社，中会社，小会社に区分し，この違いにより，純資産価額，類似業種比準価額をどう採用するかが変わるのであるが，その区分方法は下記となっている（財産評価基本通達178）。

規模区分	区分の内容		総資産価額（帳簿価額によって計算した金額）及び従業員数	直前期末以前1年間における取引金額
大会社	従業員数が100人以上の会社又は右のいずれかに該当する会社	卸売業	20億円以上（従業員数が50人以下の会社を除く。）	80億円以上
		小売・サービス業	10億円以上（従業員数が50人以下の会社を除く。）	20億円以上
		卸売業，小売・サービス業以外	10億円以上（従業員数が50人以下の会社を除く。）	20億円以上

中会社	従業員数が100人未満の会社で右のいずれかに該当する会社（大会社に該当する場合を除く。）	卸売業	7,000万円以上（従業員数が5人以下の会社を除く。）	2億円以上80億円未満
		小売・サービス業	4,000万円以上（従業員数が5人以下の会社を除く。）	6,000万円以上20億円未満
		卸売業，小売・サービス業以外	5,000万円以上（従業員数が5人以下の会社を除く。）	8,000万円以上20億円未満
小会社	従業員数が100人未満の会社で右のいずれにも該当する会社	卸売業	7,000万円未満又は従業員数が5人以下	2億円未満
		小売・サービス業	4,000万円未満又は従業員数が5人以下	6,000万円未満
		卸売業，小売・サービス業以外	5,000万円未満又は従業員数が5人以下	8,000万円未満

 そして，非上場株式（取引相場のない株式）の評価の原則は下記のとなっている（財産評価基本通達179）。

　179　前項により区分された大会社，中会社及び小会社の株式の価額は，それぞれ次による。
(1)　大会社の株式の価額は，類似業種比準価額によって評価する。ただし，納税義務者の選択により，1株当たりの純資産価額（相続税評価額によって計算した金額）によって評価することができる。
(2)　中会社の株式の価額は，次の算式により計算した金額によって評価する。ただし，納税義務者の選択により，算式中の類似業種比準価額を1株当たりの純資産価額（相続税評価額によって計算した金額）によって計算することができる。
　　類似業種比準価額×L＋1株当たりの純資産価額（相続税評価額によって計算した金額）×（1－L）
　　上の算式中の「L」は，評価会社の前項に定める総資産価額（帳簿価額によって計算した金額）及び従業員数又は直前期末以前1年間における取引金額に応じて，それぞれ次に定める割合のうちいずれか大きい方の割合とする。
　　イ　総資産価額（帳簿価額によって計算した金額）及び従業員数に応ずる割合

	卸売業	小売・サービス業	卸売業,小売・サービス業以外	割合
	14億円以上（従業員数が50人以下の会社を除く。）	7億円以上（従業員数が50人以下の会社を除く。）	7億円以上（従業員数が50人以下の会社を除く。）	0.90
	7億円以上（従業員数が30人以下の会社を除く。）	4億円以上（従業員数が30人以下の会社を除く。）	4億円以上（従業員数が30人以下の会社を除く。）	0.75
	7,000万円以上（従業員数が5人以下の会社を除く。）	4,000万円以上（従業員数が5人以下の会社を除く。）	5,000万円以上（従業員数が5人以下の会社を除く。）	0.60

（注）　複数の区分に該当する場合には，上位の区分に該当するものとする。

ロ　直前期末以前1年間における取引金額に応ずる割合

卸売業	小売・サービス業	卸売業,小売・サービス業以外	割合
50億円以上80億円未満	12億円以上20億円未満	14億円以上20億円未満	0.90
25億円以上50億円未満	6億円以上12億円未満	7億円以上14億円未満	0.75
2億円以上25億円未満	6,000万円以上6億円未満	8,000万円以上7億円未満	0.60

(3)　小会社の株式の価額は，1株当たりの純資産価額（相続税評価額によって計算した金額）によって評価する。ただし，納税義務者の選択により，Lを0.50として(2)の算式により計算した金額によって評価することができる。

　これは原則的な計算方法であるが，特例的な計算方法もあり，会社の状況によってこれらをどう採用するかは変わり，そのフローチャートを記載すると下記となる。

〔参考〕取引相場のない株式の評価体系図（概要）

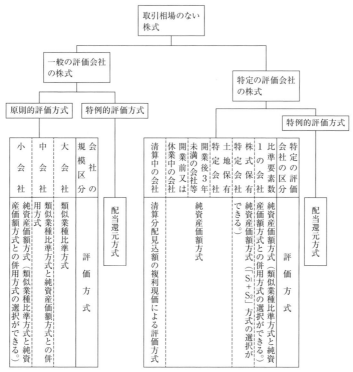

* 「開業前又は休業中の会社」及び「清算中の会社」の株式については配当還元方式の適用はない。
(注) 原則的評価方式（特定の評価会社の株式についての純資産価額方式等を含む。）を適用する株式は、評価基本通達188に定める株式以外の株式であるが、要約すれば次のいずれかに該当する株式である。
① 同族株主のいる会社の同族株主（特例的評価方式を適用する株主を除く。）が取得した株式
② 同族株主のいない会社の株主の1人とその同族関係者の議決権割合の合計が15％以上となる株主グループの株主（特例的評価方式を適用する株主を除く。）の取得した株式

(出典：「財産評価基本通達逐条解説」556頁（大蔵財務協会））

　最後に、配当還元価額であるが、これは財産評価基本通達188-2に記載があり、下記となっている（一部修正）。

> その株式に係る年配当金額（財産評価通達183《評価会社の1株当たりの配当金額等の計算》の(1)に定める1株当たりの配当金額をいう。ただし，その金額が2円50銭未満のもの及び無配のものにあっては2円50銭とする。）を基として，次の算式により計算した金額によって評価する。ただし，その金額がその株式を179《取引相場のない株式の評価の原則》の定めにより評価するものとして計算した金額を超える場合には，179《取引相場のない株式の評価の原則》の定めにより計算した金額によって評価する。
>
> $$\frac{その株式に係る年配当金額}{10\%} \times \frac{その株式の1株当たりの資本金等の額}{50円}$$
>
> （注） 上記算式の「その株式に係る年配当金額」は1株当たりの資本金等の額を50円とした場合の金額であるので，算式中において，評価会社の直前期末における1株当たりの資本金等の額の50円に対する倍数を乗じて評価額を計算することとしていることに留意する。

　この配当還元価額は「同族株主以外の株主等が取得した株式」について採用され，純資産価額や類似業種比準価額と比べると，大幅に低くなることが大半である。

　そして，「同族株主以外の株主等が取得した株式」とは財産評価基本通達188において，次のように定められている。

> 　188　178《取引相場のない株式の評価上の区分》の「同族株主以外の株主等が取得した株式」は，次のいずれかに該当する株式をいい，その株式の価額は，次項の定めによる。
> (1) 同族株主のいる会社の株式のうち，同族株主以外の株主の取得した株式
> 　　この場合における「同族株主」とは，課税時期における評価会社の株主のうち，株主の1人及びその同族関係者（法人税法施行令第4条《同族関係者の範囲》に規定する特殊の関係のある個人又は法人をいう。以下同じ。）の有する議決権の合計数がその会社の議決権総数の30％以上（その評価会社の株主のうち，株主の1人及びその同族関係者の有する議決権の合計数が最も多いグループの有する議決権の合計数が，その会

社の議決権総数の50％超である会社にあっては，50％超）である場合におけるその株主及びその同族関係者をいう。
(2) 中心的な同族株主のいる会社の株主のうち，中心的な同族株主以外の同族株主で，その者の株式取得後の議決権の数がその会社の議決権総数の５％未満であるもの（課税時期において評価会社の役員（社長，理事長並びに法人税法施行令第71条第１項第１号，第２号及び第４号に掲げる者をいう。以下この項において同じ。）である者及び課税時期の翌日から法定申告期限までの間に役員となる者を除く。）の取得した株式
　この場合における「中心的な同族株主」とは，課税時期において同族株主の１人並びにその株主の配偶者，直系血族，兄弟姉妹及び１親等の姻族（これらの者の同族関係者である会社のうち，これらの者が有する議決権の合計数がその会社の議決権総数の25％以上である会社を含む。）の有する議決権の合計数がその会社の議決権総数の25％以上である場合におけるその株主をいう。
(3) 同族株主のいない会社の株主のうち，課税時期において株主の１人及びその同族関係者の有する議決権の合計数が，その会社の議決権総数の15％未満である場合におけるその株主の取得した株式
(4) 中心的な株主がおり，かつ，同族株主のいない会社の株主のうち，課税時期において株主の１人及びその同族関係者の有する議決権の合計数がその会社の議決権総数の15％以上である場合におけるその株主で，その者の株式取得後の議決権の数がその会社の議決権総数の５％未満であるもの（(2)の役員である者及び役員となる者を除く。）の取得した株式
　この場合における「中心的な株主」とは，課税時期において株主の１人及びその同族関係者の有する議決権の合計数がその会社の議決権総数の15％以上である株主グループのうち，いずれかのグループに単独でその会社の議決権総数の10％以上の議決権を有している株主がいる場合におけるその株主をいう。

　これを図解すると，下記の通りとなる（出典：牧口晴一／齋藤孝一「非公開株式譲渡の法務・税務」一部改定）。

同族株主がいる場合

株主の態様による区分				評価法
同族株主	取得後の議決権割合が5％以上の株主			会社規模に応じ，純資産価額，類似業種比準価額により評価
	取得後の議決権割合が5％未満の株主	中心的な同族株主がいない場合		
		中心的な同族株主がいる場合	中心的な同族株主	
			役員（平取除く）	
			その他	同族株主以外の株主
配当還元価額により評価				

同族株主がいない場合

株主の態様による区分				評価法
議決権割合が15％以上のグループに属する株主	取得後の議決権割合が5％以上の株主			会社規模に応じ，純資産価額，類似業種比準価額により評価
	取得後の議決権割合が5％未満の株主	中心的な株主がいない場合		
		中心的な株主がいる場合	役員（平取除く）	
			その他	配当還元価額により評価
議決権割合が15％未満に属する株主				

　なお，本項は「相続・贈与に関する税務」という項目であるが，事業承継対策の中で企業オーナーの株式を従業員持株会に「譲渡」し，企業オーナーが持ったままに相続を迎えれば高額な株式であっても，それを低い配当還元価額で持株会に譲渡しておけば，高額な株式が大幅に低額な預貯金に転換することになるので，事業承継の際に採用される株価である。

3 みなし譲渡課税特例

　相続に伴い，相続税の納税資金捻出等のため，相続人が相続した株式を「発行会社」に購入してもらうことがあるが，この場合，相続の申告期限後3年以内に譲渡した場合とそうでない場合で，契約上は株式売買契約書を取り交わしての売買という契約形態であっても，税務上は必ず，売買として扱う訳ではなく，課税関係が変わることになる。

3年以内に売却した場合は売買（譲渡所得）として扱い，譲渡益に対して20％（所得税15％，住民税5％）の課税関係となる（所得税に対する2.1％の復興特別所得税は別途）。また，下記の算式により計算した，支払った相続税の一部を取得費（譲渡原価）に加算できる特例も採用することができる。

$$\text{その者の相続税額} \times \frac{\text{その者の相続税の課税価格の計算の基礎とされた土地等の価額の合計額}}{\text{その者の相続税の課税価格} + \text{その者の債務控除額}} = \text{取得費に加算する相続税の額}$$

　しかし，この期間以外に売却した場合には，譲渡所得ではなく，「譲渡価額─対応する資本等の金額」は配当とみなされ，配当所得としての課税になる（併せて，株式の譲渡損益が発生する場合もあるが，ここでは割愛する）。

　そして，相続税の納税資金の捻出のためであれば，一定額以上の金額になることが想定されるため，配当所得も高額になり，他の給与所得や不動産所得と合算され，総合課税の対象になるため，所得税及び住民税も高額になることが予想される。

4 株式配当に係る税務

　上記3で述べたとおり，相続人が一定期間内に自己株式を発行会社に譲渡した場合には「譲渡」として取り扱われる。逆に言えば，この状況以外で発行会社に自己株式を譲渡した場合には，形式上は「譲渡」であっても，税務上は「配当」とみなされ，課税される（「みなし配当」という。）。

　これを回避するためには，発行会社自身が買い取らなければいいが，最終的に発行会社が取得したいというケースも少なくない。つまり，「迂回取得」ということである。しかし，迂回取引は税務上否認される可能性が高い。名古屋地裁判決平成元年3月22日は，父が経営する同族企業の株式について，その子（原告）が父と母から低額譲渡を受けるに当たり，贈与税課税を回避する目的で，父，母から第三者である企業に当該株式が一旦

低額で売却され,その後,当該第三者企業から,その子に同額で売却された迂回取引の事例について,父母から子に対する株式買戻し権の贈与を認定して,当局の課税を肯定している。

このように,迂回取引は租税回避行為として税務否認されるおそれが強いのであるが,どのような場合に課税され,どのような場合には課税されないかについて,第一法規の「会社税務釈義」に参考となる判決が引用されている。同書に,同族会社の行為計算の否認に関し,下記の記載がある。

> 一般的な租税回避行為の否認,すなわち,当事者が用いた法形式を無視し,通常行われる法形式に引き直して課税する場合の要件について,平成7年7月13日静岡地裁は,「租税法の定める課税要件を充足する私的経済活動ないし経済現象は,私的自治の原則の下,当事者が自由に選択できるものであり,同一の経済目的を達成するために複数の法形式を選択する余地がある場合に,単に税の負担のより少ない法形式を選択したというだけでは,そのことだけで直ちに租税回避行為と評価することはできず,このことは,たとえその行為が同一の経済目的を達成するのに迂回的な場合であっても,そのことに合理的な理由が認められる限りは同様である。その場合において,否認の可否が争われる租税回避行為とは,当該法形式を用いた理由が税負担の軽減排除の目的なくしては純経済的な見地からその行為を合理的なものとして是認することができない場合,要するに当該法形式の採用が私的自治の濫用であると評価できる場合に限られるというべきである。」(週刊税務通信No.2403,12頁)としている。

ここで「私的自治の濫用であると評価できる場合に限られる」というところがポイントである。いずれにせよ,迂回取得の問題は,みなし贈与,

みなし配当等の問題に発展することがあるので、その運用には十分な注意を払う必要がある。

5 平成27年相続税法改正についての留意点

平成27年1月1日以後の相続、遺贈、贈与により非上場株式を取得した場合の相続税、贈与税については、次のような納税猶予及び免除の特例（いわゆる「事業承継税制」）の適用要件の緩和、手続きの簡素化が行われるが、国税庁のパンフレットに記載されている次の表がよくまとまっているので、これを参考にしていただきたい。

改正事項			改正内容
事前確認制度		1	経済産業大臣の認定を受けるための要件であった「経済産業大臣」の制度が廃止されました。(注)
適用要件	会社の要件	2	資産管理会社（資産保有型会社又は資産運用型会社）について、特例の適用を受けるための要件が、次のとおり変わります。（改正部分：下線） ① 商品の販売・貸付け等を3年以上行っていること（同族関係者などへの貸付けを除きます。） ② 後継者とその後継者と生計を一にする親族以外の常時使用従業員が5人以上いること ③ 後継者とその後継者と生計を一にする親族以外の常時使用従業員が勤務している事務所、店舗、工場等を所有又は賃借していること
	後継者の要件	3	後継者の要件のうち、被相続人等の「親族」であることとする要件が廃止されます。
	先代経営者の要件	4	先代経営者（贈与者）が、贈与時において「役員」の場合であっても、特例の適用を受けることが可能となります。【贈与税のみ】 改正前：役員でないこと 改正後：代表権を有していないこと
	担保提供	5	特例の適用を受ける会社が株券不発行会社であっても、一定の書類を提出することにより、株券を発行することなく株式を担保として提供することが可能となります。
納税猶予期限の確定事由(※1)		6	経営承継期間(※2)における常時使用従業員数に係る納税猶予期限の確定事由が、次のとおり変わります。 改正前：経営承継期間毎年、贈与又は相続開始時の雇用の8割以上を確保すること 改正後：経営承継期間平均で、贈与又は相続開始時の雇用の8割以上を確保すること

		7	代表権を有しない役員である先代経営者（贈与者）が，会社から給与等の支給を受けた場合であっても，納税猶予期限の確定事由に該当しないこととなります。【贈与税のみ】
		8	納税猶予期限の確定事由である「総収入金額が零となった場合」の判定について，総収入金額の範囲から営業外収益及び特別利益が除外されます。（改正部分：下線） （特例の適用時における総収入金額の判定も同様です。）
納税猶予税額の計算		9	納税猶予税額の計算において，被相続人の債務及び葬式費用を相続税の課税価格から控除する場合には，非上場株式等以外の財産の価額から先に控除するなど納税猶予税額の計算方法が変更されます。【相続税のみ】
		10	特例の適用を受ける会社が資産管理会社（資産保有型会社又は資産運用型会社）に該当する場合において，その会社等が一定の上場株式等を保有するときには，納税猶予税額の計算上，その会社等がその上場株式等を保有していないものとして計算することとなります（改正事項「11」の納税猶予税額の再計算を行うときに限ります。）。
		11	経営承継期間の経過後に，民事再生計画の認可決定等があった場合には，その時点における非上場株式等の価額に基づき，納税猶予税額の再計算を行い，再計算後の納税猶予税額で納税猶予を継続することが可能となります（再計算前における納税猶予税額から再計算後の納税猶予税額を控除した差額は，免除されます。）。
納税等	延納・物納	12	改正事項「6」の確定事由により猶予期限が確定した納税猶予税額について，相続税については延納又は物納，贈与税については延納の選択が可能となります。
	利子税	13	経営承継期間の経過後に，納税猶予税額の全部又は一部を納付する場合には，その経営承継期間中の利子税が免除されることとなります。
提出書類		14	申告書等の提出時に提出する添付書類のうち，一定のものが提出不要となります。

※1　「納税猶予期限の確定事由」とは，納税の猶予が打切りとなる一定の事由（例えば，非上場株式等の譲渡，贈与など）をいいます。
　2　「経営承継期間」とは，原則として，申告期限の翌日から同日以後5年を経過する日までの期間をいいます。
（注）　改正事項「1」は，平成25年4月1日以後に受ける認定について適用されます。

出典）国税庁ホームページ（http://www.nta.go.jp/shiraberu/ippanjoho/pamph/sozoku/aramashi/pdf/04.pdf）

事業承継税制の創設 ①相続税の納税猶予

> **ポイント** 経営承継相続人等（注１）が、非上場会社を経営していた被相続人から相続等によりその会社の株式等を取得し、その会社を経営していく場合には、一定の条件の下、その経営承継相続人等が納付すべき相続税額のうち、相続等により取得した議決権株式等（注２）に係る課税価格の80％に対応する相続税の納税を猶予します。

《非上場株式等に係る相続税の納税猶予制度の概要》

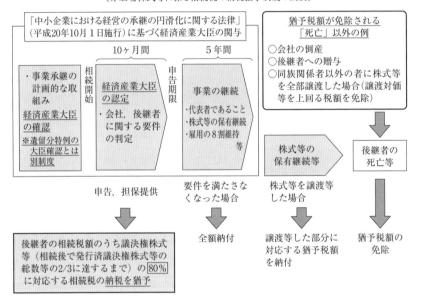

（注１）「経営承継相続人等」とは、「中小企業における経営の承継の円滑化に関する法律」の規定に基づき経済産業大臣の認定を受ける一定の非上場会社の代表者であった者の後継者をいいます。
（注２）相続後で、その会社の発行済議決権株式等の総数等の３分の２に達するまでの部分に限ります。

事業承継税制の創設 ②贈与税の納税猶予

ポイント　経営承継受贈者（注1）が，非上場会社を経営していた贈与者から贈与によりその保有株式等の全部（注2）を取得し，その会社を経営していく場合には，一定の条件の下，その株式等の贈与に係る贈与税の全額の納税を猶予します。
　なお，その贈与者が死亡した際には，後継者がその株式等を相続により取得したものとみなして，相続税額を計算し，一定の条件の下で，相続税の納税を猶予します。

《非上場株式等に係る贈与税の納税猶予制度の概要》

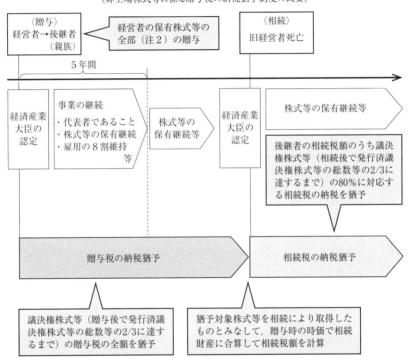

(注1)「経営承継受贈者」とは，「中小企業における経営の承継の円滑化に関する法律」の規定に基づき経済産業大臣の認定を受ける一定の非上場会社の代表者であった者の後継者をいいます。
(注2) 贈与した結果，後継者の保有割合が，発行済決権株式等の総数等の3分の2超となる場合には，その3分の2に達するまでの贈与が要件となります。

出典　財務省ホームページ（http://www.mof.go.jp/tax_policy/publication/brochure/zeisei09/04/#skipmain）

6 株式の物納と譲渡制限

　非上場会社の株価が高額であり，①相続税の納税ができず，延納によっても納付できない場合，②国債や不動産等によっても物納できない場合，③非上場株式に譲渡制限が付されていない場合は，非上場会社の株式を物納することも可能である。しかし，国税庁の資料によれば，平成24年4月1日から平成25年3月31日までの1年間で非上場株式の物納が許可された件数は2件であり，その件数は非常に少ないことが分かる。

　非上場株式の物納は特殊な場合を除いて，結果としての許可件数はほとんど無いため，現実的にはほとんど採用されない方法である。なお，非上場株式は平成18年度税制改正で管理処分不適格な株式でなければ，原則として，物納が許可されることになっている。この管理処分不適格に該当しないためには，譲渡制限を外す必要があり，実際に財務省「物納等有価証券に関する事務取扱要領について」の中の「管理処分適否・劣後判断に係る審査分担表」においても譲渡制限株式については「譲渡制限のある場合，議決機関における解除手続，決議内容等を確認。」とされている。また，物納後に国が速やかに売却できることも必要である（買受人は発行会社等が前提であろうが）。

　なお，物納された非上場株式は上記の「物納等有価証券に関する事務取扱要領について」の中で「イ　当該非上場株式の処分に係る随意契約適格者から買受意向が示されているもの以外は，速やかに一般競争入札により処分する。」,「ロ　随意契約により処分する場合，早期処分を図るため，株主総会等の機会をとらえて会社役員等に積極的な買受勧奨を行う。」とされていることから，結果として，発行会社や役員（相続人）などが買い取らざるを得ないことになる。

参考）財務省ホームページ（https://www.mof.go.jp/about_mof/act/kokuji_tsuutatsu/tsuutatsu/TU-20100625-2532-14.pdf）

　なお，譲渡制限について違う観点から補足をすると，非上場会社の登記

簿謄本を見ると，譲渡制限が付されている会社が大半だが，これは「譲渡すること」を制限しているのではなく，「買い受けること」を制限しているものなので，株主が譲渡すること自体は可能なのである。だから，「譲渡制限」というよりは「買受制限」と表現した方が意味は分かりやすいのであろう。

具体的には現株主は買主が誰であろうと譲渡すること自体は可能であり，この場合，買主は発行会社に「自分が新株主であること」の承認を請求することになり，会社が承認するか否かは任意である。もちろん，新株主が「招かざる客」である場合には会社はこれを承認しない代わりに，買受人を指定して，その買受人が買い取ることになるのであるが，発行会社自身，または，同族関係者が買い取ることになるのが大半であろう。

このような事態に陥らないように，株主はできるだけまとめ，兄弟姉妹であっても遺産分割の際に株主が分散しないようにすることが重要なことである。なぜならば，兄弟姉妹であっても，2回相続を経れば，その相続人同士は赤の他人と同様の人間関係であるからである。

たとえば，兄が社長（持ち株50％），弟が専務（持ち株50％）という会社があるが，2回相続を経て，その時点で兄の孫が社長，弟の孫が単なる株主としよう。この場合，現社長である兄の孫から見て，弟の孫は「祖父の弟の孫」である。大半の場合，人間関係は全くないであろう。しかし，そういう未来が待ち受けているかもしれないにも関わらず，兄弟で株式を保有するということは，そういう問題を抱えた未来の入口にいるのである。

結果，兄弟で株式を保有している場合は，①譲渡（発行会社や従業員持株会に譲渡する場合も含む），②贈与，③遺言により兄の相続人（その相続人が弟（遺言者）よりも先に死亡している場合は兄の相続人の相続人）に遺贈，などの対策が必要になってくるのである。

第17章 株式評価をめぐる諸問題

1 株式評価の概要

　株式評価とは，その株式がいくらの価値があるものなのかという，株式の価格の算定のことである。上場株式などは，通常は取引相場によって評価される。しかし，中小企業の株式など取引相場のない株式については，企業そのものを評価することでその株式が評価されることになる。

　株式評価にはさまざまな方法があるが，相続による事業承継の場合、財産評価基本通達に規定される評価方法によることとなる。財産評価基本通達においては，3種類の評価方法を規定しており，これらを使い分けたり組み合わせたりして株式を評価することとされている。これらのうちどの方法によるべきであるかは，企業の規模や資本状況などによって定められており，どの方法によるかを自由に選択することはできない。

　M&Aの場合，売買価格を決めるためにも株式の評価をすることが必要になる。この場合は，評価方法に絶対的に正しいものがあるわけではなく，さまざまな方法の中からそのケースにおいて最もふさわしいと判断した方法により評価をする。

　中小企業においておろそかにされていることの多い株式の管理だが，事業承継やM&Aを考えるにあたり，その企業の株式の評価がどのようになされるのかを把握しておくことは重要であり，あらかじめそれらに備えることによって，事業承継やM&Aなどが生じたときなどに採れる対策の幅を広げておくことや，課税リスクを抑えることが可能になる。考え得る事態に備えて，どのような評価方法が採られるのか，そしてそういった状況に遭遇した時に評価をより有利なものにするためにはどういった手法があるのかをあらかじめ検討しておくことは，中小企業にとって，日々の業務にも劣らないインパクトがあることだと考えられる。事業承継やM&Aな

どは非日常的なことであるが，経営に与える影響やリスクの大きさは，その企業の存続にも関わるレベルのものであり，評価についてもあらかじめ配慮しておくことは，株式管理の重要な項目の１つであると言える。

2 株式価値とは

株式価値とは株式の価値のことであるが，事業価値や企業価値と同じものではないことに留意を要する。さまざまな方法により評価したものが，事業価値であるのか企業価値であるのか，又は株式価値であるのかを認識し，的確に株式価値を評価することが必要となる。

事業価値：企業が営利活動を行う目的である事業が生み出す価値をいう。これは，貸借対照表に計上されているものだけでなく，ブランド力や収益力といったさまざまな要素を勘案した上で算出される価値をいう。

企業価値：上記の事業価値に加えて，事業以外の余剰資産や遊休資産といった非事業資産の価値も含めた価値をいう。

株式価値：上記の企業価値から，有利子負債等の他人資本を控除して求める。

3 事業承継の場合の株式の評価方法

① 評価方式の判定

　相続による事業承継においては，相続税法（財産評価基本通達）に規定される評価方法によることとなる。相続税法（財産評価基本通達）においては，取引相場のない株式は，支配目的の株主か，配当目的の株主かの区分によって評価の方法が異なる。支配目的か配当目的かの判定は，下記の通り，株主構成や区分，議決権割合により判断される。本来の所有の目的ではなく，株式所有の状況に注意しなければならない。支配目的の場合には原則的評価方式により，配当目的の場合には配当還元方式によることになる。

同族株主のいる会社

株　主　区　分				評価方式
同族株主	議決権割合5％以上			原則的評価方式
	議決権割合5％未満	中心的な同族株主がいない場合		
		中心的な同族株主がいる場合	中心的な同族株主	
			役員	
			その他	配当還元方式
同族株主以外の株主				

同族株主のいない会社

株　主　区　分				評価方式
議決権割合が15％以上のグループに属する株主	議決権割合5％以上			原則的評価方式
	議決権割合5％未満	中心的な株主がいない場合		
		中心的な株主がいる場合	役員	
			その他	配当還元方式
議決権割合が15％未満のグループに属する株主				

② 原則的評価方式

原則的評価方式は，会社を大会社，中会社又は小会社のいずれかに区分して，以下のような方法で評価をすることになっている。大会社，中会社，小会社の区分は，従業員数，総資産価額及び売上高により行う。

大会社は，原則として，類似業種比準価額方式により評価する（下記8③参照）。

類似業種比準価額方式は，類似業種の株価を基に，評価する会社の1株当たりの配当金額，利益金額及び簿価純資産価額の3つで比準して評価する方法である。

小会社は，原則として，純資産価額方式によって評価する（下記9③参照）。

純資産価額方式は，会社の総資産や負債を原則として相続税財産評価基本通達が規定する評価額に置き替え，その評価した総資産の価額から負債や評価差額に対する法人税額等相当額を差し引いた金額により評価する方法である。

中会社は，大会社と小会社の評価方法を併用して評価する。

③ 配当還元方式

配当還元方式は，1年間の配当金額を，一定の利率（10％）で還元して元本である株式の価額を評価する方法である。その会社の規模にかかわらずに評価される。（下記7③参照）

4 事業承継の注意事項「社長借入金の株式化」

① 社長借入金の問題点

中小企業の場合，会社の支出を社長が個人的に立て替えて，社長からの借入金として会計処理をされていることがよくある。しかし，このような場合には，社長が死亡した相続時に大きなリスクとなることに注意をしなければならない。

非上場会社に社長借入金がある場合、その社長は、会社に対して貸付金を所有していることになる。この状態で社長に相続が発生すれば、その貸付金は相続財産となり、相続税の課税対象になってしまうのである。貸付金の返済予定が具体的にない場合であっても、貸付金は額面金額で評価される。そのため、返済予定のない貸付金であるにもかかわらず、多額の相続財産となってしまい相続人に思わぬ相続税が発生してしまうというリスクがある。

（例）　資産　1億円　／　負債　　3億円（うち社長借入金1億円）
　　　　　　　　　　　　　純資産　△2億円

この会社で社長に相続が発生した場合、株式の価値は△2億円となり結果0円として評価されるが、社長は会社に貸付金1億円を有していることになり、相続税法上、1億円の資産が評価されることになる。

② **対策　DES（デッド・エクイティ・スワップ）**

社長は会社に対して1億円を貸しているのであるが、これを、会社への1億円の出資に代えることにより、相続税法上の評価額を減少させることができる。社長としては、貸付金1億円という財産がなくなり、かわりに自社株式になるのである。

（例）　資産　1億円　／　負債　　2億円
　　　　　　　　　　　　　純資産　△1億円

こうすることで、社長の1億円の貸付金はなくなり、株式の価値は△1億円となる。ただし、△2億円から△1億円への変化であり、増資後も純資産はマイナスであるため、相続税法上の株価はゼロのままとなる。つまり、社長の相続財産について、1億円分の資産が消滅したことになるのである。

③ **注意点**

1億円の借入金について、時価評価が適用されることに注意をする必要がある。1億円の借入金だが、その価値は3,000万円だとされた場合、差

額の7,000万円は債務消滅益として法人税の課税対象となる。しかし，繰越欠損金がある場合や一定の条件を満たす場合には，期限切れの欠損金を適用することにより，課税が発生しない場合もある。

なお，借入金1億円の時価評価について，税務上明確な評価の方法が示されているわけではない。そのため，DESの処理をした後になって，その評価が不適当であると指摘を受けるというリスクもある。貸付金の金額と繰越欠損金の金額の大きさから，そのリスクが許容できるものであるのかを判断することが重要である。

また，社長個人については，1億円の貸付金と3,000万円の株式の差額7,000万円は，一般的には雑所得の損失となる。これは他の所得との損益通算はできない。

なお，このような課税上のリスクを回避するため一度金銭により1億円の増資を行い，その後貸し付けていた1億円を回収するという方法もある。この場合には債務免除益の課税問題は発生しない。

なお，このような増資の方法は通常擬似DESと呼ばれている。

5 M&Aの場合の株式の評価方法

M&Aにおいても，対象となる企業の価値評価をすることは非常に重要な問題である。企業の価値評価を行うことによって，対象となる事業や企業にどれほどの価値があるのか，またいくらで売買するかという指標を示すことができる。

ただし，評価方法はそれぞれどういった視点から評価するかといったものであり，どの評価方法が絶対的に正しいというものではない。評価方法が多数あるなかで，それぞれのケースにとって最も合理的な方法により評価を行うことが必要になる。また，1つの評価方法によるのではなく，複数の方法を併合することもよく行われる。売手は最も高い評価になる評価方法によりたいと考えるものであり，買手は逆に最も安くなる評価方法によりたいと考えるはずである。

M&Aの場合には，さまざまな評価方法の中からそれぞれの状況に応じて最適な評価方法を選択し，企業の価値評価を行っていくことになる。

6 株式評価方法の分類

これまで，どういったケースでどういう評価がされることになっているかを述べてきたが，ここからは，それぞれの評価方法について見ていく。

価値評価方法にはさまざまな評価方法があるが，大別すると，インカム・アプローチ，マーケット・アプローチ，ネットアセット・アプローチの3つのアプローチに分類することができる。

これらの手法には下記に示すとおり，それぞれ長所と短所があり，一概にどの方法が優れているということはいえない。何に着目するかによって選択されるべき評価方法が異なるのである。そこで，実務上，事業や企業の価値を評価する際には，1つの評価方法に拘らずに，複数の方法を選択してその結果を加重平均する方法（併用方式）もよく選択される。併用方式には，評価の目的に応じて幅広く評価方式を選択することができるという長所がある。しかし，どの評価方法を選択するか，また，加重平均する割合をどのように決定するかについて明確な基準があるわけではなく，恣意性が介入するおそれがあるという短所もある。

また，これらのうち，配当還元法，類似業種比準価額法，相続税法上の純資産法（下記＊）が，事業承継などの場合の相続財産の評価方法として規定されている方法である。

	インカム・アプローチ （後記7参照）	マーケット・アプローチ （後記8参照）	ネットアセット・アプローチ （後記9参照）
意義	評価対象会社から期待される利益やキャッシュフローに基づき評価する方法	市場の取引価格を参考にして評価する方法	貸借対照表の純資産に着目した評価方法

長　所	将来の収益獲得能力や，評価対象会社が持つ固有の価値を反映することができる。	市場の取引環境や客観性に優れている。	帳簿をもとに算定されるため，客観性は非常に高い。
短　所	評価において，恣意性の排除が難しく，客観性が問題となる。	評価対象会社の固有の価値を示すことができず，また類似会社の選定が難しい。	将来の収益獲得能力や市場の取引環境を反映することができない。
代表的な手法	・DCF法 ・収益還元法 ・配当還元法*	・市場株価法 ・類似公開会社比較法 ・類似業種比準価額法* ・類似取引比較法	・簿価純資産法 ・時価純資産法 ・相続税法上の純資産法*

7 インカム・アプローチ

　インカム・アプローチとは，将来獲得することができる利益やキャッシュフローに基づき，企業の価値を算定しようというアプローチである。

　この方法により算出された価値は，その企業独自の将来の収益獲得能力を評価に反映したものであり，その企業の固有の価値を算定することができるという長所がある。継続的な事業を前提とする企業の動態的な価値を反映している評価方法であるため，買手が将来の収益獲得を目的としていることが多い，M&Aの実務においてよく使われる。

　しかし，その一方で将来の利益やキャッシュフローを正確に見積もることはできないため，不確実性や恣意性が介入するおそれがあるという短所がある。また，現在価値に割引く際の割引率の設定により評価が大きく前後するなどといったこともある。

　インカム・アプローチには，次の通りDCF法，収益還元法，配当還元法などがある。

① **DCF法（Discounted Cash Flow法）**

　DCF法は，企業が将来に生み出すと予想されるフリーキャッシュフロー（FCF）の金額を，現在価値に割り引いて価値を評価する方法である。

　DCF法では，企業の価値を，これから将来にいくら資金を獲得することができるかという観点から見ている。100万円を10年間獲得することができるならば，その価値は約1,000万円だとする評価の方法である。

　ただし，来年以降の100万円は，今の100万円と同じ価値があると言えるだろうか？　来年100万円を得るためには，今現在，銀行に100万円預ける必要はない。利息がつくからである。例えば年利1％の利息がつくとすれば，現在の99万円に利息がついた結果，来年には約100万円になる。つまりこの場合，来年の100万円は今の99万円と同じ価値があるということになる。同様に，2年後3年後の100万円も，現在の価値でいうと約98万円や約97万円といった金額になる。これら99万円，98万円，97万円のように，将来の価値を現在の価値に置き直したものを「割引現在価値」という。DCF法では，これら将来の各年に生み出されるだろう資金の割引現在価値の合計として，企業の価値を評価するのである。この場合では，99万円＋98万円＋97万円＋……・の合計として，企業の価値が計算される。

　DCF法を活用すれば，投資額と，将来獲得することが予想されるキャッシュフローとの比較をすることができる。そのため，M&Aだけでなくそれ以外の投資を検討する場面でも，意思決定の判断基準の一つとして実務においてよく利用される手法の一つとされている。

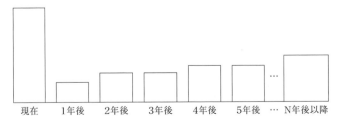

DCF法による評価のイメージ

DCF法による企業価値は，以下の計算式によって求められる。

企業価値＝$FCF_1/(1+k_w) + FCF_2/(1+k_w)^2 + FCF_3/(1+k_w)^3 + \cdots\cdots$
 　　FCF_n：n期のフリー・キャッシュ・フロー
 　　k_w：割引率（ここでは加重平均資本コストと仮定）

 そのため，DCF法により企業価値を算定するためには，フリーキャッシュフロー（FCF）と割引率の2つを求める必要がある。つまり，将来どれだけの資金を獲得するのかという見積もりと，将来の価値を現在の価値に置き換える際の割合をどう設定するのかが重要になるのである。
：フリー・キャッシュ・フロー（FCF）
 FCFは，以下の計算式によって求めらる。

 FCF ＝ 営業利益 ×（1－実効税率）＋ 減価償却費
 　　　　－設備投資額 ± 運転資本増減額

 単年度で獲得できるFCFは上記の計算式によって求められるが，その効果がどれほどの期間にどのように推移していくのかも予測する必要がある。予測期間は，将来の販売計画やコスト等，製品のライフサイクルなども考慮に入れながら正確に予測する必要があり，可能であれば極力長期の設定をすべきである。しかし将来の予測は，先になればなるほどその見積りの不確実性が高まる。このため，5年間程度の期間を予測期間として用いるのが一般的である。また，予測期間以降のキャッシュフローは，残存価値として考慮する。

割引率：
 割引率は「資本コスト」とも呼ばれる。M&Aにおいて利用される割引率は，加重平均資本コスト（WACC）が一般的である。WACCは，「株主資本コスト」と「負債コスト」の加重平均によって求められる。

WACCは，以下の計算式によって求められる。

```
kw  =  負債コストkD×（1－実効税率）×D/（D+E）
    +  株主資本コストkE×E/（D+E）
       D：有利子負債，E：自己資本
```

ここで，株主資本コストの代表的な算定方法として資本資産評価モデル（CAPM）がある。CAPMにおいて，株主資本コストは以下の算式により求められる。

```
rE  = rF + β ×｛E（rM）－rF｝
      rF           ：リスクフリーレート
      E（rM）       ：市場全体の投資利回り
     ｛E（rM）－rF｝ ：市場リスクプレミアム
      β            ：市場におけるボラティリティ
```

「リスクフリーレート」は実質的に債務不履行のない金融資産の利回りとされ，具体的には10年物国債の利回りなどが使われる。

「市場リスクプレミアム」とは，企業が倒産するリスクや，事業不振になるリスクに相当する利回りをいう。

また，「β（ボラティリティ）」とは，株式市場全体の利回りの変動に対する個々の企業の株式の利回りの変動を現している。

```
（例）  次の前提条件を元にDCF法により企業価値を算定すると，以下の
       ようになる。
         前提条件：資産300，負債200，純資産100，β値1.6，
                  株式市場全体の投資利回り7.2％，
                  長期国債10年物利回り2.2％，負債利子率4％，実効税
                  率40％
```

(単位：百万円)

	1年目	2年目	3年目	4年目	5年目	合計
将来のFCF	100	150	170	130	180	730

株主資本コスト：$2.2\% + 1.6 \times (7.2\% - 2.2\%) = 10.2\%$
WACC：$4\% \times (1-40\%) \times 2/(2+1) + 10.2\% \times 1/(2+1) = 5\%$
企業価値：100百万円$/(1+5\%) + 150$百万円$/(1+5\%)^2$
　　　　　$+ 170$百万円$/(1+5\%)^3 + 130$百万円$/(1+5\%)^4$
　　　　　$+ 180$百万円$/(1+5\%)^5$
　　　　　$= 626$百万円

② 収益還元法

収益還元法とは，将来予想される利益を資本コストで除し，現在価値に割り引いて評価する方法である。

収益還元法では企業価値は，次のように計算される。

> 企業価値　＝　将来予想される利益　／　資本コスト

株式は，会社の支配権を得る目的か，または配当などの利益を得る目的で所有される。収益還元法は，会社を支配した際にその事業から将来予想される利益に注目した評価方法であるので，支配権を保有する株主のための評価方法として優れていると言える。そのため，収益還元法は，支配権の獲得を目指して実施されることの多いM&Aにおける被買収会社の評価方法として広く用いられている。ちなみに，支配権よりも配当期待権を保有する少数株主にとっての評価方法については，後述する配当還元法がある。

収益還元法による評価においては，将来の予想利益を算定する必要がある。そのため，事業計画の作成やその他の外部要因の分析が高い精度で求められることになる。収益還元法による評価額は，事業計画に基づき算定された予想利益の金額によって大きく変動するため，精緻な事業計画を作

成する必要がある。さらに，その事業計画が現実に実行可能なものかどうか，競合他社や経済環境といった外部要因も検討した上で作成されているものかどうか精査する必要があるのである。

　実務において，過去の実績値をもとに将来の利益を予想する方法も取られることがあるが，これは適切なものだとは言えない。事業を営む上では将来の状況は必ずしもこれまでの延長線上にあるといえるものではなく，さらに，M&Aなどが実行された場合，会社の状況が，通常では考えられないレベルで過去の事業の状況から大きく変化することも考えられる。そのため，単に過去の利益の推移のみをもとにした事業計画では適切な将来の状況を予想したものとはいえないのである。

　事業計画を作成し予想利益が算出されたら，次は資本コストを計算する。資本コストは，前記DCF法で説明した割引率（加重平均資本コスト）を用いて算定する。

③ 配当還元法

　配当還元法は，企業から受け取る配当金に着目して，その価値を評価する方法である。この方法は，会社の支配権を得ることを目的としている株主ではなく，配当期待権しか持たない少数株主にとっての評価方法として合理性があるといえる。

　配当還元法では，次のように企業価値を計算する。

$$企業価値 \ = \ 将来予想される配当 \ / \ 資本コスト$$

　この方法は，相続財産を評価する場合に，支配目的とみられない取引相場のない株式を保有している場合の評価方法として用いられる。しかし，配当金は企業の業況や業績を直接反映するものではないため，M&Aにおける企業価値の評価方法として採用されることは少ない。

8 マーケット・アプローチ

　マーケット・アプローチとは，市場での取引価格を参考にして価値を評価しようというアプローチである。マーケットにおける価値に着目して事業や企業の価値を算定しようというものである。

　上場会社のように，株式が市場を通じて取引されている場合には，その株価をもとに企業価値を算定することができる。それに対し，株式が市場で取引されていない場合には，市場で取引されている株式で評価対象の会社に類似する会社と比較することによって企業価値を算定することになる。

　このアプローチでは市場の取引価格をもとに企業価値を算定することから，客観性が高いという長所がある。しかし，その企業に類似する会社の選定が難しい事や，比較会社は類似しているとはいっても同一ではないため適切に価値を表現しているとは限らないということが短所としてあげられる。

　マーケット・アプローチには，市場株価法，類似公開会社比較法，類似業種比準法，類似取引比較法などがある。

① 市場株価法

　市場株価法とは，市場株価により企業価値を評価する方法である。上場企業についての評価を行う時に用いる。市場株価は，多くの投資家にとっての会社の将来性や価値が集約されたものであり，非常に客観性の高いものであると考えられるため，合理的な評価方法であると言える。

　ただし，株価は，企業の不正発覚や新商品の開発成功などの要因により一時的に乱高下することもあり，常にいつでも企業の価値を適切に反映しているとは限らない。そのため，一時の株価によるのではなく，終値1か月平均値，終値3か月平均値など，一定期間の平均株価を採用するなどといった株価の修正が必要な場合もある。

② **類似公開会社比較法**

　類似公開会社比較法とは，類似する上場会社の株式の市場株価を参照して，企業の価値を評価する方法である。非上場企業の評価を行うときによく用いられる方法であるが，上場企業についても用いられる。参照する上場会社の業況と類似性が強いほど，相対的に客観性の高い評価方法となる。しかし，他にないタイプの技術やビジネスモデルをもつ企業の場合，類似企業の選定が難しいケースもある。

　評価については，以下の手続を実施していく。

1．評価対象会社と類似する上場会社の選定
2．選定した上場会社と評価対象会社の財務数値の計算及び比較分析
3．2．に基づく指標の倍率の計算
4．選定した上場会社の株価に3．で求めた倍率を乗じて株価を算出

　なお，上記1．の類似する上場会社選定の際には，以下のポイントに注意して行う必要がある。

・事業や商品・サービス及び提供先である顧客層
・商品・サービスなどの売上高の構成比
・企業規模（取引金額，総資産，従業員数など）
・業績や成長性・将来性
・その他地域との関わり合いや販売形態など

（注）　類似性が高い場合は選定する企業数が少なくても問題ないが，類似性が高いと判断できない場合に選定できる会社数が1社のみのケースなどでは，この評価方法の採用自体に検討を要する必要がある。

　上記2．の倍率の算定に使用する指標の代表的なものは，利益倍率や純資産倍率である。

　「利益倍率」には，税引後利益，支払利息控除前税引前利益（EBIT），

減価償却費及び支払利息控除前税引前利益（EBITDA），売上高がよく使われる。「純資産倍率」には，簿価純資産や時価純資産がよく用いられる。その他，1株当たり配当金額が用いられることもある。

③ 類似業種比準価額法

類似業種比準価額法は，国税庁が財産評価のために採用している方法である。業種内容が類似する上場企業の株価をもとにして，比較対象企業の，配当，利益，純資産を比較することで株価を算定する。

相続税の財産評価基本通達で定められており，次のような手順で株式を評価する。

1．国税庁が公表している業種目から，評価対象会社と類似の業種を選定する。
2．評価会社と類似業種との配当，利益，純資産を比較し，その比準割合を算定する。
3．1.で選定した業種の株価に2.で求めた比準割合を乗じることで評価額を計算する。

類似業種比準価額法は，租税法上の公平さを担保するために一定の基準を定めたものであり，その企業が持つ特性が評価に反映されにくいといった短所がある。また，比較対象となる類似業種に近い大会社にとっては実態を適正に反映しやすいが，中小企業にとっては，比準割合が実態を反映しにくく，適正な評価がされにくい。また，上記の手順2.について，評価対象会社の配当額・利益額・純資産額がマイナスである場合，これらをゼロとして算定をすることになるため，実態を反映した評価額が計算されにくいといった問題点がある。

④ 類似取引比較法

類似取引比較法とは，類似のM&A取引の売買価格と評価対象会社の財務指標に基づいて計算する方法である。つまり，よく似たケースでの評価

を参考にした評価方法である。しかし実務上は，M&Aに関するデータを収集・整備する組織がなく情報の入手経路がほとんどないことから，利用されることはほとんどない。計算方法や利用する財務数値は上記の類似公開会社比較法と基本的に同じである。

9 ネットアセット・アプローチ（コスト・アプローチ）

　ネットアセット・アプローチ（コスト・アプローチ）とは，貸借対照表の純資産（総資産から負債を控除したもの）に着目して，事業や企業の価値を算定するというアプローチである。すなわち，企業の価値を，貸借対照表の株主資本に近いものとしてとらえるアプローチである。
　貸借対照表は，これまでの取引の事実を一定のルールに則って記録することで作成されているため，この方法によって算出された評価には客観性が高いという長所がある。
　しかしその一方，一定時点の静的価値による評価であるため将来的な価値を考慮していないこと，貸借対照表に計上されないブランド力などの無形資産の価値が適切に評価されないことといった短所がある。
　ネットアセット・アプローチには，簿価純資産法，時価純資産法などがある。また相続財産評価の際には財産評価基本通達が想定する純資産価額法が用いられる。

① 簿価純資産法

　簿価純資産法とは，一定時点における貸借対照表の簿価純資産価額を事業や企業の価値として算定する方法である。貸借対照表をもとに評価を行うため，公認会計士等の専門家による監査を受けたものであれば，より一層客観性が高まると言える。
　ただし，この評価方法は貸借対照表の帳簿価額を評価基準としているため，所有する不動産に多額の含み損益があるなどといった帳簿価額と時価に大きな乖離がある場合には適切に企業の価値を評価しているとはいえな

い。

この，帳簿価額と時価の乖離を解決するものが，②の時価純資産法である。

② **時価純資産法**

時価純資産法とは，一定時点における貸借対照表の資産・負債を評価基準に沿って再評価することにより「資産－負債」により価値を算定する方法である。貸借対照表の時価評価だけでなく，前記で述べた，貸借対照表に表れていないブランド力などの無形資産の価値を考慮する場合もある。

簿価純資産法と時価純資産法のイメージ図

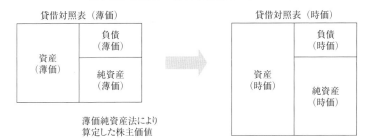

(例)

以下の資産・負債を元に計算される簿価純資産価値，時価純資産価値は以下のとおりとなります。

(単位：千円)

資産の部			負債の部		
科目	時価	簿価	科目	時価	簿価
現預金	1,500	1,500	仕入債務	20,000	20,000
売掛債権	25,000	25,000	有利子負債	100,000	100,000
棚卸資産	10,000	10,000	その他	150,000	150,000
建物	45,000	60,000			
土地	120,000	100,000			

その他	200,000	200,000			
のれん	100,000	0			
合計	501,500	396,500	合計	270,000	270,000

簿価純資産価額：資産396,500千円－負債270,000千円＝126,500千円
時価純資産価額：資産401,500千円－負債270,000千円＝131,500千円
時価純資産価額（のれんを考慮した場合）：
　　　　　　　資産501,500千円－負債270,000千円＝231,500千円

③ 相続税法上の純資産法

　相続税法上は，株式は財産評価基本通達に基づき評価されるが，非上場株式については3種類の評価方法を規定しており，これらを使い分けたり組み合わせたりして評価する。このうち，規模の小さな会社や中規模の会社の支配目的の株主については，純資産価額法も用いられることになる。この場合の純資産法は，その会社の課税時期における資産，負債をそれぞれ財産評価基本通達に基づき評価する方式である。

10 まとめ

　このように，取引相場のない株式の評価方法にはさまざまなものがあり，それぞれ一長一短ある。
　事業承継などの場合には，課税の公平性を担保するために，とるべき評価方法が定められている。このことは，相続が発生してからでは対策を取ることが難しいことを意味しており，事前に，事業承継に向けての準備をすすめておくことが求められる。特に，社長借入金については十分な注意が必要である。
　M&Aにおいては，その売買価格を決定するために企業の価値評価が必要となるが，その場合には特に決められた方法があるわけではなく，ケースに応じてもっとも着目すべき点を重点的に評価する手法を取り入れることが求められる。また，1つの視点からのみの評価では十分でない場合に

は，複数の手法を併用することも必要になる。

　いずれにせよ，考え得る事態に備えて，どのような評価方法がとられるのか，そしてそういった事態に遭遇した時に評価をより有利なものにするためにはどういった手法があるのかをあらかじめ検討しておくことは，株式管理の重要な項目の1つであると言える。

あ と が き

　中小企業は，人口減少，超高齢化社会，グローバルな競争の激化，情報技術の発達，雇用形態の多様化など，わが国の中長期的な経済・社会構造の変革により，益々厳しい経営環境に直面し，事業体制やビジネスモデルの変更にせまられている。

　このような厳しい経営環境下において，ここ数年の統計（中小企業白書）をみても，現に，中小企業の数自体が減少に及んでいる。

　しかしながら，中小企業は，わが国の総企業数の99％を占めており，地域経済を支え，雇用を創出していることも事実であり，つまり，日本経済を支え，小さな家庭の幸福を支えているのは中小企業だといっても過言ではない。

　私たち一般社団法人日本企業再建研究会は，これらの中小企業の事業や古きよき日本の企業文化を守り，ひいては地域経済の活性化を図りたい，このミッションのもと，長年，士業の連携により切れ目のない中小企業の経営支援（ワンストップサービス）及びその研究を行ってきた。この長年の研究の中で，中小企業の「経営を守る」という視点において，どうしても切り離せないのが，本書のテーマである「株式管理」，会社の経営支配権をどうマネジメントするべきか，という問題である。

　そこで，わが研究会では中小企業支援の現場で起きている問題，その対応及び戦略的な予防等につき様々な議論を積み重ね，研究，実例を得た。そして，その成果をまとめあげたものが本書なのである。なお，本書の企画から刊行までに，会社の設立，組織，運営及び管理について定める会社法の一部改正が施行されるため，可能なかぎり改正に伴う最新の情報や問題点を盛り込むように配慮したつもりである。

　中小企業を支援する各専門家には，是非，本書を利用していただき，現在，中小企業が直面している様々なリスクを回避し，円滑な事業承継や企業内部の新陳代謝を促進させ，企業の継続のためのサポートを実行してい

ただければ幸甚である。

　最後に，本書の刊行に至るまで，日本加除出版株式会社の前田敏克氏には多大なる協力をいただいた。この場を借りて，心から御礼申し上げる。

　平成27年4月

司法書士　野　入　美和子

執筆者一覧

編集代表：

後藤　孝典（ごとう　たかのり）　　【弁護士】

1964年司法試験合格，65年名古屋大学法学部卒業，67年弁護士登録，80年ハーバードロースクールリサーチフェロー，87年筑波大学院講師，2009年一般社団法人日本企業再建研究会理事長に就任，ふるさとづくり有識者会議委員（内閣官房内）。

主な著書：事業承継「不安・トラブル」納得する解決法！，会社分割（共にかんき出版），その他，本書の共著者らと日本企業再建研究会として事業承継，組織再編等の中小企業の再建や発展，飛躍に関する本多数あり。

（弁護士法人虎ノ門国際法律事務所）
〒105-0003　東京都港区西新橋1-5-11　第11東洋海事ビル9階

執筆者：（五十音順）

阿部　幸宣（あべ　ゆきのり）　　【税理士】

SUパートナーズ税理士法人代表税理士。西友ストアーにて電気製品の販売，東京相互銀行にて渉外担当，シティバンクにて16年間銀行，信託，証券の税務を担当後，税理士事務所開設。SUパートナーズ税理士法人を設立し，現在，横浜，赤坂，シンガポールの事務所にて国際税務，金融税務，事業承継の税務に従事している。

主な著書：「事例に見る一般社団法人の活用の実務」日本加除出版（共著）
（SUパートナーズ税理士法人）
赤坂事務所　〒107-0052　東京都港区赤坂2-23-1　アークヒルズフロントタワーRoP 701
横浜事務所　〒221-0056　横浜市神奈川区金港町6-3　横浜金港町ビル3階

井筒　大介（いづつ　だいすけ）　　【弁護士】

2007年慶応義塾大学法科大学院卒業，07年新司法試験合格，09年弁護士登録，田村町総合法律事務所に入所後，14年長谷川総合法律事務所に入所し現在に至る。

（長谷川総合法律事務所）
〒105-0003　東京都港区西新橋2-17-2　HF虎ノ門ビルディング3階

乾　潤一（いぬい　じゅんいち）　　【税理士】

東京税理士会所属。2002年に税理士登録。2000年KPMGアカウンティングアンドマネジメントサービス（現KPMG税理士法人）に入社し，上場企業子会社，

外資系企業の税務業務に携わる。2003年退社後，2005年まで東京共同会計事務所でSPC関連業務に携わりつつ，独立開業する。2008年SUパートナーズ税理士法人のパートナーとなり現在に至る。
主な著書：「事例に見る一般社団法人の活用の実務」日本加除出版（共著）
（SUパートナーズ税理士法人）
赤坂事務所　〒107-0052　東京都港区赤坂2-23-1　アークヒルズフロント
　　　　　　　　　　　　タワーRoP 701
横浜事務所　〒221-0056　横浜市神奈川区金港町6-3　横浜金港町ビル3階

金谷　良（かなや　りょう）　　　　　　　　　　　　　　　【弁護士】

2008年上智大学法科大学院卒業，08年新司法試験合格，09年弁護士登録。10年田村町総合法律事務所に入所後，14年弁護士長谷川純が開所した長谷川総合法律事務所に入所し，現在に至る。一般民事事件（相続，離婚，交通事故，マンション管理，不動産案件，債務整理）の他，倒産関係事件（破産，任意整理，民事再生）を数多く扱う。
（長谷川総合法律事務所）
〒105-0003　東京都港区西新橋2-17-2　HF虎ノ門ビルディング3階

後藤　勝俊（ごとう　かつとし）　　　　　　　　　　　　　【弁護士】

2006年立命館大学法科大学院卒業，06年新司法試験合格，07年弁護士登録，12年税理士届出。08年虎ノ門国際法律事務所に入所し現在に至る。弁護士後藤孝典の下で，会計・税務の知識を活かし中小企業に関わる事業承継・相続，事業再生，知的財産権，労働紛争等の諸問題の解決に従事，多くの民事再生申立代理人としても関与してきた。中小企業の専門家として日々研鑽に努めている。
（弁護士法人虎ノ門国際法律事務所）
〒105-0003　東京都港区西新橋1-5-11　第11東洋海事ビル9階

酒井　修（さかい　おさむ）　　　　　　　　　　　【公認会計士・税理士】

酒井修公認会計士事務所代表。1992年早稲田大学法学部法律学科卒業，92～97年センチュリー監査法人（現あずさ監査法人）勤務，98年酒井修公認会計士事務所開設し現在に至る。
専門分野：法人組織論（一般企業の役員，社会福祉法人，宗教法人及び学校法人の理事または監事を複数兼務），企業組織再編業務（企業合併，会社分割，株式交換他）
主な著書：「企業再構築の法律・会計税務と評価」（共著）清文社，「国際会計
　　　　　基準と英文会計がよ～くわかる本」秀和システム
主な実績：高裁での株式鑑定評価，複数の中小企業の組織再編，株式公開会社
　　　　　での日本版SOX法対応支援，IT統制（IT業務統制及びIT全般統制）
　　　　　支援
（酒井修公認会計士事務所）
〒105-0004　東京都港区新橋2-16-1　ニュー新橋ビル7階

親泊　伸明（しんぱく　のぶあき）　　　　　　　　　　　　　【税理士】

ウィル税理士法人代表社員税理士。
業歴：事業承継対策・組織再編、再生・M&A・IPO支援
主な著作：「税務是認判断事例集」「完全攻略グループ法人税制」「中堅・中小企業のための事業再生」「中堅・中小企業のためのM&A」「中小企業のための事業再生の手続きと会計税務」「中小企業の組織再編・事業継承」「検証納税者勝訴の判決」等（全て共著）

（ウィル税理士法人）〒561-0872　豊中市寺内2-4-1

牧口　晴一（まきぐち　せいいち）　　　　　　　　　　　　　【税理士】

牧口会計事務所所長。慶應義塾大学法学部法律学科卒，名古屋大学法学部大学院（会社法）修士・総代。1953年生。税理士・法務大臣認証ADR（裁判外紛争解決手続）『事業承継ADR』調停補佐人。日本税法学会会員。NHK文化センター相続講座講師・江南短期大学相続講座非常勤講師
主な著書：『非公開株式譲渡の法務・税務』第4版（中央経済社）共著（2014年3月）等20余冊。

（牧口会計事務所）〒501-0118　岐阜市大菅北4-31

見田村　元宣（みたむら　もとのぶ）　　　　　　　　　　　　【税理士】

日本中央税理士法人代表社員。早稲田大学卒業。通常の顧問業務の他，税務調査，節税，相続，事業承継等のコンサルティングも行う一方，日本全国の税理士会等の研修講師も行う。
主な著書：「ちょっと待った!! 社長!御社の税務調査ココが狙われます!!」他多数
（日本中央税理士法人）
本　　　社：東京都港区西新橋1-16-5　コニシビル4階
横浜支店：横浜市西区高島2-19-12　横浜スカイビル20階

深山　暁（みやま　さとる）　　　　　　　　　　　　　　　　【税理士】

深山暁税理士事務所所長。有限会社エム・オー・シー代表取締役。事業承継や事業再生に数多くかかわる。
主な著書：「実践会社法」かんき出版（共著），「中小企業の組織再編・事業承継」中央経済社（共著）
（深山暁税理士事務所）
〒730-0014　広島県広島市中区上幟町5-17　木長ビル1F

野入　美和子（のいり　みわこ）　　　　　　　　　　　　　【司法書士】

野入司法書士事務所所長。神奈川県司法書士会所属。
一般社団法人金融検定協会の事業承継アドバイザー・相続検定試験検定委員。駒澤大学法学研究所指導員商業登記担当
主な著書：「中小企業の法務リスク対策」中央経済社（共著），「事例に見る一

般社団法人の活用の実務」日本加除出版（共著）など
（司法書士野入美和子事務所）
〒220-0072　横浜市西区浅間町１-５-１　インテンション横浜702

長谷川　純（はせがわ　じゅん）　　　　　　　　　　【弁護士】

長谷川総合法律事務所代表弁護士。1983年に弁護士資格を取得後，東京国際合同法律事務所に入所し，知的財産，民事再生，企業法務，一般民事，親族相続事件等幅広い分野の法律業務に従事する。田村町総合法律事務所のパートナー弁護士を経て，現在に至る。
（長谷川総合法律事務所）
〒105-0003　東京都港区西新橋２-17-２　HF虎ノ門ビルディング３階

李　永壽（リ　ヨンス）　　　　　　　　　　　　　　【税理士】

李永壽税理士事務所事務所所長。東海大学工学部卒業
主な著書（いずれも共著）：「実践会社法」かんき出版，「中小企業の組織再編・事業承継」中央経済社
（李永壽税理士事務所）
〒158-0092　東京都世田谷区野毛３-６-６

［一般社団法人日本企業再建研究会］（事業承継ADR）

　当研究会は，バブル崩壊後の長引く不況の中で大打撃を受けた中小企業を再建させ，雇用や取引先，そして地域経済を守るために，弁護士後藤孝典を座長とし，弁護士，税理士，公認会計士，不動産鑑定士，司法書士が集結し中小企業の再建の手法について実践的な議論をする場としてはじまった。
　2009年に法人化し，一般社団法人日本企業再建研究会となる。
　さらに，2012年中小企業の喫緊の課題になっている事業承継にまつわる紛争につき，（従来存在しなかったユニークなADRとして）法務大臣による事業承継ADRの認証を得た。（平成24年４月17日）
　不況に抗して中小企業の生き残りをかけた再建への道を切り開く使命を全うする団体である。
事務所：〒105-0003　東京都港区西新橋１-５-11　第11東洋海事ビル９階

中小企業における株式管理の実務
事業承継・株主整理・資本政策
～中小企業の株式を戦略的にマネジメントする！～

定価：本体3,500円（税別）

平成27年5月28日	初版発行
平成28年3月30日	初版第2刷発行

著　者　　後　藤　孝　典
　　　　　野　入　美和子
　　　　　牧　口　晴　一
　　　　　一　般　社　団　法　人
　　　　　日　本　企　業　再　建　研　究　会

発行者　　尾　中　哲　夫

発行所　　日本加除出版株式会社

本　社　　郵便番号 171-8516
　　　　　東京都豊島区南長崎3丁目16番6号
　　　　　Ｔ Ｅ Ｌ　(03)3953-5757（代表）
　　　　　　　　　 (03)3952-5759（編集）
　　　　　Ｆ Ａ Ｘ　(03)3953-5772
　　　　　Ｕ Ｒ Ｌ　http://www.kajo.co.jp/

営業部　　郵便番号 171-8516
　　　　　東京都豊島区南長崎3丁目16番6号
　　　　　Ｔ Ｅ Ｌ　(03)3953-5642
　　　　　Ｆ Ａ Ｘ　(03)3953-2061

組版・印刷　㈱郁文　／　製本　㈱川島製本所

落丁本・乱丁本は本社でお取替えいたします。
Ⓒ T. Goto, M. Noiri, S. Makiguchi,
　 Institute for Corporate Reconstruction 2015
Printed in Japan
ISBN978-4-8178-4231-2 C2032 ¥3500E

JCOPY 〈出版者著作権管理機構　委託出版物〉

本書を無断で複写複製（電子化を含む）することは，著作権法上の例外を除き，禁じられています。複写される場合は，そのつど事前に出版者著作権管理機構（JCOPY）の許諾を得てください。
また本書を代行業者等の第三者に依頼してスキャンやデジタル化することは，たとえ個人や家庭内での利用であっても一切認められておりません。

〈JCOPY〉　HP：http://www.jcopy.or.jp/，e-mail：info@jcopy.or.jp
　　　　　 電話：03-3513-6969，FAX：03-3513-6979

精通する弁護士、司法書士、税理士が執筆
活用方法が見えにくい実務のスキームを解説！

事例にみる一般社団法人活用の実務

法務・会計・税務・登記

後藤孝典・野入美和子・SUパートナーズ税理士法人 著

2012年10月刊 A5判 356頁 本体3,300円+税 978-4-8178-4024-0 商品番号：40476 略号：団活

【収録内容】

【活用事例編】
■収録実例
　青森りんごグリーントラスト運動と一般社団法人
　一般社団法人田代島にゃんこ共和国
　一般社団法人日本企業再建研究会
　「古材倉庫グループ」のCSRの担い手として ── 環境エコビジネスと一般社団法人
■収録事例
　SPCの受け皿として一般社団法人を作る
　社会貢献事業のために一般社団法人を作る
　ソーシャルビジネスのために一般社団法人を設立する
　持株法人のために一般社団法人を設立する
　合併　旧有限責任中間法人から公益財団法人へ

【実務解説編】
　一般社団法人の法務
　　公益法人制度改革と一般社団法人／一般社団法人の法務／一般社団法人の設立／一般社団法人の事業の譲渡／一般社団法人の合併／一般社団法人・一般財団法人の解散
　一般社団法人の会計
　　一般社団法人に適用される会計基準の沿革／公益法人会計基準と企業会計基準の相違／区分経理に係る会計処理／平成20年基準についてその他の特徴的な点
　一般社団法人の税務
　　制度の概要と法人の区分／法人税／消費税／地方税／法人区分の移行に伴い必要となる対応／寄付者側の税務／合併
　一般社団法人の登記手続
　　一般社団法人の設立／一般社団法人の役員変更／一般社団法人の目的変更／一般社団法人の名称変更／一般社団法人の主たる事務所の移転／解散及び清算人の登記／一般社団法人の清算結了の登記／一般社団法人の吸収合併／一般社団法人の新設合併

日本加除出版

〒171-8516　東京都豊島区南長崎3丁目16番6号
TEL (03)3953-5642　FAX (03)3953-2061（営業部）
http://www.kajo.co.jp/